凤凰师轩
FENGHUANG SHIXUAN
行知工程
Education
教育思想者系列

名校之道

陶继新对话名校长（1）

陶继新 著

江蘇鳳凰教育出版社
Phoenix Education Publishing, Ltd

图书在版编目（CIP）数据

名校之道：陶继新对话名校长（1）/陶继新著. —南京：江苏凤凰教育出版社，2016.8

ISBN 978-7-5499-5854-2

Ⅰ.①名… Ⅱ.①陶… Ⅲ.①中小学—校长—学校管理 Ⅳ.①G637.1

中国版本图书馆 CIP 数据核字（2016）第 131681 号

书　　名	名校之道——陶继新对话名校长（1）
作　　者	陶继新著
责任编辑	雷利军　祁篆萍
封面设计	天之赋设计室
出版发行	凤凰出版传媒股份有限公司 江苏凤凰教育出版社（南京市湖南路 1 号 A 楼　邮编 210009）
苏教网址	http：//www.1088.com.cn
照　　排	北京世纪鸿文制版技术有限公司
印　　刷	三河市九洲财鑫印刷有限公司
厂　　址	河北省三河市灵山大口
开　　本	787 毫米×1092 毫米　1/16
印　　张	16.25
字　　数	266 千字
版　　次	2016 年 8 月第 1 版　2016 年 8 月第 1 次印刷
书　　号	ISBN 978-7-5499-5854-2
定　　价	30.00 元
网店地址	http：//jsfhjycbs.tmall.com
邮购电话	025-85406265,85400774　短信　02585420909
E - mail	jsep@vip.163.com
盗版举报	025-83658579

自序 ■ PREFACE

我二十多年来持续不断采访而形成的文章，几乎无一例外地运用了通讯的单一文体，久而久之，难免心生怠慢。为了突破自己，于是选取了对话这一古老而又具有不朽生命力的形式。这并非我的独创，承载孔子思想的《论语》与王阳明心性之学的《传习录》，以及古希腊哲学家柏拉图的《理想国》等这些不朽之作，都采用的是对话形式。所以，我对话校长的这些文章，既是“学而时习之”的尝试，也是我写作生涯的一种突围。

2008年的春天，对深圳南山实验学校李先启校长的采访，让这种突围变为现实。自此至今，我与名校长的对话从未间断，现在已有数百篇文章见诸报刊，著作也已出版了15本。

这些文章除了少数是现场口头对话录音整理形成的外，更多是通过QQ对话“你来我往”即兴生成的，尽管有的文字有些随意甚至粗粝，却因具有“原生态”的特性而有了活力。苏联文学理论家巴赫金曾在其对话理论中这样阐释：人类情感的表达、理性的思考乃至任何一种形式的存在都必须以语言或话语的不断沟通为基础，两个声音才是生命的最低条件……“人是作为一个完整的声音进入对话。不仅以自己的思想，而且以自己的命运、自己的全部个性参与对话”。正是如此。所以在对话过程中，面对对方发来的一段又一段的文字，我必须随即回复。这有点挑战的况味，可当大脑快速运转起来后，文字忽然就自行成列，蜂拥而来，回复的内容也常常亮点闪耀，以至让自己都有些“自鸣得意”。这不是骄傲，而是惊诧于为何突然间就形成了这样的文字。我自知并非天才，甚至“学而知之者”都算不上，只是一个“困而学之”者。如此一个不聪明的人，还可以这么快地形成文字？看来，人的潜力真是很大啊！其实，这些对话绝非一种无源的灵感，更非所谓的无根的体验，而是一种“我—你”关系的建构和敞开心怀的直面。一如现代“对话”概念之父马丁·布伯所言，对话是一种生命存在方式，因为“‘存在’并非‘我’自身所具有，而是发生于‘我’与‘你’之间”。当然，也有个别时候，或因对方发来的内容没有新意，学校做法也很一般，或因办公室人声嘈杂，对话时也会偶然“短路”抑或不够流畅，可我并不难过，因为任何人都不可能在任何时候都文思泉涌，所以，我能坦然接纳并心安理得地原谅自己。老子说：“人法地，地法天，天法道，道法自然。”在人们夸赞我的时候，也让大家知道陶继新的文章并非都那么有味，这是我希望得到的一种评价，不但尊重事实，更能让我反省自身，而不沾沾自喜，保持谦虚谨慎。

有人问我，一篇一万来字的对话文章需要多长时间完成？我回答：“五六个小时甚至更短的时间。”一是“工欲善其事，必先利其器”。我打字用五笔字型输入法，全盲打，心中有所想顷刻便能变成文字。二是常备不懈，事预则立。我在对话校长之前，都对他们进行了采访，虽然不知道他们在对话时会给我发来一段又一段什么样的文字，但其性格情貌、思想境界、文化追求以及学校的办学思想、学校特色等相关情况，已经了然于胸。三是博观约取，厚积薄发。持续不断“取法乎上”的读书甚至背诵，让我有了一定的文化积淀。四是“切问近思，仁在其中”。校长、教师、学生、家长等都有值得我学习的地方，以其为师，自觉地从中取其精神营养，也便让我逐渐地丰富起来。每周，每月，每年，浸润其中，即使十分愚钝之人，也会被开化出来。有人说，我成就了一大批校长、教师、学生、家长。其实我觉得是他们成就了我。

每一所学校的发展，每一位校长与师生的成长，都有一种“道”的力量的支撑。在采写过程中，我经常被其触动，心生感慨，于是对话文章也便持续不断地诞生。没有这么多的采访与学习，也就没有今天的陶继新。所以，每次采访，无论是品牌学校抑或名不见经传的小学校，我都放空自己，以一个学习者的心态与采访对象交流。我发现，每一位校长都有属于自己的独特精神世界，每一位教师都有属于自己的教育教学智慧，每一位学生都有属于自己的成长领地，要想将其全貌呈现出来，几无可能。所以，只能“弱水三千，我只取一瓢饮”，写其特色独具之处，尽可能地让读者看到一个个不同类型的精神风景。也因此，这一篇又一篇的对话文章才没有不断地“重复昨天的故事”。

陶行知先生曾言：“校长是一个学校的灵魂。”那么，什么样的校长才称得上名校长？什么样的学校才称得上名学校？仁者见仁，智者见智。不过，如若重温美国学者威廉·詹姆斯在其著作《斯坦福的理想命运》中所说：“一个学校的质量取决于学校里人的素质。”不无感叹，学校教育实践的中心始终是人，学校的精神高度必有赖于教师的精神高度。或者说，是校长以及校长所引领的教师群体赋予了学校灵魂。每个人都有自己心目中的名校长。我认为，名校长当然要有一定的名气，不过，名气大小并不一样，可以是全国名校长，也可以是省级名校长，还可以是市、县（区）级名校长；可以是名校中的名校长，也可以是薄弱学校的名校长。之所以冠之以“名”，不是因为学校有名而成了名校长，而是因为其本人具备名校长的思想、品质、精神与智慧，而是因为其成就了一批优秀的教师，让更多的学生更好地成长起来了。比如，十多年前我采访的校长，有的当时只在本市、本县有点名气，而现在却已是全国非常有影响的名校长了。所以，我在采访校长的时候，还要观其有没有发展的潜力。如果有发展潜力，即使当下名气不大，也有可能走进我的采访视野，形成文章并见诸报刊；如果做人有了问题，即使校长与学校名气很大，也有可能在大浪淘沙的时间推移过程中“的然而日亡”的。

《周易》等经典所言的“道”，具有生命规则的形上之义，此书名之所以曰“名校之道”，自然也有此义；不过，它并非只是形上之解，还有方略与路径之义。如果说理念是对观念世界的努力探索，那么学校教育实践就是为教育理念的践行开辟空间。没有在实践上的行走与探索，非但不可能触摸到形上之道，就是方略与路径也难寻见。我与名校长的对话，目的就是要让更多有缘的校长从每一篇对话文章中，觅见名校长的管理之“术”的同时，也能去叩问“道”的奥妙，并生成一种与“道”维系的生命能量。诚如是，我则欣慰不已了。

本书编排采用了“由先及后”的方式，即按照对话文章发表时间早晚的顺序进行编排，未予发表者则按对话完稿的时间计，避免了以先后判优劣的嫌疑。

需要说明的是，本书中的校长简介是当时采访时收录下来的，尽管有的校长有了“更上一层楼”的发展，也还是保留了原有的形态。

特别感谢《中国教育报》《人民教育》《基础教育课程》等十多家报刊媒体发表了我数百篇对话校长的文章，尤其需要感谢的是《中国教育报》，从2009年开始，每年都会发表我与校长对话的文章，迄今已有100多篇。这不但给我以很大的鼓励，也对宣传与推广这些学校的经验起到了不小的作用，有的学校因此还有了络绎不绝的参观学习者，进而让其精神与经验传播四方，又在各地生根、开花与结果。恰如德国哲学家雅思贝尔斯所说："教育就是一棵树摇动一棵树，一朵云推动一朵云，一个灵魂唤醒另一个灵魂。"我在全国各地采访与讲课的时候，经常会有校长谈到读报刊上所载的我写的对话文章的感受，有的还将其从《中国教育报》等报刊上剪贴装订保存起来。这种鼓励，增强了我的自信，也激励着我继续采访，努力写出更多、更有品位的对话名校长的文章。本书出版之后，希望得到广大读者的关注与评价。对于表扬，我会作为一种鼓励与鞭策；对于批评，我会作为省检自身的忠告。但有一点是共同的，对任何人，任何评价，我都会好好学习，心怀感恩。

陶继新

2016年1月22日于济南

目录 CONTENTS

用心播撒阳光

——山东省济南市燕柳小学的“阳光教育”

校长介绍

韩爱民，高级教师，山东省济南市燕柳小学校长，先后荣获全国“百佳”创新校长、山东省教育科研先进个人、济南市专业技术拔尖人才、济南市优秀教师、济南市历下区劳动模范等称号。多次在全国、省、市级会议上做典型发言。实施科研兴校战略，近几年以“阳光教育实践研究”为主线，全面推进教育教学改革。2012年，《小学数学解决问题教育策略研究》获山东省教学成果一等奖；2014年，《小主人修身课程开发与实施》获山东省教学成果二等奖。撰写的《用心播撒阳光》《增智添慧　乐在其中》《教育是“慢活儿”》等文章先后在《山东教育》《创新教育》《山东教育报》上发表。

【韩爱民】我当校长，有一种教育理想主义者的情怀。我希望在校长这个岗位上，带领我的老师们，坚持、遵循教育的规律，脚踏实地做点儿事。

【陶继新】校长拥有理想，就能有一个远大的志向，为了这个理想与志向，往往可以做出一番事业来。近几年在您的领导下，燕柳小学有了长足的发展，教师与学生在这个相对优质的环境里，享受到了生命成长的快乐。

【韩爱民】令我稍感欣慰的是，燕柳小学近几年的进步得到了上级领导和学生家长的支持、信任和激励。不但学生在成长，教师也在成长。我们认为，教师素质提升是教育质量提升的根本保障，有快乐向上的教师队伍，才会有健康活泼成长的学生。所以，我校将办学理念确立为“求真教育成就阳光人生”，强调的就是师生共同成长。为此，在促进教师成长方面我们做了大量工作。

用心成就阳光教师

【陶继新】教师阳光，学生才能阳光，所以教师首先要有良好的生命状态。教师除了是教学者，还有一个使命，那就是要不断地向学生传递正能量，让学生也快乐起来。有了快乐的心境，教师教学的时候会神采飞扬，学生学习起来也会异常高效。因此，我非常欣赏你们的办学理念。

【韩爱民】我认为，让教师充满阳光，需要有正确的价值观、进取的人生观、科学的思维方式、友善的人际氛围做支持。2008 年，我曾在教师中做过一次访谈，发现大家对自己每天的事务性工作侃侃而谈，而对“教育是什么”“为什么”“怎么样”等问题缺乏思考。我意识到，如果教师对教育的本质缺乏一定的哲学思考，没有形成正确且清晰的教育价值观，何谈教育的优质高效？

【陶继新】快乐不一定幸福，幸福是需要高尚品质支撑的。没有道德考量的阳光，不是真正意义上的阳光。真正的阳光，对自己有利，更对他人有利。所以，我对幸福的定义是这样的，幸福就是久存于生命个体心中的那份具有高尚情结的快乐。所以，您所说的正确的价值观，当是快乐之本，“本立而道生”。

【韩爱民】您说得极是。阳光意味着播撒温暖，教师的阳光就在于播撒爱的温暖、智慧的温暖。教师这个职业的伟大之处在于，教师用自己博大无私而又恰切的关爱和学识智慧浇灌稚嫩的生命之苗，帮助其茁壮成长。如果教师明确了自己的职业使命——帮助与引领学生生命的成长，我想就会减少很多违背教育准则和规律的行为了。

【陶继新】教师之爱是无私的，也是“有教无类”的。教师的功德正如阳光，不分贫贱、毫无分别地播撒它的温暖，从而让自己所教的所有孩子都能健康成长。看来，阳光有“泛爱众，而亲仁”的美德。而教师，就要有这样的阳光心态，就要乐于播撒阳光，就要拥有为了孩子更好地成长虽累犹乐的心态。

【韩爱民】是的，有人说爱孩子是母亲的本能。其实，教师对学生的爱同母亲是一样的，而且教师对学生的爱更需要智慧，需要对教育规律和青少年身心成长规律的正确把握。我校每年都组织教师开展一系列学习研讨活动，从教育产生与发展的历史到国家教育方针的调整与进步，从应试教育的弊端到素质教育的意义与原则等，通过专家报告、征文、答卷等方式引导教师学习教育理论，借以充实教师的头脑；通过开展主题鲜明的辩论会、演讲赛等，力图澄清教师的模糊认识；通过案例剖析、典型引路等途径，引导教师重新审视各自的教育行为，寻找教育的有效策略。

【陶继新】爱孩子不但是母亲的本能，也应当是教师的本能。可是，为什么有的母亲与教师那么爱孩子，孩子依然对母亲与教师心怀不满呢？关键是，教师不但要爱孩子，还要会爱孩子，要让孩子感受到爱。看来，爱是需要智慧的。作为教师，就要研究爱的艺术。当心中有了真爱心，又有了爱的智慧之后，学生就会幸福地沐浴在爱的海洋里，就会也爱自己的老师。“亲其师”，才能“信其道”，师生双方都有了可知可感的爱之后，教学也就进入了事半功倍的佳境。

【韩爱民】您说得太对了！我校教师曾争论过这样一个话题：同样是留下学习有困难的学生进行辅导，有的教师为此遭到家长投诉，可是张莉老师留学生的次数最多，却深受学生和家长的高度赞扬，这其中是不是有什么奥妙？以此为例子，我引导教师们分析留下学生辅导的目的和具体做法。大家经过讨论后认识到，虽然都是为了帮助学生，但是张老师做到了每次先和家长沟通好，不让家长担心；为学生买好饭，不让学生挨饿；和颜悦色地给学生讲解，不让学生难堪；最后，还要亲自把学生送回家，确保学生安全。这样细致周到的爱怎能不令学生和家长感动？学生又怎会不更加努力地回报老师呢？所以，张老师当之无愧地成为我校首届“阳光教师”，还被评为“感动历下十佳教师”。在她的带动下，我校的教师也都学会了讲求爱的艺术。

【陶继新】张老师爱自己的学生，也爱学生的家长。这种爱，更体现在心灵层面。她让家长有了受尊重的感觉，让家长感到老师与自己一样是为了孩子好。看来，这还不只是一个细心的问题，也不只是一个方法、技巧的问题，还是一个博爱、大爱的问题。对于孩子的成长，家长与教师有着同样的期盼，所以，教师在爱学生的时候，就要时时处处想到家长的感受，也要爱家长。爱是可以传递的，当教师爱学生及其家长的时候，他们也会反过来爱教师。而当爱在其间流淌的时候，教师与家长非但不会产生摩擦，反而会特别友好。这对教育学生不但可以形成一种合力，也在家校之间营造了一种真善美的和谐场。身在其中的学生，也就有了生命成长的快乐园地。

用心实施阳光管理

【韩爱民】是的，教师在人际交往中做好角色互换，设身处地为对方考虑，才能得到真正的理解、体谅。在学校管理中，我们也倡导学校管理者深入一线，换位体验。我体会到，尽管我们同样每天在学校中，但在领导岗位上和从教师、学生的角度看人看事的确不一样。我看过一篇短文，大意是，母亲领孩子逛商场，母亲看到的是琳琅满目的商品，孩子看到的却是一条条成年人的腿。所以，学校除了要求干部做好常规的深入课堂和教研组听课、评课的工作以外，还要求干部每年都要到一个班级和教研组"蹲点儿"，切身感受教师的忙碌与辛苦，倾听一线教师的心声，为改进我们的管理方式和方法提供基本依据。比如，我们发现教学、德育、艺术等各分管工作负责人都想把自己分管的这部分工作做好，于是布置了很多工作，设计了许多活动。仅从一项工作单方面来考量是合理的，但汇总到教师那里，特别是班主任那里，就让人应接不暇了。于是，我们要求学校各项工作负责人制订工作任务时必须事先列出计划，经校务会综合研究审批并进行科学整合后再布置实施。这样做，一方面减轻了教师的负担，另一方面也保证了各项工作完成得更加科学高效。

【陶继新】干部到一个班级与教研组"蹲点儿"，不但可以洞悉布置的工作与设计的活动的合理性，还可以密切与教师的关系。与教师这个群体在一起，就会与他们同行、同乐、同心，就会与他们打成一片。这样，干部就有了生命的根基，就有了发展的可能。因为没有群众拥戴的干部是不可能长久的，正所谓"道得众则得国，失众则失国"。而且，干部深入教师之中，可以更加了解教育教学的情况，"没有调查，就没有发言权"，学校教育干部不长期与教师在一起，就没有足够的话语权，也不可能得到教师的尊重。看来，干部"走下去"，不但对日常工作有利，也可以有效地提升干部队伍的服务质量。干部与教师坐在一起了，心在一起了，教育管理工作中的问题也就迎刃而解了。

【韩爱民】是的。管人要管心，管心须知心。我们追求的阳光管理，把理解、尊重、顺应教师心理作为管理的基础阶段，把引领和促进教师发展作为高层次的追求。我们组织全校教师共同参与讨论制订学校发展规划，使大家明了共同的愿景，从而凝聚起共同奋斗的力量；我们鼓励教师扬己所长，明确个人成长的新目标，同时使教师明白，集体的事业与个人的发展密切相关、荣辱与共。我们力求淡化管理与被管理的痕迹，让每个人都感觉自己是学校的管理者，也是自我管理者，彰显教师的主人翁精神。

【陶继新】自我管理是管理的最高境界，怎样才能抵达这样一种境界呢？领导要尽可能地放权，相信教师，让他们学会管理，以至管理自己。其实，每一个人都有管理的欲望，如果给予他们一个机会，大多数人都能够做得比较完美。即使出现一些问题，领导也应当给予鼓励与帮助，让他们重拾自信，继续进行管理的尝试。当人人都是管理者，人人都会自我管理的时候，人人也就成了学校的主人，也就有了您所说的主人翁精神。

【韩爱民】根据马斯洛的需求层次理论，人到达了一定层次，都有追求自我价值实现的需求。所以我认为，管理就是要给更多的教师施展才能、体验成功的机会。作为管理者，只要你为教师创设了机会、搭建了平台，并且激发了教师追求成功的强烈愿望，教师就会想方设法去努力，管理者大可不必盯着追究细枝末节。

正如阳光不加选择地普照万物，学校管理也要温暖各种人群。任何一个组织中的人的表现都有积极的、消极的和中间的之分。我注意到，那些不前不后、跟随大流的教师，往往最缺乏被关注和表现及发展的机会。比如，我校音乐教师小廉一直默默无闻，在各种活动中都是配角。而另一位教师则是公认的能力强，学校舞蹈队、合唱队的日常训练与大小比赛都靠她，每天忙得不可开交。为充分发挥每一位音乐教师的作用，从 2009 年起，我们决定让三位音乐教师分别负责舞蹈、合唱、器乐。一开始，小廉很不自信，我们坚持鼓励她，并支持她参加合唱辅导培训班，还请专家来校指导，提高她的声乐水平。2010 年，我校在区、市合唱比赛中都获得一等奖。学生在教师的培养下有了收获，小廉老师也享受到了辛勤付出后的成功的快乐，她的自信心获得了极大的提高，工作热情空前高涨。

【陶继新】小廉由配角变为主角，由不自信变得自信，昭示了一个真理：人人都有巨大的发展潜力，只不过这种潜力有的时候处于沉睡状态而已。学校管理的至高境界就是唤醒教师沉睡的潜能，让每个人都能充分展示自身的潜能，从而拥有自信且成功的人生。教师潜能得到开发与自信心提升之后，还会将这种积极能量传递到学生身上，更好地开发蕴藏在学生身上的潜能，让他们也拥有自信。当学生发现自己拥有的巨大潜能与充分的自信心之后，就会还给教师一个巨大的惊喜，甚至从此走向美好的人生。

用心创造阳光环境

【韩爱民】我想，不管是教师还是学生，都先要学会做自己的主人，然后学做集体的主人。做主人先要有主人的意识，还要有主人的能力，这些是需要培养的。

【陶继新】人非生而知之者，能力亦然，需要培养。一旦具备这种做自己的主人的能力，就会终身受益，就会由自我管理进而很好地管理他人，于是，就真正成为主人。

【韩爱民】新课程理念倡导：给学生一个空间，让他们自己往前走；给学生一个条件，让他们自己去锻炼；给学生一个权利，让他们自己去选择；给学生一个题目，让他们自己去创造。其实，学生的自主管理能力来源于日常学习和生活的锻炼。让他们有自由支配的时间，有自主选择的机会，有挑战困难的经历，有品尝错误的痛苦和承担责任的教训，他们才会有主人的担当。我们将这些观念与家长进行沟通，让家长“狠心”放手给孩子自主成长的空间，就像学游泳需要亲自下水一样，小学生的能力、品质等都需要在实践中养成。为此，学校尝试设置了很多学生自我管理的岗位，比如，自主管理日、校长小助理、小小班主任、红领巾小帮办等，为学生能力的培养创造出一个一个的平台与机会。

【陶继新】让家长“狠心”放手，以及学校为学生设置很多自我管理的岗位，其实都是为了爱孩子，都是为了孩子未来的发展。孩子本来就有自我生存等方面的能力，可是家长的越俎代庖、学校的不予培养，让他们掌控这种能力的机会一次又一次地流失，以至于出现孩子上大学了还需要家长跟着洗衣服的怪现象。无论是在家里还是在学校里，对孩子充分放手，有助于培养孩子自我生存与自我管理的能力。而且，小时候有了这种能力，不但当时受益，这种能力还会不断地延伸，特别是孩子由此形成的自信与自强的心理素质，也会随着年龄的增长而增强。这样，他们未来走向社会的时候，就会具备更高的生存能力，就会更加幸福。

【韩爱民】曾经有一位学生家长很崇拜西方教育的那种“自由”，主张让孩子少受约束，即使上课也可以让孩子自由出入，课上孩子也可以自由说话。教师与家长沟通，力图使家长明白，西方教育的做法固然有其先进性，但在当前国内大班教学的现状下，孩子还是需要有纪律的约束，才能有良好的秩序完成学习任务。可是，这位家长一直不认可这一点，孩子也一直表现得比较自由散漫。这学期，这个学生被聘为一年级的“小班主任”，他要帮助老师教会新生如何学习、如何活动。从一开始的手足无措、喊破喉咙，到模仿老师的一些组织方法，再到能独立带领同学站队、午读，这个学生亲身体验了组织纪律的重要性，也体会到了老师的辛苦。这段经历成了学生自我教育、自主成长的一个极好的过程。

【陶继新】每个人都需要自由，但每个人也同样需要纪律的约束。只有自由而没有纪律，不是真正意义上的自由。以妨碍别人学习或工作换得的自由，是伪自由，即使在西方，也是不允许的。而正常的纪律，恰恰是一种文明的象征。可是单纯的说教往往没有多大的力量，让孩子亲身实践，让他亲身感受到纪律的重要性，他就会对纪律认可乃至产生敬畏之心。当然，只有纪律而没有自由，也不是真正意义上的纪律。一个人需要自由的心灵，需要自由、宽松的环境，如果纪律约束了不应当约束的心灵与行为，这样的纪律就有问题。所以，对于自由与纪律，要分析，要辨别，让真正的自由与真正的纪律融合为一体，这样才是现代文明。

【韩爱民】您说得太好了！一个人有主见并且敢于发表自己的见解，这正是自主意识强的表现之一。我校校长小助理的职责之一就是观察、发现学校管理和教师工作中的问题，听取学生的意见和建议，然后向学校和教师提出改进办法。这对培养学生调查、分析的能力和参与学校事务管理的能力大有帮助。

【陶继新】虽然这些校长小助理都是学生，干的却是大事情。开始的时候，他们也许对于这样的工作不知从何下手，也许放不开手脚。可是，在校长的引领下，不用太长时间，他们就会知道自己的职责，就会主动大胆地工作。让学生小时候能够谋校长之事，如果再谋得有声有色，这就为其以后步入社会做有关方面的管理工作奠定了良好的基础。

【韩爱民】需要说明的是，我校设置很多学生管理岗位，目的是让学生先学会管理自己，再学会管理他人，同时又懂得服从管理。各个岗位都是定期轮换和竞争上岗的。这一周你是班长，我是被管理的成员，下一周可能就换过来了。谁都要在岗位上尽职尽责为大家服务，接受大家的监督和评议。学生的潜能和智慧常常令我们惊喜，如捆绑式小组评价、卫生区网格管理等都是学生在实践中迸发出的智慧火花。

【陶继新】学生管人，也被人管，在这两个角色中的感受是不一样的。不过，这恰恰能培养学生更好地管人的能力，也能培育学生更好地接受管理的素养。不管人不知道管人之难，不被管不知道服从之道。两者“得兼”，方能既做好管理者，又做好被管理者，同时也培养了学生能上能下的心理品质。这些都是未来社会需要的能力与品质。“教育要面向未来”，在你们这里已经得到了很好的落实。

不管是管人，还是被人管，都需要个性品质的支撑，也需要集体智慧的协助。所以，当孩子们在这个过程中表现得越来越突出，甚至出现让大人惊诧莫名的奇迹的时候，“蓦然回首”，就会发现，我们的学生太了不起了，教师给他一片阳光，他们就可以挥洒出一片灿烂。

【韩爱民】我们相信，今天的少年，一定会成长为明天的国家栋梁。因此，除了在学校内创设学生自主管理的平台，我们还有意识、有计划地组织和引导学生走向社会、走进大自然。“童眼看泉城”“我来拍文明”“小义工在行动”“我做安全监督员”等社会实践活动的开展，让学生在亲身经历中感受到社会文明，增强了社会责任感。

【陶继新】“读万卷书”重要，“走万里路”更重要。之所以说它更重要，是因为没有实践的知识是不可能有大用处的。从培养学生自主管理能力方面讲，在学校里有这种能力与走向社会有这种能力是不一样的，它让学生在一个更大的空间与陌生的平台上感受到探索成功的喜悦。

用心培育阳光少年

【韩爱民】其实，我们更希望学生的童年如阳光般五彩缤纷，所以我们学校举行的各种教育活动都很注重趣味性。在我们学校，除了日常社团活动，还有让学生期待的全员参与的“四大节”：充满智慧挑战的科技节、张扬自我的艺术节、紧张刺激的体育节、展示学识的读书节。

【陶继新】童年应当是五彩缤纷的，应当是充满童趣的。这样的生活，会让孩子们的童年其乐无穷，还会在他们心里积淀下美好的回忆，让这份美好延续，生成更加美好的东西。你们组织全员参与的“四大节”，就给学生留下了终生难忘的美好记忆，而且，他们在这些活动中活跃了思维，展示了课堂之外的另一种精彩。

【韩爱民】 我很自豪地向您和同人们推荐我校的科技节，我甚至称之为学生的狂欢节。届时，校园里张灯结彩，热闹非凡。学生兴奋地穿梭在各个活动区：红红火火的科普灯谜竞猜、紧张激烈的玩具擂台赛、异想天开的科幻画展评、考验团队智谋的闯关寻宝、比拼技巧与意志的创意DIY、神秘的科学小魔术、创意灵动的科技小发明、自编自导的科普滑稽剧、激情四射的歌舞表演等，学生沉醉于科技的海洋而流连忘返。

【陶继新】 你们的科技节为学生的科技教育活动提供了展示交流的平台，从而让他们更加热爱科学技术。从小培养学生的科学素养，久而久之，就会形成一种科学思维品质，这不但对学生学习数学、物理、化学等学科有积极作用，还会引导学生步入科学的殿堂。

【韩爱民】 确实是这样，我们的科技节的口号是“展示科技才能、交流发明成果、秀出智慧风采”。为了使自己成为科技节上的“明星”“赢家”，学生可没少下功夫。每一名学生都努力地收集科技信息，开展科技实践活动，尝试科技发明……

当然，我校的科技活动之所以能开展得这样轰轰烈烈，深受学生欢迎，是因为我们把小学科技教育的重点定位于激发学生的好奇心和探究欲望，为学生创造了亲眼看一看、动手做一做、同伴议一议、大家比一比的机会。

我们知道，爱玩好胜是儿童的天性，玩具是童年的伴侣。但是，现在除了网络游戏，很难见学生能忘我地投入玩玩具中，他们在失却童年快乐的同时也丢失了合作、创造、成功的体验和智慧。为此，我校特意把“玩转益智玩具”列入科学活动课程，引导学生了解并学会玩几种自己感兴趣的玩具。学校每年都举办一届玩具校园吉尼斯 PK 赛，七巧板、九连环、华容道、鲁班锁等这些体现中国古老文化和智慧之光的玩具成了学生的“新宠”。实践证明，玩益智玩具，玩出的是童年的快乐，是思维的灵动。

【陶继新】 孩子没有不喜欢玩具的，不过，现在市场上的一些玩具，有些已经少了智慧含量，甚至有了打杀斗狠的倾向，这是利益使然，抑或制造商品位低下造成的。孩子的心灵是纯净的，是不能受到污染的。你们让好的玩具走进孩子的世界，让他们在玩中感受增长智慧。这种特殊的快乐，会让他们乐而忘返，甚至还会留下终生的记忆。快乐的情绪对孩子心智的成长有着极大的促进作用。所以，小时候处于快乐状态的孩子，长大成人之后，大多有阳光的心态和良好的心理。同时，有研究证明，小孩子长期玩好的玩具，还有助于有意注意力的培养。他们专注于玩具之神奇，兴奋于玩中之奇迹，往往不知时光之流逝，唯有快乐在其中，久而久之，就可以形成较强的有意注意力，此后再学习其他东西，上课的时候，就会比较专注。孩子这种良好的非智力因素一旦形成，就可以持续终生，在此后做任何事情的时候，孩子往往比较专注，也大多能够成功。

【韩爱民】在小学生眼中，实验与魔术有着神奇的魅力。因此，我们根据学生的年龄特点和知识结构，筛选了100余个魔术与游戏相融合的科学小实验，如清水写字、淘米水洗红领巾、扎不破的气球、神奇纸桥、可乐喷泉、会烧水的纸锅、火山爆发等。这些看似简单的小实验，却蕴含着深刻的科学道理。学生在实验中见证奇迹，在惊讶中诱发好奇心，在好奇心的驱使下探究现象的本质。因为一人很难完成这些实验，所以学生还自发成立了很多研究小组。

【陶继新】实验需要合作才能成功，而学生为了抵达成功的彼岸，就要精诚合作，从而感受到了合作双赢的快乐。而且，学生小时候学会合作，长大之后也多能与人合作。当你能与他人很好地合作的时候，别人也会与你合作。这样，你就能够更好地立足于社会，更好地走向未来。

【韩爱民】非常佩服您的洞察力。的确，我们对教师和学生的团队合作精神的培养，都是通过让他们完成共同的任务和在游戏中进行的，尽量减少简单说教的成分和形式。如日常评价重小组和班级，运动会多设计如接力赛、跳大绳、多腿跑等集体项目。目前，我校学生“班兴我荣、校兴我荣”的意识是比较强的。

【陶继新】评价是一个风向标，重视小组、班级等的评价，就等于向学生发出一个信号，即你所在的集体中，必须群体进步，个体才能受到表彰。这样，身处集体中的任何人，都不能只考虑自己，还要考虑同伴的进步，这在无形中培养了学生的合作意识。现在很多独生子女以自我为中心的思想相对严重，你们有效地进行指向合作层面的评价，对于健全独生子女的人格，培养他们合作的意识，都会起到巨大的促进作用。

【韩爱民】“求真尚美　大爱融心”是我校校训，也是我们的行动准则。我们希望通过不断努力，让学生在心理、品格、知识、能力等各方面得到充分发展，为学生的终身发展奠定坚实的基础。我们相信，只要我们坚持用心播撒阳光，从燕柳小学成长起来的每一个学生都会拥有一个灿烂的人生。

追寻教育本真，走内涵式学校发展之路

——山东省胶州市实验小学健康和谐发展的探索与实践

校长介绍

刘界平，中学高级教师，胶州市优秀教师，青岛市优秀教育工作者，胶州市人大代表。曾有过21年的高中段学校语文教学和教育体育局机关行政管理工作经历，2009年始任山东省胶州市实验小学校长、党支部书记。倡导和谐教育，注重文化引领。主持“语文学习策略”，“探究体验式”阅读教学法——以读为本，读写结合，书香校园建设实践与研究等多项国家级和省级课题。

营造和谐氛围，建设师生成长的快乐家园

【刘界平】胶州市实验小学是一所有60多年历史的老学校，通过历任校长和全体教师多年的努力，学校在教学和管理等方面都形成了自己的特色。2009年8月，胶州市教育体育局党委安排我到胶州市实验小学任校长。根据学校实际，我没有“新官上任三把火”，而是定位于先继承，后创新，从我和学校所有干部教师的相互接纳开始，提出了珍惜缘分、和谐共事的观点。我尽快熟悉教师情况，一个月后，基本能叫出学校所有教师的名字，与教师们的沟通交流有了良好的基础，方便了以后工作的展开。

【陶继新】珍惜缘分、和谐共事是一种智慧的选择。初到学校，教师对您需要一个认识与接纳的过程，这八个字的方略，则较快地拉近了您与

教师的心理距离。您不但提出这个观点，更重要的是有了实实在在的行动。您在一个月后叫出学校所有教师的名字，不仅仅是认识了教师，更让他们感到您是真正珍惜、重视这份缘分的。教师是知识分子，特别需要尊重，而您的言行则让他们感受到尊重的温暖。于是，在开展工作的时候，他们就会从心里尊重您、接纳您。

【刘界平】是的，我们学校有一个和谐的领导班子，有一支奋进的教师队伍，当教师们明白了领导班子的想法，看到干部们的做法后，他们觉得新的一页开始了，也焕发出了崭新的精神风貌。为了让大家深入了解我的教育观点和管理理念，我采取了定时向教师们推荐文章的做法。我将在报刊上读到的如心理健康、师德修养、读书学习、专业发展、榜样示范等各种类型的优秀文章，写上推荐的话语，印发给每位教师，基本做到每周一文。这是一种潜移默化的影响和渗透，经常有教师和我交流读了这些文章的感受和想法。天长日久，教师们就体会到我所倡导的观念和做法，为和谐教育的实施奠定了思想基础。

【陶继新】您所选的这些文章，都是教师们成长需要的精神营养。这种长期的精神输氧，会让他们更好地发展。经常阅读这些积极的、向上的、有益的文章，就会在潜移默化中提升自己的人生境界以及教育教学水平。当这种发展形成一种常态、一种积极能量的时候，教师的教学能力和幸福指数就提高了。优秀的教师可以培养出优秀的学生，于是，师生共同成长，学校良性发展，也就有了必然之势。

【刘界平】学校爱教师，教师就爱事业、爱学生，整个校园就会是积极向上、和谐温暖的。为了让教师们进一步体会到“和谐实小”大家庭的温暖，学校为所有办公室安装了空调，为每位教师配备了电脑，极大地改善了办公条件；针对部分教师早上时间紧，早餐简单或不吃早餐的现象，学校在力所能及的情况下为教师们和在本校上学的教师的孩子准备了早餐，并且加发课间水果，使教师们怀着愉悦的心情、带着充沛的精力给学生上好课；每逢教师生日，学校工会会及时送上鲜花或蛋糕；有教师结婚或女教师添小宝宝的时候，学校领导会前去祝贺；学校还定期组织教师们体检；通过举办全体教职工趣味运动会、庆元旦联欢会等方式，增强大家的凝聚力和向心力。

【陶继新】关心教师，不能停留在口头上，而应当做到他们心坎上。您所做的这一切，既为教师们解决了后顾之忧，也让他们感到非常温暖，有一种家的感觉。我一直认为，绝大多数教师都是很容易满足，也很容易被感动的，而且会在被感动之后主动积极地工作。您感动了教师们，他们也用积极努力的工作来感动您。学校领导与教师有了这种心灵的互动之后，和谐也就应运而生了。而有了和谐，就没有做不好的工作，甚至较快取得较大的成绩也成为可能。

【刘界平】为了让和谐教育成为学校特色，深入人心，学校重点从创设和谐的校园环境、营造和谐的人际关系、构建和谐的智慧课堂、架设和谐的家校桥梁四个方面做工作，编印了《和谐的旋律》校本教材，设计建设了切合本校实际的和谐校园文化。本着“评价团队，才能形成团队”的指导思想，我们制订了和谐年级组、和谐搭班团队、和谐班集体、和谐学科组、魅力教师等评比细则，倡导各年级组、各班级加强文化建设，提出各自的奋斗目标或工作理念，并且定期进行评比检查，从各个层面引领教师打造“幸福和谐团队”。学校通过开展“魅力班级”创建活动，让每个学生都能与他人和谐相处，携手前行，在学习、生活中享受到同伴的关爱、集体的温暖、成长的快乐。一系列的措施，使学校的规则内化为教师的自觉行为，使教师们具备了良好的精神状态、积极向上的工作态度。而教师们的表现也影响、感染着身边的学生，使学生在团结、和谐、向上的氛围中成长和学习，学校的社会美誉度越来越高。

【陶继新】我很欣赏您所说的“幸福和谐团队”的提法。某位教师迅速成长的时候，大家不是嫉妒，而是欣赏；不是打击，而是支持；不是“成人之恶”，而是“成人之美”。在欣赏与支持别人发展的时候，自己的境界也提升了。同时，在某位教师快速发展的时候，不是只顾自己，而是“己欲立而立人，己欲达而达人”，支持与帮助更多的教师走向更好地发展的境地。当更多的人有了这种胸怀与品质之后，就会形成一种心灵的和谐场。在这种状态下的教师，不但工作效率高，还会向学生传递一种愉悦的情绪，从而让学生的学习效率也获得提高。有了这种高效率，每个人都会产生一种快乐的情绪。这种良性的“互文”，正是教师能够持续发展且幸福成长的内在密码。

倡导读书写作，丰厚受益终身的文化底蕴

【刘界平】2011 年，我校一位青年英语教师在一年之内连续发表了 9 篇省级以上论文，从一位默默无闻的普通教师一下子成为全校教师心目中

的明星。无独有偶，学校教数学的蒋文梅老师的教学水平很高，可就是对写论文十分头疼，经过拜师学艺、自己练笔的艰难摸索之后，她连续在《少年儿童研究》《班主任之友》等刊物发表了5篇文章，体会到了写作的快乐。当老师问她为什么会有这么快的进步时，她很自豪地说：“是学校引领大家读书的结果。”是的，阅读催生思想，思想产生力量。学校就是一个读书的地方。我们近3年来新进各种高品质图书5万多册，新建了教师阅览室和学生阅览室，在教学楼走廊开辟了小书吧，班级成立了图书角。为了提高图书的使用效率，我们开展了“图书漂流”“好书推荐”“假期图书带回家”等活动，掀起了师生读书的热潮。在此基础上，我们加大了书香校园的建设力度，制订了《胶州市实验小学书香校园建设实施方案》，制订了评选书香教师、书香家庭、书香班级、星级书香少年的详细办法。学校每学期进行认真的评选和隆重的表彰，使读书成为师生的生活常态。

【陶继新】中国有句俗话：“种瓜得瓜，种豆得豆。”你们播种下读书的种子，写出更多更好的文章也就有了必然性。因为没有对优秀文本的大量阅读，就不可能走进下笔成文的境界。更重要的是，读的好书多了，还会让师生开阔眼界，提升人生品位。在这个基础上，教师教学的时候，就会拥有属于自己的语言特色和思想，就会将学生引进一个快乐的学习园地。而一个爱读书的学生学习时，就会更容易领会知识中的要义，并会发现一般孩子难以发现的未知，以至于提出一些超乎常人的质疑。可以说，有了爱读书的习惯之后，不但可以提升学生的学习质量，还会对学生的未来发展起到促进的作用。

【刘界平】朱永新教授说过，阅读绝对不仅仅是个人的事情，而是关乎国家之昌盛、民族之兴衰的要务，“一个没有阅读的学校永远不可能有真正的教育”。为了进一步推进读书活动，我在全体教职工会议上做了《谈谈读书》的报告，并同教师交流读书笔记和心得体会。学校陆续给每位教师下发了《教育：非常痛，非常爱——王开东教育随笔》《李泽厚论教育·人生·美：献给中小学教师》等书籍，开展全校教师同读一本书的活动，组织青年教师成立读书沙龙，定期进行读书和交流。在此基础上，我们举行了全校性的读书演讲和交流活动，将读书活动不断推向高潮。结合学校实际，我们编印了《经典诗文诵读》，设计制作了学生读书卡和背诵卡，定期举行经典诗文诵读、课本剧表演、“都来读名著”班级对抗赛等有趣的活动，给学生提供了展演的缤纷舞台。大量的阅读，丰富了师生的思想，提高了师生的写作能力，据粗略统计，近3年来，我校教师在省级以上教育刊物发表论文和随笔150多篇，学生的写作水平明显提高，其中四年级（1）班的刘航同学一年之内就在《青岛日报》上发表了4篇习作。

【陶继新】读书是不是一定就会让教师更好地成长呢？回答是否定的。如果读了不好的书，甚至坏书，非但不会发展，还会倒退，甚至出现严重问题。所以，一定要读好书。您所推荐的书，均系上乘之作，是真正意义上的好书。读这样的书，就如同听大师或名师讲课一样，耳濡目染，也就有了比较高的文化品位。在写作的时候，就会因为有文化做支撑，有了比较好的文章。而文章的公开发表，又会在教师心里生成一种特别的自信与自豪感，从而让他们更加喜欢读书与写作。

读好书还有一个隐性的收获，那就是会让教师定心。当今社会浮躁之风盛行，功利之心蔓延，有些教师的心灵也喧嚣起来了。而你们学校的教师则不然，他们徜徉在书海，有一个宁静致远的心灵境界，有了生命不断飞跃的审美感受。这种状态也会无声地影响到他们的学生，让他们也拥有这种文化定心，也步入乐在其中的学习境地。

增强内在素养，铸造德才兼备的教师队伍

【刘界平】与此同时，我们以校本教研引领教师专业成长。针对学校近年来新进教师多、教学水平参差不齐的现状，我们采用了梯次推进的办法，促进每位教师的专业成长。我们对新教师实行带培制，举行微格会诊课，进行基本功比赛，促使他们快速成长；对骨干教师，实行集体备课制，进行组内解剖课，实施跟踪指导课；对比较成熟、初步拥有自己教学风格的教师，定期举行对外开放课，开展课题研究，成立名师工作室，培养骨干教师。多年来，我们还一直坚持间周一次的学科业务学习和集体备课，教师们在学科组内针对每节课进行课前讨论和课后反思，使教学研究随时随地得以进行。多层次的学习和研究使教师们的教学水平迅速提高。例如，针对读写结合这一课题，语文课题小组经过长期研究，成功编写了一至六年级《借助文本，以读促写——习作教学系列丛书》，在学生读书和写作之间搭建了一座桥梁，实现读与写的有机结合，促进两种能力的转化，提高了学生的综合素养。我校“注重读写有机结合，全面提升语文素养”的典型做法，在青岛市语文教研活动中推广交流。近3年来，教师展

示市级以上公开课、优质课等30多人次。在提升教师的同时，也发展了学生，学校整理出了《巧绘童心》《小荷尖尖》等多种学生自己的书籍，千余名学生在各级各类比赛中获奖。

【陶继新】新教师有朝气，有活力，但经验不足，对业务不熟，为此，你们采取了有效的措施，加快了他们的成长步伐。在新教师初为人师的时候，让他们尽快地步入正道，可以让他们拥有教好学生的信心。这个起点走好了，以后就能更好地成长。骨干教师可以带新教师，同时也需要培养。骨干教师有一定的教学经验，可是，如果只是停留在经验层面，没有理论的提升，没有大量的阅读，没有主动向上的精神，以后就有可能走进每况愈下的怪圈。相反，如果给他们提供发展的平台，激发他们向上的动力，他们就有可能走向一个更高的人生境界。拥有教学风格的教师为数不多，却是学校的品牌。如果这些榜样的引领作用发挥得好，就会有更多的名师诞生。成立名师工作室，会让他们有自豪感与责任感，因为他们之所以能成名，是学校培养出来的，他们也应当培养更多的名师。这三个层次的教师都在努力发展的时候，也就形成了一个发展圈。发展才是硬道理，发展才能有成果。你们的教师与学生有了这么多的成果，正是持续发展的结晶。

【刘界平】教育的要义首先在于培养人的精神，安顿人的心灵，其次则为知识与技能的传授和启迪。教师不仅要教书，更重要的是要育人。教师敬业，源自良好的师德。学校通过组织教师听校长及专家的师德报告、学习有关师德的文章、开展师德故事演讲、评选师德标兵等活动，使全体教师达成共识：良好的师德不仅关系到教师个人的发展，更关系到学生的成长，关系到祖国的未来。当教师满怀激情地去追求教育理想时，就会对教育事业、对学生充满爱。小学阶段是学生养成良好行为习惯的关键时期，高尚的师德影响着学生行为习惯的养成。我们通过感恩教育活动，引导学生做一个有道德的人；通过组织学生走上社会实践的舞台，引导学生做体验社会的能人；通过教师以身作则，使学生得到春风化雨般的关爱。“阳光、向上、文明、守纪”成为我校学生的共同特色。学校被评为青岛市师德建设十佳单位，青岛市文明单位标兵等。

【陶继新】《大学》开篇就说“大学之道，在明明德”，还说“德者本也，财者末也”。看来，我们的古人对德是特别重视的。而教师之德，比诸一般人的德，更加重要，因为他们是育人的人。有德的教师会培养出有德的学生，无德的教师有可能培养出无德的学生。所以，大哲学家柏拉图说："一个民族只有最优秀的公民才有资格当老师。"你们重视师德建设，当是抓住了教育之本，"本立而道生"啊！把这个问题解决好了，即使教师一时的业务水平不是太高，可是因为他们有良知、有爱心，就会努力进取，积极向上，不断地提升自己的教育教学水平，从而逐渐成为品德高尚、业务精湛的优秀教师。小学生的向师性非常强，有了好的教师，学生也会"学而时习之"，从而在生命的起始阶段就为未来的幸福人生打下了良好的基础。

注重全面发展，培养快乐成长的现代学生

【刘界平】苏霍姆林斯基曾指出：学生到学校不仅是学习，而且是生活，他们要在这里获取知识，寻找友谊，学会生活，形成个性。为深入实施素质教育，促进学生全面发展，努力办成学生喜欢的学校，近几年，我们新建了科学实验室、网管中心、红领巾电视台、机器人创新实验室、心理咨询室等，在开齐课程、上足课时的基础上，成立了国画、古筝、乒乓球、十字绣等22类兴趣小组。每逢周二、周五下午第二节课后，全体学生就会走进属于自己的快乐天地：在"黑白世界"里进行智慧的碰撞，在"一针一线"中创造美的奇迹，在"乒乒乓乓"声中实现技术与力量的完美结合，在丹青墨香中插上想象的翅膀……学生在活动中丰富了精神生活，促进了个性化发展，较好地体现了我校"为学生终身发展奠基"的办学理念。

【陶继新】你们成立的这些兴趣小组，为学生提供了张扬个性与施展才华的天地。因为不同的学生有着不同的发展潜质，有的在课堂学习知识时未必是佼佼者，可是在兴趣小组里有可能出奇制胜，给人以惊喜。这个时候，孩子的心里就会产生一种特殊的愉悦情绪，而且这种情绪还会不断延伸，对形成健康的心理产生作用。有了健康的心理，也就有了走向成功的可能。这些"分外"的活动，尽管占用了一些学习的时间，可是它又为学生的生命成长增添了营养。这些营养的增补与快乐情绪的产生，让学生有了美丽的童年，也有了良好的发展走向。

【刘界平】早在先秦时期，儒家即提出"六艺"之说。为了更好地丰富学生的课外生活，我校除了每年一次的大型运动会之外，每年还举行一次体育、艺术节。田径对抗赛、拔河比赛、三十人大接力、乒乓球比赛、

广播操比赛、队列比赛、冬季长跑比赛、卡拉OK比赛、乐器比赛、秧歌比赛、大合唱等活动无不吸引着孩子们。五彩的风筝、矫健的身影、嘹亮的口号、优美的舞姿、欢乐的呐喊体现着学生欢快、幸福的校园生活，胶州市教育体育局提出的“四声一影”活动在我校得到了完美的体现。我校学生参加各级文体比赛硕果累累，表演的多个节目在中央电视台和地方电视台播出，学校篮球队在胶州市小学篮球比赛中获三连冠，青岛市获得计算机比赛十二连冠。学校被评为山东省体育传统项目学校、青岛市艺术教育特色学校。

【陶继新】几乎没有孩子不喜欢体育、艺术节的，因为它既为一比高下的赛手提供了舞台，也为观赛者提供了快乐之场。参赛获胜，并非一日之功，正可谓“冰冻三日，非一日之寒也”。所以，看起来是比赛，其实需要的是平日里的功夫。这样的比赛既锻炼了学生的身体，也提高了他们的技能，还增强了他们的自豪感。那么，对于失败者呢？这样的活动既可以锻炼其经受失败的意志，还可以让他们急起直追，争取下次获胜。即使那些观赛者，在心潮澎湃、热血沸腾的“助威”中也自然而然地增强了集体荣誉感。这样的活动会让学生越来越热爱自己的学校，越来越对生活充满希望。

【刘界平】和谐、温馨、美丽的校园环境是学生健康成长的摇篮。我校还注重加强生态校园和人文校园建设，在校园美化绿化的过程中营造整体美，营造环境美。校园内三季有花，四季常绿，怒放的鲜花、累累的桃李、火红的柿子、笑开的石榴、活泼的游鱼、灵动的喷泉……学生目之所及，不仅是知识的殿堂，也是艺术的圣地。校园内的两处景点——“藤荣书香”和“智源”，行知楼的“和谐教育”专栏、致远楼的“智慧教育”专栏、启智楼的“校园明星”专栏，随处可见的教育箴言，校园小书吧，大型壁画《童眼看世界》、浮雕《放飞希望》，宣传栏中的精美作品、电子大屏幕每天循环播放的名言佳句……学生流连其中，得到美的熏陶、情的浸润、智的启迪。

【陶继新】你们的学校文化建设很有特色，在物质文化层面，突出了自然美。人是属于自然的，自然之美，可以陶冶情操，愉悦心境。你们校园里的自然之美，因为有了文化的意蕴而有了较高的品位，散发着浓浓的书香气，让人感到这里是一个精神丰富的世界。没有书，没有智慧，没有和谐，就不可能有这么美好的校园。而这些与有着优良品质的师生又形成一种内在的协调，这就是和谐。有哲人言：“和谐即美。”这里的美，有外在的，也有内在的，两者又是和谐的。这些，让你们学校有了诗意与生气，有了发展的内在力量。

发挥家长优势，打造家校携手的育人平台

【刘界平】通常来说，一个人的一生离不开四种教育，即家庭教育、学校教育、社会教育、自我教育。而人的启蒙阶段最重要的是家庭教育。3000多名学生的家长就是一个丰富的教育资源库，怎样充分发挥好他们的作用，使家庭教育与学校教育形成合力，是最近几年我校探索实践的重点。我们编印校报免费发给每个家庭，“家校之桥”栏目搭建起家校交流的平台。我们聘请家长做“志愿辅导员”，这些辅导员中有部队官兵、公安民警，也有企业家、离退休干部等，他们充分发挥自身优势，参与学校兴趣小组辅导，和学校值班教师一起护导学生上下学，组织学生开展丰富多彩的活动，举行交通安全等法律法规讲座，介绍育子经验，深入课堂听课、评课，为学校的发展建言献策……进一步增强了学校教育管理的实效性，给学校的和谐教育注入了新的活力，为学生的健康成长做出了积极的贡献。

【陶继新】家长没有不爱自己的孩子的，也没有不希望自己的孩子更好地成长的。但是，有些家长在教育孩子上有一个误区，认为养是家长之事，育是学校的责任。其实，家长才是孩子生命成长的第一责任人。当他们明白了自己的责任之后，就会与学校教育形成一种巨大的合力，且表现出异乎寻常的积极性。由于家长来自各行各业，有着学校无法比拟的资源优势，一些学校教育力不能及的问题，他们却可以轻而易举地解决。你们有效地开发了这个资源，并与家长有了内在的联系与深厚的友谊。这种家校之间的和谐让教师、学生与家长的心连在了一起，也让学校有了长足的发展。

【刘界平】2010年6月，我校第一届家长委员会成立。2011年12月，我们改选了家长委员会，从一年级开始各班设家委会。无论是学校家委会还是班级家委会都热心教育事业，新的学校家委会制订了年度工作计划，成立了社会资源、公共关系、发展规划、组织培训四个部，积极为学校办好事、办实事。他们自发组织成立了“家长阳光基金会”，资助贫困学生，鼓励优秀学生；开辟课外社会实践基地，长期向学生免费开放，让学生有

更多的机会投入社会实践活动中；他们主动邀请专家来学校为家长们做报告，提升家长的育儿水平；他们给班级送来图书、沙包等，便于学生读书学习、开展活动；他们参加学生的入队仪式，聆听教师的师德演讲，参与班级、学校的文艺演出……家长们在欣喜中见证孩子们的成长，感受孩子们的快乐。

【陶继新】没有对家庭教育以及家校合作意义的深刻理解，家长是不可能如此积极的。这也反映出，你们在开发家长资源方面也是匠心独运的。其实，很多学校都有类似的家长资源，为什么没有有效地利用，有的甚至还形成家校对立呢？这其中尽管有家长的责任，但学校也难辞其咎。在访谈您的过程中，我感到您对这方面是进行过深入研究的，您知道家长是一个特别丰富的教育矿藏，您也知道如何更好地调动家长的积极性，您特别希望学校里的孩子能够走向一个更大的天地，能够受到更加优质的教育，而家长的“介入”，则让这一矿藏被更好地开发了出来，让孩子们有了走向更加丰富的世界的可能。

【刘界平】办学校，我们的目标就是对得起孩子、不辜负家长。但教育是一项系统、复杂的工程，是一项伟大的事业。几十年的探索、实践和积淀，使我校形成了含蓄内敛的特色、和谐向上的文化。学校被评为全国红旗大队、山东省规范化学校、山东省教学示范学校、山东省绿色学校等。在新的历史发展阶段，我们将脚踩大地，仰望星空，继承并发扬优良传统，进一步打造和谐的团队，弘扬奋发向上的学校文化，为孩子们健康、快乐地成长打造更加良好的环境和氛围，使这所老校焕发出新的生机和活力。在探索实践发展的路途上，在追寻教育理想的征程中，我们将一往无前。

【陶继新】您为过去的成绩感到欣慰，但一点儿也不自满，反而认为这是天经地义之事。这正是一位有良知、有责任的校长的品质。有了这种品质，又有了以前的经验，再加上您与全校师生的共同努力，胶州市实验小学定会继续发展，实现腾飞的。

做最好的自己

——山东省聊城市建设路小学精神密码解读

校长介绍

孙殿镔，1974 年 1 月出生，大学本科学历。近年来，被评为全国反馈教学先进个人、全国苏教版小学语文课改实验先进个人、全国新课程远程研修“百佳”人物、山东省科研创新“百佳”校长、山东省农村中小学骨干教师培训主讲教师、山东省小学教学教研先进工作者、聊城市 2007 和 2011 年度教育创新人物、聊城市德育工作先进个人、聊城市东昌府区十大杰出青年、东昌英才、东昌名师。执教国家级、省级公开课 3 节，发表《武松是英雄吗？——谈〈景阳冈〉一文中人物形象的塑造》《你知道〈反七步诗〉吗?》等论文 20 余篇，出版著作 5 套，主持的多项课题研究荣获国家级、省级优秀科研成果奖。

我们都做好自己

【孙殿镔】陶老师，我先谈一下我校核心理念的确定。作为聊城市建设路小学的首任校长，我思考的首要问题就是如何确定学校的核心理念，以统一思想，指明方向，最终核心理念被确定为“发现最好的自己，成为最好的自己”。小诗《我和小鸟和铃铛》中“大家不同，大家都好”是这一理念的注脚。

【陶继新】一位优秀的校长，不但要做好行政工作，更要有思想，没有思想的校长，永远不可能成为真正意义上的名校长。与您接触时间不长，可我已感到您不是人云亦云的校长，而是颇有思想品位的校长。仅从您确定的核心理念来看，就让人感到不但有思想，而且有个性，是属于建设路小学的，有着您本人的思考。

【孙殿镔】确定这样的核心理念，有三个方面的因素。第一个因素是个人的工作经历。当教师时，我想把所有的学生都培养成好学生。什么样的学生是好学生？就是学习好、守纪律的学生。我下大力气用这个标准去培养所有学生，但总有些学生达不到标准，有时采取高压政策，还是收效不大，反而挫伤了学生学习的积极性，伤害了师生间的感情。反思中想到丰子恺先生的一幅漫画——一只大手用力把一个孩子往一个模子里按，孩子则在痛苦地挣扎着。我想，这样培养学生不符合教育规律，是无效和有害的。是不是应该建立多元的成功标准，用不同的方式来培养不同的学生呢？

【陶继新】您当时认为的好学生标准，到现在还定格在一些校长和教师的头脑里。当用这个标尺衡量学生优劣的时候，那些在其他方面优秀的学生就被排除在外了。当某个学生的某些优点、长处被忽视和否定时，原有的优点和长处也就会萎缩；而其缺点和短处，依然处于劣势。这样，不但不可能让其更好地发展，还会挫伤其自尊心与自信心。没有了自尊与自信，学生学习就少了动力与兴趣，成绩就会越来越差，甚至影响其一生。正是在反思中，您才有了建立多元的成功标准和培养目标的新构想。

【孙殿镔】是这样的，我想多一把标尺就能多衡量出一大批好学生。第二个因素是个人的学习。孔子很久以前就告诉我们要懂得因材施教；哲学常识告诉我，世界上没有两片相同的叶子，人更是天资各异；差异教育理论指出，应该对不同的学生进行不同的帮助，使其得到不同而充分的发展；接触多元智能理论后，我知道每个人都拥有独特的优势，应顺势发展。综合思考，学校教育是不是应该把每个人的优势发挥出来、潜能激发出来，让学生在发展中弥补不足，从而成为最好的自己呢？

【陶继新】形成一所学校的核心理念，离不开实践，甚至是失败的实践；另外，还需要理论的支撑。这两者的和谐，才能形成具有生命张力的核心理论。您是两者兼具啊！

【孙殿镔】第三个因素是两个案例的影响。一个是舟舟，他的残疾在于智力，然而音乐指挥的天赋被发现后，家庭强化培养，终于帮助舟舟成为出色的指挥家；二是美国游泳名将菲尔普斯，他生活在单亲家庭，有点口吃，还有点自闭，幸运的是，在社区训练中，他的游泳天赋被教练发现，人生轨迹由此转弯，不仅取得骄人的成绩，而且心理也变得健康起来。试想：如果舟舟和菲尔普斯不能按照他们的天赋去发展，他们的人生又会怎样呢？谈及此，我想到了一句话：更多的天才不是在学校里被培养出来的，而是在教室里被扼杀的。

【陶继新】这两个案例确实经典，给我们很多启示。现在的学校教育，有多少天才被扼杀了？可是，在他们被扼杀的时候，孩子并不知晓，有的家长也认为本该如此，教师更是理直气壮。这样的悲剧不只发生在中国。就说爱因斯坦吧，4岁了才学会说话，比他的同伴们晚了接近3年；7岁的时候才会认字，比他的同伴们晚了接近4年。教师这样评价他："反应迟钝，思维没有逻辑，满脑子不切实际的幻想。"如果不是他的妈妈对他极其信任，认为他是一个可以造就的天才并采取有效措施的话，爱因斯坦也许就成不了一位大科学家。所以，千万不要认为学习成绩差的学生就不优秀，更不能认定他以后不能成就一番大事业。

【孙殿镔】就这样，我们的核心理念就确定下来了。围绕核心理念，学校构建了系统的办学思想："为学生一生幸福奠基"是办学宗旨；"爱，然后会爱；树仁，然后树人"是育人策略；"用大爱做小事，化平凡为卓越"是工作精神。

【陶继新】你们这些理念都很有特色，就说育人策略吧，教师要想让学生感受到爱，首先要真爱，学生有着非常高的读心术，有的教师虽然善于伪装，但绝对逃脱不掉学生的"火眼金睛"。不过，有了爱，还要有爱的艺术，即您所说的会爱。这样，爱才能拥有更大的能量。为什么说先"树仁"，再"树人"呢？《周易》有言："立人之道，曰仁与义。"有了仁与义，才是真正意义上的人。所以，仁树好了，人也就树好了。

我们都当好老师

【孙殿镔】我们在具体工作中努力落实办学理念，目标确立，坚持"学生第一"；工作落实，坚持"教师第一"。学生成为最好的自己，就是人生的最大成功；教师帮助学生成为最好的自己，就是教育的最大成功。我们首先加强教师团队建设：一是统一思想，通过征文、演讲、座谈会等形式，不断学习和感悟学校的核心理念。我把一线工作中"最好的自己"

的经典时刻用相机拍摄下来，用文字记录下来，进行展示激励。在我校校本培训教材中，“核心理念”是首要板块。我希望学校的每位建设者都拥有以核心理念为指导的价值观。

【陶继新】每一位师生都希望成为最好的自己，关键是如何引导他们走到这条路上来。您的这个办法可谓匠心独运，它聚集了教师与学生的闪光点，并将其放大。人人都有美好的一面，即使那些被人们视作有问题的师生，也不是一无是处。《大学》开篇就说“明明德”。在儒家先师看来，“明德”是人生而有之的，正像孟子所说的良知良能生而有之一样。关键是如何让这些人“明明德”，以至走到“至善”境界。当人们更多看到自己的“明德”，且得到认可与称颂的时候，就会越来越“明明德”，逐渐走向真善美。孔子称道大舜是大智之人，因为舜善于“隐恶而扬善”。如果真能做到这些，则会让更多的人走向“至善”，让人生更有意义。

【孙殿镔】坚持发现并放大每位教师的最好之处，他们的一点“最好”就会慢慢扩展出更多“最好”，个人的“最好”慢慢变成大家的“最好”，这样教师团队就能成为最好的团队。

我校加强教师团队建设的另一项措施是推进教师专业成长路线图，包括思想路线图和实践路线图。前者是“有爱心就有责任，有责任就有智慧，有智慧就有创新，有创新就有价值，有价值就有幸福，有幸福就有成功”，它侧重于对教师思想方面的启发和指导；后者是我校对教师专业成长进行的阶梯状规划，分为“合格教师”“优秀教师”“骨干教师”和“校级名师”。各个等级对教师的基本功、课堂教学、论文等方面都有具体要求，同时规定了各自的权利和义务，权利主要是外出学习、刊物订阅、办公条件等方面的优惠，义务则是担当“青蓝工程”的工作。教师自主申报，学校集中评选，每位教师都明确了自己的专业水平和努力方向。

为了促进教师专业发展，我校支持教师走出去，更将大师请进来。于永正、吴正宪等名师多次来我校上观摩课，做报告；徐本禹两次到访，给教师以爱岗敬业的激励；陶老师的精彩报告，也是我们“大师面对面”工作的一部分。学校如此重视这项工作，就因为榜样的力量是无穷的，榜样就在眼前，成功就在近处，教师就会“见贤思齐”。

【陶继新】在第一个“路线图”中，您将爱心放在了第一位，而且最后才是成功，这很有道理。一个人要想在工作中取得成就，首先要爱它，没有爱，其他都无从谈起。即使有较高的业务水平，如果没有爱，也不可能成为一名真正意义上的优秀教师。因为教师面对的是一群有生命的孩子，他们有了爱的滋养，才能更好地成长；没有爱的抚慰，就不可能心灵健康。

提出阶梯状发展要求，能让不同类型的教师都找到发展的目标。人都是有惰性的，如果没有一定的生命提醒，没有相应的激励措施，这种惰性就可能不断蔓延，以致成为生命常态。这样，教师会感到生活乏味，产生职业倦怠感。这种惰性，还会在有意无意之间传染给学生，让他们也产生不良情绪，于是，就不可能取得好的学习成绩，也可能出心理问题。

你们让教师走出去，请大师走进来，会让教师大开眼界，且有“见贤思齐”的自觉行动。这与产生倦怠情绪正好相反，有了这种积极的思想，教师就会不断地向着更高的境界攀登，取得一次又一次的成功。这个时候教师会特别愉悦，且产生被认可、被欣赏的感觉。这种优质情绪也会“于无声处”影响学生，让学生有了快乐的心境。

【孙殿镔】我们为教师提供了适合而广阔的舞台。所谓适合，我是这样考虑的：有时候教师表现不好，不是他主观上不努力，而是岗位不对，让一位流行歌星走上京剧的舞台，再努力也鲜有出色演出。所以校长要为工作找适合的人，也应该为人找适合的工作。我们每学年都让教师申报自己最想担任的工作，然后统筹安排，尽量尊重教师的意愿，这样就保证了教师有一个“乐教”的初始状态。有一位青年教师一开始教体育，表现平平，后来得知他文学素养不错，愿意教语文，就满足了他的愿望。现在他已成为我校语文学科的带头人。

【陶继新】“为人找适合的工作”，说得好！适合的才是最好的。当某位教师适合于某项工作的时候，不但干起来会得心应手，还会心情舒畅，工作效率与质量都会提高，也越容易出成绩。于是，这项工作就越适合他。这就进入了一种良性循环，既成就了个人，也促进了学校工作的顺利开展。

【孙殿镔】所谓广阔，就是“海阔凭鱼跃，天高任鸟飞”的境界。每一位教师都有特长，我们为教师提供发挥其特长的广阔舞台。

一是开展校本课题研究。我校校本课题研究的主题是“持之以恒，平凡建功”。课题选题小，紧密结合实际工作；周期短，以一年为限；方法活，重视师生的互动实践。教师个人或是自由结合，只要有益于工作都可以申报。学校定期举办展评，对优秀成果进行重奖，在全校推广。我校正在进行的校本课题研究有20余项，已结题的5项获得了国家级、省级科研成果奖，10余项获得市级科研成果奖，《歌谣在品德教学中的作用》在全省课题成果交流会上做典型交流，我被评为山东省科研创新“百佳”校长。当然，荣誉、奖励都是副产品，教师走上研究之路，学生因教师的研究而受益，才是这项工作的真正价值和意义。

【陶继新】实事求是地说，当下不少课题研究并不理想，真正很有效果者并不是太多。可我欣赏你们的课题研究。其一，喜欢你们所研究的主题“持之以恒，平凡建功”。做任何事情都不会一帆风顺。如果遇到困难与挫折就止步不前，不但会前功尽弃，还会形成一种消极的心理定式：凡事都难成功，而且工作是痛苦的。如果遇到困难与挫折还持之以恒地走下去，即使千辛万苦也一往无前，直至抵达成功的彼岸，这样就会形成一种积极的思维：凡事都有困难，只要勇敢地面对它，就能战胜它，就能享受成功的愉悦。教师的这种生命状态还会直接作用于学生。当学生也有了这种良好的精神时，也就拥有了走向成功的基础。其二，欣赏你们选题小的研究。现实中，教师们遇到的大多是一些小问题，正是基于这些问题的研究，才让很多问题得以解决。有了解决问题的能力与方法，教师们还会继续研究新问题，不断取得新进展。这样，研究不但推进了教育教学，而且为教育教学提供了理论支撑与实践案例。

【孙殿镔】二是创设“百师讲坛”。我们模仿中央电视台的“百家讲坛”栏目开展活动，每月一次，分为四个板块：理念有例、育人有道、读书有感、健康有方，由教师轮流上台展示，使学习得到加强，能力得到锻炼，收获得到共享。

三是进行“金点子”评选。人人都是学校的建设者，我们发动所有教师参与各方面工作，每学年进行“金点子”评选，充分发挥教师的智力资源优势，增强他们的团队认同感和职业成就感。我校“走建设路，育栋梁材”的口号，就是教师们的杰作。

四是设立“特殊贡献奖”。该奖项用于奖励在做好本职工作之外，对学校做出较大贡献的教职工、学生和家长。采取推荐和自荐的方式，经校长办公会评审，每学期举行隆重的颁奖仪式。这项政策的落实和坚持，使学校里惊喜不断。我们的校徽就是一位女教师和她先生设计的；一位品德教师主动承担了“Tong趣”俱乐部的书法培训工作，辅导的学生屡获佳绩；几位教师自主组织学生参加全市才艺比赛，把奖牌拿到办公室后我才知晓。

【陶继新】“百师讲坛”给全体教师提供了展露才思的舞台。不少教师在教室的讲台上站了一辈子，却有可能一次也没有站到全校的讲台上。当他们有机会站在这个大讲台上时，他们面对的是全校同事，所讲的不但要反映出自己的教育教学能力，还要有一定的创意以及较高的演讲技巧。如果在这个舞台上演讲成功，得到大家的认可与称赞，则会在无形中提高他们的自信心，拥有职业幸福感，同时也会给其他教师一定的启发，让他们“学而时习之”，努力争取在这个讲台上获得成功。他们准备的过程，也是对自己的工作进行总结梳理与提升的过程。所以，每月一次的“百师讲坛”自然就成了教师心向往的地方。

讲坛的四个板块也很有特色。“理念有例”要有两个方面的内容：一是理念，二是例子。这就要求教师不能只做一般意义上的汇报，而要讲得有理有据。“育人有道”不但要有所育之事，还要说出“道”来。为此，教师要选取最有意义的事来讲，总结出有规律的道理来谈。“读书有感”则要求教师要深入阅读，真有感想才行。最后的“健康有方”很好。教师工作比较紧张，压力也大，如果得不到缓解会影响身心健康。所以，在这个讲台上，有人讲出有效之“方”来，就有益于大家的身心健康。这样的安排，体现了学校领导的智慧和对教师的拳拳爱心。

【孙殿镔】陶老师，目前我们学校又启动了“校本资源库”建设工作，在课堂教学、班队会、文体节目等方面，只要有得意之作，教师就可以拍摄或是撰写下来，提出申请，经验收后入选校本资源库，学校择优颁发证书和奖金。我们这项举措的目的是实现资源共享，同时也帮助教师留下职业生涯的闪光足迹。

【陶继新】“校本资源库”建设，不但会给教师留下自己在学校工作的“轨迹”，也在无形中推动了教育教学工作的开展。因为每位教师都希望将自己最好的“档案”留存在学校，这个“档案”不是封存的，而是开放的，在未来的时间里，会有一批又一批教师翻阅。绝大多数教师都希望大家看到自己最闪光的一面。正因如此，这些“档案”就成了教师们最为珍贵的纪念，成了学校一笔丰厚的精神财产。

【孙殿镔】我们提出了“教育生活”的概念，全体教师将校园内的工作当作一种生活，将与学生相处当作一种交往，生活交往要互相尊重、关心对方。因此，构建和谐的师生关系，成为我们工作的基础。为此，我们提出了“为师三境”（你是字之师、事之师还是人之师?）和“为师三问”（你的学生喜欢你吗？你的学生喜欢你的教学吗？你的学生因为你而喜欢学校吗?）。我想，只要学生喜欢老师、喜欢学校，校园生活就会让他们的幸福感倍增，他们就会拥有快乐的童年，进而拥有健康和幸福的人生。

【陶继新】“为师三境”提得好！真正的优秀教师首先应当是人格高尚者，即使在平时的教学中，他们的人格也会有意无意地影响学生，在他们小小的心灵里种下真善美的种子，到了一定时候，自然就会生根、发芽、开花、结果。“为师三问”同样重要，要想让学生喜欢教师，喜欢教师的教学，喜欢学校，教师就要对自己有更高的要求，不但要有优良的人格品质，还要有教育教学艺术，让学生从教师那里获取品格力量的同时，也可以沐浴在“游于艺”的海洋里。

我们都是好孩子

【孙殿镔】上述工作，我们是为了把队伍建设成最好的团队，更为了帮助学生成为最好的自己。有一首小诗：“春天，拥有千万朵花儿；而一朵花儿，却只拥有一个春天!”它是我们全体同事的“上课铃”，提醒我们自己的工作有多么重要，我们要用心呵护每一朵花儿。而在学生培养方面，我们的做法可概括为“德育是共同体、课堂是主阵地、兴趣是着力点、展示是助推器、快乐是主旋律、生活是大天地”。

【陶继新】这六句不但概括得精彩，而且很有特点。比如，“展示是助推器”，抓住了学生喜欢展示的心理特点，让展示成为学生发展的一个助推力。它不但让展示成功者更有自信，也会催生出更多的跃跃欲试者，从而将课堂演绎得更加精彩。如果不是认真研究了教育教学与学生学习的情况，您是不可能有如此总结的。

【孙殿镔】只有让学生感到学习的价值和乐趣，他们的积极性才会高涨而持久。学校的核心理念是德育的重要内容，在升旗仪式、毕业典礼、课间操等集体活动中我们讲它，在“校长讲故事”、班队会、校园读本里我们学它，在班级综合素养展评中我们考它。我们不但考学生对核心理念的记忆，更考查他们是如何结合实例理解的。

【陶继新】你们设计活动既关注形式，更注重内容，所以活动就很有教育意义。从某种意义上说，活动即教育。丰富多彩的活动，会让学生在潜移默化中受到持久有效的教育。

【孙殿镔】爱心义卖是我们学校的传统活动。每年“六一”，操场就变成了露天大集，每个班级的店铺里摆满了师生从家里带来的书籍、玩具等物品，广告语、优惠牌随处可见，叫卖声、讨价还价声随处可闻。在收获与奉献中，孩子们的语言表达能力、计算与统计能力得到了切实提高，商业意识得到了显著增强。学校用爱心义卖的收入创建了“爱心基金”，用于资助本校学生。学校有一名毕业生，家里无力支出他继续求学的费用，我们就慷慨解囊；今年，我们又资助了一位患重病的学生。

【陶继新】上次去你们学校走访，您就谈到了爱心义卖活动，当时您讲得很有趣味性，我听得很感动。这样的活动从多方面锻炼了学生的能力，这是学生在课堂上绝对学不到的。从这项活动中，我们也看到学生的潜力是巨大的。更重要的是，他们是自主地、积极地、愉快地在参与这项活动，这些积极的情绪与爱心融合为一，形成一种动力系统，从而让学生树立了健康的人生观。接受爱心捐赠的学生得到的不只是这些钱款，更获得了长期留存心中的那份爱心，他们会在未来的生活与学习中去爱他人。这种爱心的传递，会让身在其中的人更加快乐和幸福。

【孙殿镔】当然，学生的主要任务是学习，课堂则是育人的主阵地。其一，我们开展了“写字、阅读、习作”三大工程。这得益于我的恩师于永正先生的指点，他说“人生是花，语文是根”，写字、阅读和习作的学习质量直接影响学生的一生。2009 年 12 月，我校启动三大工程，主要做了这几个方面的工作：(1) 明确训练内容，统一训练形式。写字——充分利用已有教材，做好师资培训；阅读——处理好课内和课外的关系，在完成识字写字、有感情朗读、语言积累和读写结合四项任务的基础上，提高效率，将更多的时间用于扎实有效地开展课外阅读、亲子阅读、师生共读等活动上；习作——坚持每周至少一次两课时的习作课，鼓励学生天天写日记，低年级以写话为主，中年级以写段为主，高年级以写篇为主，低起点，小跨度，严要求，坚持“迈小步”“不停步”。(2) 创设环境氛围，设置展示平台。(3) 完善考核办法，建立长效机制。学校组织三大工程专题考试，在统一的学业测试中对卷面书写进行专项评定。

【陶继新】我与您的恩师于永正老师是好朋友，他的语文教学已经达到了炉火纯青的地步。他为什么能有如此高的水平呢？就是因为他在您所说的“写字、阅读、习作”三大工程上下了一辈子的功夫。写字不只是为了练出一手好看的字，还可以修炼人的心性。好的心性不但对人当下的学习有益，对人一生的成长都有帮助。阅读应当是一个人生命成长的终生功课。阅读不但可以提升一个人的文化水平，也可以提升一个人的精神境界。大凡写作水平高的人，没有一个不是大量阅读者。而写作水平的提高，又会反过来促使学生更好地读书。这样会形成一种良性互动，让学生的语文学习驶进快车道，并会在这个车道上享受到特殊的幸福。

【孙殿镔】其二，我们开展了参与式体验性学习活动。针对以往课堂学习与现实生活严重脱节的现象，学校开展了转变学习方式的研究，让课堂走向生活，让生活走进课堂。数学课在操场上上，全班同学手拉手测量估算操场面积；英语课在舞台上上，情景剧表演激发了学生练习口语的热情；品德课在家里上，学生通过做一天家务感受父母的辛劳；综合实践活动课在社会上上，学生通过做一天小交警增强安全意识。更重要的是，在课堂上，教师通过创设情境，激发学生的兴趣，引导学生一起经历知识形成的过程，体验知识的价值，完成知识的自我建构。

【陶继新】参与式体验性学习活动对学生成长有着书本学习无法比拟的优点。学习文本知识固然重要，可是如果不与实践接轨，这些知识就有可能毫无用处。古人说的“百无一用是书生”，是有一定道理的。现行教材更多的是文本知识，实践方面的学习不多。你们的课堂丰富了学生的实践学习，让他们更加全面地汲取生命的营养。学生都特别喜欢这样的活动，在乐此不疲地参加活动的过程中，丰富了自己的生命体验。于是，学生也就有了优质的成长，有了持续发展的可能。

【孙殿镔】坚持开展“Tong 趣”俱乐部建设，是在学生培养方面落实核心理念的重要举措。所谓“Tong 趣”，一是指儿童的兴趣，二是指相同的兴趣。我校从学生的兴趣出发，开设了以艺术、体育为主的 20 余个兴趣小组，包括国际象棋、拉丁舞、语言表演、篮球等，每周将有相同兴趣爱好的学生集中起来培训，目的是培养学生的兴趣，发展学生的特长，培养学生健康的爱好，为学生的幸福生活奠基。“Tong 趣”俱乐部建设有以下特点：（1）一贯坚持，建校至今从未间断；（2）两次跨越，一是引进社会资源丰富培训内容，二是开展“最好的自己”主题课展示；（3）多方影响，学生多次外出展示，社会各界给予高度评价。

【陶继新】学生参加“Tong 趣”俱乐部，不一定要在哪个方面取得成就，也不一定要在未来从事这项工作，重要的是，学生有这种爱好有利于他们的身心健康，还能将快乐的情绪转移到学习与生活上。参加活动尽管会占用学生学习课本知识的时间，但心灵愉悦状态下的学习一定是高效的，会让学生感到学习是一件快乐的事情，学习效率自然也会很高。因此，关注学生的全面发展，恰恰能促进学生学习成绩的提高。

【孙殿镔】陶老师，您讲得太好了！学生的特长得到发展，进步往往不限于特长这一个方面，还能带动学生其他方面的发展。此外，我校还非常重视学生校园生活的幸福感，想方设法丰富校园生活，创造真正属于学生的快乐。在一年一度的体育节里，学生能体验到运动的激情和团队的荣耀；在学校的艺术节上，学生能体验到美的享受和展示的骄傲。儿童节、元旦节，各班师生一起召开班级联欢会，让学生展示各自的特长，再择优进行全校汇演。每个节日里，校园里到处是欢声笑语，教室里到处是精彩的才艺展示。

【陶继新】学生快乐指数的高低，决定了学生幸福与否。那些以牺牲学生幸福为代价的机械的学习，不但不会让学生享受到快乐，还会伤害他们的心灵，以致影响其一生的发展。你们让学生在节日里快乐地活动，使他们有了一个快乐的童年。童年对每个人来说只有一个，童年的幸福感会影响着一个人一生的幸福。你们开展的这些活动，指向的是孩子一生的发展啊！

我们都有好明天

【孙殿镔】陶老师，经您分析指点，我知道我们还有许多工作需要做。我们已经在路上，也早已明确目标。建设路，幸福路；建设者，建设着。我相信我们建设路小学的明天一定会更好！

在帮助师生成为最好的自己的同时，我本人也在努力做最好的自己。几年的校长工作使我有了几点感悟。

（1）厚德载物很重要。校长要有大胸怀，更要有大爱，爱每个学生，爱每一位同事。校长无厚德，何以爱人？不爱人，何以有合力？没有合力，何以成就事业？作为校长，要不断加强道德修养，做到“仁者爱人”“立人立己”“达人达己”。

（2）发挥特长很重要。我的特长是写作，平常就多用笔来记录、交流、褒奖和激励。我在新浪的“太阳花”博客建有“建设之路”专栏，记录的是我们工作中的真善美；教师们每份优秀的总结中都有我的笔谈，记录着我与同事之间的心灵对话；同事过生日、结婚、添子赠书，我经常用文字送去祝福。

（3）“在一起”很重要。我坚持与一线的同事在一起，与学生在一起，这样我就有了想法和办法，更成了有丰富故事和情感的校长。如果你感觉教育工作没有思路和办法，没有价值和乐趣，那肯定是你离师生不够近的缘故。

（4）触类旁通很重要。人们常说一位好校长就是一所好学校，其实一位好教师很有可能就是一位好校长。比如，好学生是夸出来的，好教师也是如此；比如，让学生喜欢很重要，让同事喜欢、理解也很重要。

（5）感恩工作很重要。我与这所年轻的学校、这群年轻的同事一起成长，我感谢领导、同事和学生，是工作帮助我体现人生价值，提升精神境界，使我越来越谦卑严谨。

【陶继新】 您的感悟很有品位。就以“厚德载物很重要”来说，一位校长的思想境界对一所学校的文化品格有着巨大的影响。《大学》中说“有德此有人”，还说“德者本也”。“本立而道生”，校长之德，直接影响到师生。所以，修身做人是第一要义。厚德是成就一位校长的基石，也是一所学校发展的根本。再说“‘在一起’很重要”，天地宇宙之大，让我们每个人都感到自己小得几乎可以忽略不计。所以，我们能够在一所学校工作，绝对是一种缘份，理应珍惜。良好的人际关系能生成一种特殊的生产力。这种和谐关系的形成，校长是第一责任人。校长要让大家知道，“在一起”是多么重要，多么可贵，又是多么幸福。当人人都有了这种感觉的时候，和谐的学校文化就应运而生了，师生的成长与学校的发展也就水到渠成了。

让教育创造幸福人生

——山东省济南市历城区文苑小学的“幸福教育”解读

校长介绍

郭淑慧，1969年出生，1987年参加工作，中学高级教师。2006年9月任山东省济南市历城区文苑小学校长，兼任历城区政协委员、历城区督导室督学、历城区小学校长研究会副秘书长等职。2012年8月任山东省济南市历城区实验小学党支部书记、校长。

曾荣获全国课改先进个人、山东省优秀教师、济南市首批名师、济南市“百佳”教师、济南市三八红旗手等称号。是全国课堂教学华夏奖获得者，有10余篇论文在国家级、省级刊物发表。主持的省级规划课题《开放式教学实验与研究》顺利结题，被专家组鉴定为“省内同类课题领先水平”。

【郭淑慧】我们的办学理念是“让教育创造幸福人生”。所以我们的工作定位就是让教师幸福快乐地工作，让学生幸福快乐地学习。

【陶继新】没有幸福快乐，教师工作与学生学习的效率会低下，生命也少了高品质。你们的教育理念可以让师生更加幸福快乐，且有效地提升了师生的生命质量。

温馨如家

【郭淑慧】我们做得成功的一点就是在学校营造了家的氛围。我希望我们的学校是师生的温暖港湾，是相互宽容、相互欣赏、相互尊重、相互合作的地方，是师生心中永恒的牵挂。

【陶继新】天地如此之大，两个人能够在一起工作，当是一种机缘，理应珍惜。而您所说的营造家的氛围，则让大家倍加珍惜这种机缘，相处的时候，都有一种和谐美好的感觉。有了这种感觉，是非少了，支持多了，合作好了，取得优质的教育也就成了必然。

【郭淑慧】我同意您的观点。因为教师在这样的氛围中才会充分发挥自己的潜能，在工作中感到更快乐和幸福。为此，我尝试用自身的魅力来影响教师，主要做了三点：一是要求教师做到的我先做到。要求教师不迟到，我便第一个来到学校，微笑着迎接教师的到来；要求教师规范备课，我便公开自己的教案；要求教师每人上一节公开课，我便开放自己的课堂，教师可以随时听课……二是工作要扎实高效。要做到工作有计划，行动求实效。三是追求卓越。只要在一些方面争取比别人做得好一点，学校的品质就会随之而提高。由此，我用自己的人格魅力感动了教师。

【陶继新】真令人感动！在学校管理方面，校长需要说，更需要行动，教师不但要听其言，更要观其行。孔子说："其身正，不令而行；其身不正，虽令不从。"正是您的"正"，您的以身作则，才有了教师努力向上的群体效应，才有了学校的持续发展。而且，因为校长与他们同心、同行、同乐，彼此之间互相信任，教师的心情才那么舒畅。这种良好心境下的人，不但会有高质量的工作，也会有高品质的心灵。教师的这种生命状态会"于无声处"影响学生，让他们也保持一种积极健康的生命状态。

【郭淑慧】是啊，这里有"云推云"的感动，这里更有"一个灵魂唤醒另一个灵魂"的震撼，每个生命都精彩地绽放。但是，只有校长的个人魅力是不够的，只靠情感管理也是远远不够的。规范、科学的制度才能让生命更加有活力。在我们学校，教师参与学校管理的制度是透明的，教师也确实积极地参与了进来，比如，让教师参与学校工作计划的制订。学期初的工作计划是学校的纲领性文件，重要程度自不必说。每年的学校工作计划都要提交全体教师讨论，并进行有效的完善。我们还做了创新性的处理：以提案的形式记录下每位教师的意见，并经过筛选把好的建议写入计划，甚至还会把建议者的名字加入。这个小小的细节，让教师体会到被尊重的幸福，体会到成功的喜悦，从而逐渐把学校当作自己的家，发挥主人翁的作用。这种发自内心的强大动力一旦形成，将是无坚不摧的。

【陶继新】学校必须有制度，但有了制度教师就一定会自觉自愿地执行吗？回答是不一定。有的学校也有制度，有的还挂到了墙上，或装订成册，可是有的教师并不知道其中的具体内容，或者知道内容也不想执行，甚至有意抵制。原因是什么？就是因为在制订这些制度的时候教师没有参与，或者即使参与了也只是做表面文章，其中没有教师提出的意见，甚至还会把绝大多数教师抵触的内容写进制度文本中。你们则不然，你们学校制订制度，不但让教师真正参与进来，而且有效地吸纳了他们的建议与意见。这个教师参与的过程与接纳教师建议的过程就是制度内化到教师心里的过程。教师不但遵守这样的制度，而且敬畏这样的制度，会以遵守制度为荣，以至于形成了遵守制度的习惯。从某种意义上说，这种制度已不只是一般意义上的制度了，而是形成了一种制度文化，成为学校文化建设中的一个重要内容，从而对学校发展起着重要的作用。

【郭淑慧】制度是人制订的，也是用来约束人的行为的，当我们做出选择的时候，就决定了我们采取的方法。“内化”这个词看起来简单，但是要真正实施起来是有很大难度的，这需要智慧。一项制度只有根植于人心并付诸实行，才是一项好制度。在我们学校还有一项坚持了五年的制度——让教师每月填写《我参与我快乐》调查表。这样做的目的是为了及时地把教师的好建议征集上来，然后进行梳理分类，在校委会上逐条分析落实，并在全体教职工会上进行答复。曾经有位教师的一条建议深深地刺痛了我：“我们不要镜子要安静！”我夸张地称之为教师的一声“呐喊”。就是这声“呐喊”震动了我。为什么这样说？这是因为当时我们刚搬进新建的教学楼，由于教学楼压音，所以学生的喧哗声就无形中被放大了。而恰恰在此时，学校提出要给每个办公室安装镜子。于是在这样的背景下就有了这一声“呐喊”。面对这个问题，我们召开了班主任会，明确了要求。会后，所有的班主任行动起来，严格要求搬到教学楼学习的学生必须做到“轻声慢步”，并加强了教师的护导。教师的一声“呐喊”，我们忙了一个学期。但是，我们是欣慰的，因为教学楼真的安静了下来！

《我参与我快乐》调查表为教师提供了“参政议政”的平台，让每个人成为主人。秉持的公开、公平、公正的原则让每个人心里都亮堂堂的。在学期末，我们还评选出了“金点子奖”“好建议奖”。

【陶继新】这声“呐喊”看起来有点儿突兀，其实却有其内在的必然。一是你们的教师表达自己意见的时候，可以是和风细雨式的，也可以是急风暴雨式的，他们没有顾虑，感觉本应如此。这不是对校长的不尊重，而是对校长的高度信任。因为在他们看来，只要对学校有利的意见，不管用什么形式提出来，校长都是乐于接受的。二是教师的责任感无时不在。在他们看来，学校中出现了问题就应当及时提出来解决，这样才能促进学校的发展。这声“呐喊”确实起到了作用，不但震动了您，更有了随之而来的解决这一问题的行动。我想，这位“呐喊”的教师会感到特别欣慰，因为他的意见得到了学校领导的重视，让他感到一位教师的尊严以及由此产生的自豪感。其实，你们的教师人人都有呐喊的权利，都有呐喊的可能，只不过这种呐喊的声音有大有小、有强有弱而已。这辐射出一个信息：教师已经将学校当作自己的家，已经形成了“参政议政”的习惯。而您这位校长也已经习惯了接纳教师的意见、建议，已经融入教师之中了。

【郭淑慧】是的，我已经融入教师中了。每次讨论制度的时候，每一个细节都会引起大家的争论，甚至会争得面红耳赤。每当这时，我都会静静地在一旁看着他们争论，我甚至有些“幸灾乐祸”地希望“你们来得再猛烈些吧”，而且我也相信自己的调控能力，无论什么样的场面，我都能以柔克刚，在和风细雨中顺利地达成目标。实际上，在制订制度的过程中，我也曾经遇到过困难。如在制订《绩效工资发放补充办法》时，我们对教师的基本工作都提出了要求，做到了奖励，但做不到处罚。因为处罚要扣钱，教师们产生了抵触情绪。怎么办？我采用了讲故事的方法，讲的第一个故事就是《价值两亿美元的工作态度》，这个故事让教师们领悟到了“只有一个对工作充满热情的人，才是最值得信任和给予重托的”。同时我进一步和教师们沟通：《绩效工资发放补充办法》中对教师的要求都是最基本的，是教师工作的底线。讲故事加上有效的沟通，最终使得制度顺利通过。这项制度也成了历城区最有突破、最有力度的一项制度。经历这一切，我突然有所感悟：做正确的事，并一定要想办法做成，这才是好样的！

【陶继新】这确实是一个突破，风平浪静地就将绩效工资的问题解决了。这正印证了您说的“做正确的事，并一定要想办法做成”。但怎样才能做成呢？首先，需要建立一种信念，那就是相信教师，只要晓之以理，他们就会通情达理。其次，需要智慧。在对教师谈为什么要实施绩效工资的时候，如果只是讲一些大道理，甚至言不及义，教师依然会有意见。而您抓住了教师最敏感的那根神经，让他们明白，充满热情与热爱学校的教师才是最优秀的教师。孔子说："君子喻于义，小人喻于利。"有着君子之风的教师当然要以学校发展为重。所以，为义而舍利，非但值得，而且高尚。看来，您的以柔克刚里面还有着品质与智慧的双重含量，所以，教师信任您、佩服您。

【郭淑慧】是的，信任很重要，不管是做人还是做事。我坚持自己的做法，那就是用自己的真诚换取别人的真诚，这也让我受益颇多。在现在的工作中，我还是在努力营造一种信任的氛围。有了信任可以无坚不摧。现在，我真的感到很欣慰，因为经过长期的努力，我们终于有了家的味道——家里的每一个成员，不管是正式的教师，还是外聘的教师，大家有活儿一起干，责任一起扛，有饭一起吃，有歌一起唱，有舞一起跳，宛然一家人一样。不管工作多苦多累，教师们都会坚决地去执行学校的一切要求，而且会非常出色地完成。繁重的工作压不倒他们，他们每天依然笑对工作，感受家的味道；校委会上大家讨论热烈，忘了时间，即使外面已是漫天的飞雪，教师们也没有丝毫的抱怨，还在赞叹雪的美丽，感受家的味道……

在学校，我们的流行语"我爱你"可以幸福彼此，典型的动作拥抱可以融化你我。最神奇的是，进入学校的人不到一个星期便会被热情的家人所同化！

【陶继新】《中庸》有言："诚者，天之道也；诚之者，人之道也。"如果没有诚意，校长能得到教师的信任吗？我当过教师，知道一个基本的道理，那就是教师是不能被欺骗的，校长不管用多么高超的伎俩，都逃不过教师的眼睛。相反，校长真诚，教师也看得一清二楚。而且，诚意是发自内心的，"如恶恶臭，如好好色"。正是因为有了这种诚意，校长才有了人格，才有了威信。诚意既有作用力，也有反作用力。当校长对教师有诚意的时候，教师也就会对校长有诚意。

有了真诚与和谐，工作起来就会虽累犹乐。教师在一个心理安全与和谐的环境中工作，即使工作时间比较长，工作强度比较大，也不会感到心力交瘁；如果在一个有压力、有恐惧感的环境中工作，即使工作时间很少，工作强度不大，也会感到精疲力竭。你们这个团队的生命状态这么好，正好说明了当一个人有了"工作是最大的休闲活动"的感觉的时候，工作就成为一种生命的快乐。

幸福如歌

【郭淑慧】我希望教师们拥有“工作是最大的休闲活动”的感觉，更希望他们能够把工作做得诗意无限、幸福如歌。我一直致力于营造一种简单的氛围，让教师们在这种简单的氛围里开心地工作、幸福地交往。但是，在当今社会中，总是弥漫着一种浮躁的气息，而这种浮躁的气息又会或多或少地影响到教师这个团体。如何让教师摆脱这种浮躁，静下心来做自己的事业呢？正像您之前所说的，单调的说教是没有效果的，采用温和的、不着痕迹的方法不失为一种良策。比如，我们给教师准备了“心灵鸡汤”，针对教师压力过大、工作倦怠的现象，从 2011 年 9 月开始，我们给教师们推出了为期一年的“爱之旅——教师心理辅导套餐”，分为压力释放、情绪管理、自我接受、自我整合、自我成长、寻求价值、人生规划、圆融人生八个专题，每月由学校邀请具有心理辅导资质的家长义工对教师进行培训，培训通过活动和游戏进行。在培训的过程中，教师们笑得让人感动，哭得令人动容。记得在一次培训辅导时，一位年轻的教师由于刚刚失去疼爱她的父亲，在进行到让每个人对爸爸妈妈说一句话的环节时，她失声痛哭，结果所有的教师都哭了，而且所有的教师都给了她一个无声的拥抱。我想，只有打动人心的培训才是最好的培训，我们做到了。

【陶继新】《周易》有言：“易简而天下之理得矣；天下之理得，而成位乎其中矣。”看来，大道至简是和谐人际关系的要素之一。要想人际关系简约，校长首先要是一个简约的人，不计较个人得失，不听信是非之言，更不拉帮结派，将人品高下与工作优劣作为衡量教师优秀与否的唯一标准。这样形成的一种正能量才能够凝聚教师的心，人与人之间的关系才能简单和谐。

出于各种各样的原因，有的时候有的教师也会出现这样或那样的心理问题，如果不及时予以消解，时间长了，就有可能出现大的问题。“爱之旅——教师心理辅导套餐”有效地化解了积郁于教师心中的不良情绪，使负能量变成了正能量。当正能量越来越多的时候，群体的心理状态就会越来越好。你们对那位失去父亲的年轻教师的疏导，在消解她心中的消极情绪的同时，也让她充分感受到来自这个集体的关心与呵护。相信随着她心里的郁结渐渐地化解，她会在这个集体中实现生命的超越。

【郭淑慧】是的，当每位教师都具有正能量的时候，这所学校就有了正能量，就会出现心往一块想、劲往一起使的局面。如何激发教师的正能量？实际上，解决了师德的问题，就能使教师拥有正能量。在我们学校，德是永远被放在第一位的。教师不经意间捡起一片碎纸，不经意间关上不需要的灯，不经意间关紧滴水的水龙头，都给学生做出了示范。我们要求教师把每节课都当公开课来上，只要把坐在教室里的学生当作自己的孩子就能做到了。为此，学校设立了“电影月”。在“电影月”中，教师们可以欣赏到四部经典影片，这些影片都与学校和孩子有关。比如，我们在观看奥斯卡获奖影片《放牛班的春天》时，片中的马修老师给了我们无尽的遐想，老师们都在第一时间写下了自己的感想：只要用心去做每件事情，只要用心对待每一个孩子，把每个孩子都看作一朵花，我们总能聆听到世界上最美的声音——花开的声音。我想，这就是无痕教育吧，这就是“润物细无声”的功效吧！

【陶继新】《大学》有言：“德者本也。”并说：“自天子以至于庶人，壹是皆以修身为本。”“本立而道生”，您永远将师德放在第一位，当然也就有了学校发展之本了。而师德更多地反映在平时的小事中。小事折射大境界，老子说：“天下大事，必做于细。”教育学生是大事，而真正影响学生品质的，恰恰是一点小事，特别是有关师德方面的小事。

师德的优劣还折射到对孩子的爱上，没有爱，就没有教育。教师不但要像爱自己的孩子一样爱学生，还要让他们感受到这种爱，进而拓展这种爱。有的教师也爱学生，可是由于不会爱或者错爱，使学生产生逆反心理，甚至对抗教师。可见，爱既需要智慧，也要特别用心。当孩子感受到来自教师的爱时，他们就会有一种安全感，心里有一种温暖的感觉，也就会尊敬与爱戴教师。更重要的是，这种爱也会在学生心里扎根，并随着年龄的增长，不断地彰显其爱的能量。

【郭淑慧】爱是教育的源泉，爱是教育的魂。我很喜欢人们把学校当成一个追梦的地方，校长有自己的梦想是幸福的，教师有自己的梦想是幸福的，学生有自己的梦想是幸福的，追梦的历程是每个人一生的财富。教师要实现自己的梦想，就要付出艰辛的努力：阅读教育书刊，体验到了“书是人类进步的阶梯”的真正内涵；与名师对话，领悟到了“听君一席话，胜读十年书”的真谛所在；参观、考察，体验到了“山重水复疑无路，柳暗花明又一村”的喜悦；向全校教师开放课堂，锤炼了自己炉火纯青的教学艺术；举办个人讲座，提升了自己的综合水平；通过课题研究，实现了个人的人生价值；创建博客，感受到了反思的魅力；参加丰富多彩的教研活动，体验到了与高手过招、挑战极限的快感；参加各种培训，体验到了实践先行的乐趣。

我相信：只要读书比别人多，反思比别人多，听课比别人多，听的讲座比别人多，做的摘抄比别人多，写的文章比别人多，背的经典比别人多，和博学的人交流比别人多……每天多想一点，每天多写一点，每天多学一点，你就比别人聪明一点，你就比别人深刻一点，你就比别人能干一点，个人魅力的形成就自然达到“居高声自远”的境界，指导能力的体现就自然达到“润物细无声”的效果。

【陶继新】非常同意您的观点，校长与校长、教师与教师本身的差异并不太大，为什么若干年之后，有的成了名校长、名师甚至专家，有的却成了平庸的校长或教书匠？关键就是您所说的那个“多一点”。因为不是整个人生只多一点，而是每一天都多那么一点点，日积月累，就不再是一点点了，而是一座高峰、一湾湖泊。在这方面，我有深刻的体会。1983年，我到山东教育社工作的时候，只有一张专科毕业文凭。可是，在这将近30年的时间里，我几乎都在学习，或采访，或读书，或听报告，或写作。我知道自己的基础一般，但我知道积少成多的道理。到今天，我已经发表了700多万字的作品，出版了20多本书，在全国讲课也有500多场。如果我在进入山东教育社后几乎不学习呢？每天不进步一点点呢？不用说有这些成果了，就是赶上其他编辑都比较困难。这让我明白了一个道理：人的潜力是巨大的，关键是自己能否有效地开发这种潜能。潜能不是一下子就爆发出来的，而是一点点地积累之后才能喷薄而出。

【郭淑慧】教师个人成长的方式是多种多样的，但教研活动则是教师成长的集体力量。近两年，我们采用了一种新型的教研活动方式——课堂观察，就是先通过集体备课形成教学设计，并有目的、有主题、有针对性地设置观察点，然后由一人执教，非执教老师进行分工，领取观察点，在听课时有针对性地进行记录。听完课后，教师们根据自己的观察点，凭借真实的数据进行课堂点评。这种教研活动方式让评课更注重细节，有理、有据、有力，令人折服。它打破了以往的“假大空”式的评课方式，让评课返璞归真，这才是真实的教研。在开展教研活动的时候，每位教师的心里都有一杆秤，能称出教师读了多少书，能称出教师积累了多少经验，这些是无法用讲话的技巧所掩盖的。由此，教师会更加努力地学习和实践，以实现厚积薄发。

【陶继新】课堂观察很有创意！不同的教师关注不同的观察点，在听课的时候，就会特别关注自己负责的观察点，评课的时候，也会找到自己的评课点，而且自己评说观察点的时候，其他教师也都在场，水平高下，大家看得一清二楚。所以，教师都会尽力，将课评好。可是，如果平时读书不多，对教学没有深入的研究，就有可能泛泛而谈；如果博览群书，且深入研究课堂教学，所谈就有可能异常精彩。前者会自惭形秽，从而自我加压，争取下一次有较大的长进；后者则会产生一种自豪感，并会继续努力，力争在以后的评课中“更上一层楼”。这种课堂观察的作用还不止于某一课的观察与评点，还有着很大的长期效应。久而久之，教师们的教学研究水平不也就“水涨船高”了吗？

快乐如风

【郭淑慧】是的，您对课堂观察的认识可以说是一语中的，非常精辟！教师得到了发展，学生的发展也就水到渠成了。我们的目标就是培养大写的人——做一个堂堂正正的人，做一个认认真真的人，做一个健健康康的人，做一个快快乐乐的人。

目前，有人提出了“男孩危机”。我认为，这不单纯是“男孩危机”，而是所有独生子女的危机。面对现状，教育者有着不可推卸的责任。所以，培养孩子如何做人、培养孩子敢于担当的精神、培养孩子的意志品质等就显得尤为重要。这恰恰印证了我们两年前开设“幸福课程”是一项明智之举。我们开设“幸福课程”的理念是“用幸福课程编制幸福教育”。我们的“幸福课程”不同于哈佛大学的幸福课，我们的幸福课是成系列的，是让学生通过亲身体验来理解幸福、享受幸福。如礼仪教育，在规范中打下幸福的基础；形体课，让学生在一招一式中感受美带来的幸福；亲近大自然的实践活动课，让学生真切地体会“生活即教育”的深刻内涵，让学生在活动中体验幸福。幸福教育，我们已经起步，相信我们的学生将成为幸福的一代人。

【陶继新】幸福多不在物质利益，而是折射在心理层面，你们的“幸福课程”恰恰是“德润身”的一种心灵之旅。中国是一个文明古国，是一个特别重视礼仪教育的国家。孔子说：“文质彬彬，然后君子。”不懂礼仪，就很难做到文质彬彬。礼仪教育并不是只在表面做样子，还有心理与思想的呼应。孔子说："人而不仁，如礼何？"是啊，如果没有内在的仁德，即使礼仪形式再好，也不是真正的礼仪。开展礼仪教育，可以让学生举止文雅，更加文明。

亲近大自然的实践活动课开得很好。现在的学生，不少只在家庭与学校"两点一线"间活动，亲近大自然对于他们来说已经渐行渐远了。大自然不只是人类的朋友，也是需要学生学习的另一门课程。在大自然中，学生可以陶冶情操，可以愉悦心境，可以以自然为师，也可以感恩大自然。不是吗？没有了大自然，我们人类还能存在吗？美好的大自然，让人类生活得更美好。

【郭淑慧】在借助"幸福课程"浸润学生心灵的同时，我们还开展了丰富多彩的实践活动，为学生的发展打开了另一扇窗。合理利用压岁钱的社会实践活动、走进济南市第三人民医院学习自护自救的活动、走进英雄山进行革命传统教育的活动、走进济南战役纪念馆了解烽烟中的济南的活动等，让学生更珍惜自己的生活。六年级的学生走进山东博物馆，五年级的学生走进母亲河——黄河，四年级的学生走进山东大学……相信学生通过走进自然、走进社会，一定能在感受美的同时也能锻炼自己的能力。此外，我们还开展了一系列的爱心活动，让学生走进社区做一些公益服务，如走进孤寡老人的家里对其进行帮助等，相信这些活动都会成为学生的一笔精神财富。

【陶继新】社会就是一个大课堂，生活就是一本必须阅读的大书，你们所开展的实践活动，拓宽了学生的视野，让他们从更大的范围去"阅读"、去学习。学生生命成长需要各种各样的营养，学校内的课堂学习固然重要，但如果没有校外实践活动的学习，学生就会缺失必需的营养。有了充足的营养，学生才能健康成长。

特别欣赏你们开展的一系列爱心活动。现在的学生多为独生子女，在多重关爱甚至是溺爱的包围里，他们只会接受爱，以至于以接受爱为习惯、为必须了。长此下去，他们就少了爱心，不会爱自己的家人，更不会爱社会上需要爱的人了。你们的这些举措为学生补上了学会爱的重要课程，让他们在实践活动中去体验爱他人，尤其是爱那些特别需要爱的人的心灵感受。有了这种爱心，他们长大成人之后，才能更好地服务社会，才能让自己得到更好的发展。

【郭淑慧】学生的成长需要教师，更需要家长。近三年来，我们的家长课堂也红红火火地开展了起来，学生的父母走进课堂当起了老师，让我们的学生涉猎的知识面更广。目前，我们已经有一百人次家长走进课堂，为学生的发展提供了另一片天地。这项活动成为我们学校的特色，得到了多家媒体的关注。

【陶继新】家长是一笔极其丰富的教育资源，有效地开发这种资源，有助于学校教育谱写新的篇章。家长能为学校做出一点贡献，是深感自豪的。在这个过程中，不但密切了家校关系，也提升了家长教育孩子的责任意识。家长不应当只是孩子的养育者，也应当是孩子的教育者。家长与学校联手教育，可以在教育孩子的过程中起到事半功倍的效果。

【郭淑慧】为了促进学生的全面发展，我们还学会了“借势”，借的是山东大学志愿者的“势”。2007 年，我们的“爱心接力”就开始了，并起了一个好听的名字　　“爱心驿站”，它是由我校教师、山东大学的学生志愿者和家长共同组成的。“师爱 1+1”“爱心图书屋”“五彩课堂”“心灵驿站”让学生感受到了教师的关爱，也让学生感受到了大学生志愿者的关爱。

“五彩课堂”，让学生在快乐中成长。山东大学的志愿者们间周四利用课余时间为学生讲课，到目前为止，已有近 2000 人次的大学生志愿者走进课堂，和学生一起快乐度过。

“2 对 1 爱心辅导”，让爱驻你家。从 2009 年 11 月 20 日开始，由 2 名大学生志愿者帮扶 1 名外来务工人员子女的“2 对 1 爱心辅导”便开始了，目前有 30 余名大学生志愿者利用周末走进学生家里，和他们一起学习，一起游戏。

“心灵驿站”，关爱学生从“心”开始。心理专业的大学生志愿者的群体指导和一对一辅导让外来务工人员子女丢掉了思想包袱，快乐地成长。

“爱心接力”已经成为学校的品牌，赢得了社会各界的广泛赞誉。“爱心驿站”获得了团中央、团省委的高度评价。

我们学校的孩子们就是在这样充满爱的大家庭里快乐成长。

【陶继新】您的借“势”让我想起了荀子之言：“君子生非异也，善假于物也。”意思是说，君子的资质与一般人没有什么区别，君子之所以高于一般人，是因为他善于利用外物。可见，善于利用已有的条件，是君子成功的一条重要途径。比起其他学校，你们并没有什么特殊的条件，可是你们善于借“势”，所以，就有了超越其他学校的成绩。更重要的是，这种创造性的借“势”，一直是以“爱”为中心的，学生始终沐浴在爱的海洋里。一次两次爱的教育不一定产生太大的效果，但四年的“爱心接力”，已经将爱播撒在学生的心里。他们也有了爱心，也学会了爱。无疑，这为学生一生的成长积累了一笔了不起的精神财富，它会随着学生年龄的增长，越来越有意义与价值。

特色如酒

【郭淑慧】如果说，我为师生营造的幸福发展的氛围是成功的，那么借助博客实现对学校的全方位管理则成为师生幸福发展的又一条途径。2006年11月22日，学校博客“文苑之家”建立，接着我们的教师博客、班级博客、学生个人博客、家长博客都相继建立，博客成为学校师生的精神家园。博客真正成为学校的名片，成为学校的品牌。

【陶继新】这些博客的相继建立，为教师之间、师生之间、家校之间的沟通架设了一座便捷的桥梁。有的时候，彼此之间来不及当面交流，或者不便于当面交流，可是，博客都将这些不可能变成了可能。这种交流有教学与学习上的，也有思想与感情上的。于是，教师教学水平的提高、师生感情的交流、家校之间的沟通也就有了无时不可的便利。

【郭淑慧】是的，博客打破了时空的限制，让交流无时无刻不在。学校博客“文苑之家”是教师思想的阵地。“成功教育”的创始人刘京海校长认为，教育的最高目的是教人做人，而教人做人的前提是教人认识自己是好人、能人，最终逐步成为好人、能人。把孩子的成功教育迁移到教师身上来，同样是很奏效的，博客就为我们提供了这样的平台。每项工作都是由安排、落实、评价三个环节组成。评价的方式就是一篇篇的美文。一是用“表扬”引领教师。如《雨带给我们的感动》讲述了大雨过后全校师生清除校园积水的热闹场面；《彩虹总在风雨后》则记录下了陶继新老师来校时举办的一波三折的家长会。二是用“成功”引领教师。如《众人划桨廾大船》记录了学校师生迎接山东省人民政府教育督导室督导的场面及成功的喜悦。三是用“喜欢”引领教师。如《精彩的演绎》在一连串的“喜欢”中，为教师指出了发展的方向。四是用“希望”引领教师。如《变与不变》让教师在希望中体会如何与家长沟通的艺术。美文代替总结，意味无穷；美文代替总结，凝聚了人心！

【陶继新】真有创意！对一般化的学校总结，教师与学生多是不太喜欢的，可是利用博客，且又有了“表扬”“成功”“喜欢”“希望”的内涵，则让人人爱上了学校总结。因为这不再是枯燥的文字，而是有了生动的叙写，其中还有不少师生和家长会受到表扬，会让大家体验到成功的喜悦，看到未来的美好希望。这种别开生面的总结，自然就有了更多的读者，自然也就起到了总结的作用。

【郭淑慧】教师博客成为教师专业化发展的平台。在我们学校，不管是即将退休的老教师，还是刚踏入教师行业的青年教师，都拥有自己的博客，且都有富有诗意的名字。这里记录着教师们每天所经历的点点滴滴，有苦有乐，有酸有甜，它承载着每位教师精神的寄托与思维的畅想，还引来了许多朋友分担你的忧愁，分享你的快乐，分享你的智慧和经验。

班级博客成了沟通教师、学生、家长的桥梁。任课教师到这里来了解自己的授课情况反馈；班主任来这里“现场办公”；家长们来这里做义工，帮助教师和学生管理班级的博客；学生来这里尽情地展示自己的才华，孩子们的才气、智慧、童趣引来了大人们的光顾。

学生的个人博客成为学生展示个性、表现自我的平台。它可以用来写日记、收集资料、写灵感、写读书笔记，既可以作为学生的个人电子文件夹，又是一种适合学生记录成长的心理笔记。学生还可以在博客上完成作业，他们自编的试卷，全班学生都可以免费试做。“亲子博客”也隆重登场，开始链接到班级博客上。“亲子博客”既有孩子的展示，又有家长的参与，记录下了家长和孩子幸福的时刻。“亲子博客”成了一道亮丽的风景线。

【陶继新】博客还有一个重要的作用，那就是它可以为师生提供一个发表文章的园地，提供一个展示的舞台。比如，一篇好的教学随笔、一篇得意的游记、一篇家教日记、一篇优秀习作，被放在博客上后，就会有一批读者去欣赏，有的还会评点或褒奖一番。这样会让发博文者高兴不已，提高了继续写好博客的信心。一个人的写作水平不是与生俱来的，而是在不断写作的过程中锻炼出来的。写得多了，就会得心应手，作品的质量就会越来越高。而一个写作水平较高的人，不只是在学校受到尊敬，在未来的生命行程中也会绽放异彩。

同时，任何好的文章对于博友来说都可以分享。欣赏别人写的博文，自己可以学到很多东西，从而“学而时习之”。而发博文者则可以让更多的人分享到自己的思想与故事，从而感受分享的幸福。

【郭淑慧】博客写作已伴随我们六年了，已成为我校教师的习惯，写博客让我们成长了起来。《文苑竹青初凝翠》《博得精彩》《真情博动2010》《2011与幸福牵手》等博文集相继汇集成册，为学校师生留下了最精彩的瞬间。典型发言《博得精彩》在历城区的暑期干部培训会上引起强烈的反响，我校对学校博客的相关介绍得到了山东省电化教育馆领导的高度评价。用博客全方位管理学校就如美酒一样越来越醇香。

【陶继新】从某种意义上说，博客已经成了你校师生的精神之家，也由此积累了一笔宝贵的精神财富。即使很多年过去，它依然是大家的精神家园，会“越来越醇香”。

【郭淑慧】这就是我们的幸福，幸福无处不在。经过六年的努力，我校从历城区最弱的一所学校逐步成长为历城区一所精致的、内涵丰富的名校。学校荣获了山东省依法治校示范校、济南市普法先进单位、济南市课改先进学校、济南市语言文字工作示范校、济南市优秀家长学校、济南市艺术教育示范校等称号，还被命名为“全国品德教育基地”“全国网脉实践基地”。

“宝剑锋从磨砺出，梅花香自苦寒来。”我们会静下心来扎扎实实地走好每一步。

【陶继新】获得这么多的成绩，作为校长，该是何等高兴啊！这其中，有教师与学生及其家长的努力，更有您这位校长的功劳。为了学校，您可谓“衣带渐宽终不悔，为伊消得人憔悴”，可是，当“蓦然回首，那人却在灯火阑珊处”的时候，您的所有付出、辛苦又都化成了浓浓的欢欣与自豪感。学校伴您走过了六年，您也伴学校走过了六年，其间所结下的这份永远化不开的缘，将会让您终生铭记。

彧铭责励己，不辱使命

——甘肃省白银市第十中学在困境中的生命突围

校长介绍

谢莉香，甘肃省白银市第十中学校长。2009年她到任白银十中时，该校因校园面积狭小、安全隐患突出、教学设施简陋等，政府正准备撤并这所学校。她夜以继日地带着一班人破解学校发展难题，竟使该校在短短的五年中发生了翻天覆地的变化，使昔日“全省最破旧的城市学校”变为如今“大气、洋气、书卷气”的全新校园，创造了“十中速度”，形成了“十中特色”，学校教学质量突飞猛进。

2014年，白银十中进入中国顶尖中学排名甘肃省前五强。谢莉香荣获“甘肃省思想政治工作先进个人”“白银市敬业奉献十佳道德模范”等称号。

临危受命，迎接挑战

【谢莉香】2009年7月，组织派我到白银十中工作，一晃六个年头过去了。首先感谢组织对我的信任，感谢学校班子及全体教职员工对我工作的支持。在白银十中工作的几年，是我人生中最宝贵的一段时光，既有付出的艰辛，又有收获的幸福，留下了许多刻骨铭心的美好记忆，我将永远珍藏。

【陶继新】这几年您做出了极大的努力，也收获了丰硕的成果。努力奋斗中一定有艰辛，艰辛中也有无穷的回味，回味中又有很大的欣慰，因为白银十中因您的努力而发生了很大的变化，老师们与您结下了深厚的友谊。这些虽然已经成为历史，但也是您终生的记忆，美好而又有意义。

【谢莉香】是的，在白银十中工作的几年是我人生中最辛苦也最值得珍藏的一段时光。白银市第十中学原名白银公司第二中学，学校创建于1975年，是一所全日制完全中学，学校现在师生近4000人。学校发展分为两个阶段：第一阶段，企业办学（1975年—2007年）；第二阶段，政府办学（2007年至今）。

建校40年来，学校传承企业文化团结奋进、严谨务实的品质，发扬“铜城”开拓者艰苦创业、执着奉献的精神，形成了优良的办学传统，在规模小、生源质量低的情况下，先后培养了5位甘肃省高考文理科状元和14位高考全省前10名的英才，向北京大学、清华大学输送了35名优秀学子，向复旦大学、浙江大学、中国人民大学等著名高校输送了大量的优秀学子，享有甘肃省“状元学校”的美誉。

【陶继新】这所学校曾经辉煌过，说其辉煌，是因为有团结奋进、严谨务实的白银公司的企业精神在。这种精神在你们学校曾产生了一种巨大的力量，不然你们学校就不可能赢得“状元学校”的美誉。一所学校之所以能够腾飞，重要的不是其硬件设施有多好，更多在于其精神文化的力量。这一作为学校文化的核心要素一旦内化到师生的心里，就会形成一种持久的生命动力，教师就会“不用扬鞭奋自蹄”，学生也会自强不息、奋斗不止。

【谢莉香】是的，陶老师，这所学校曾经取得了辉煌，也曾一度跌入低谷。2009年我初入这所学校时，看到的是经过34年的超负荷使用后，这所学校的破落景象：所有的建筑都因使用年代久远或有地下防空洞，导致墙体、地面出现大面积裂缝且日益变宽；水冲式厕所外墙脱落，漏水渗水极其严重；校墙外竖在人行道上的电线杆严重倾斜，电线大部分裸露，对行人造成严重的安全威胁；校内供暖处于系统末端，回水不畅、管道老化、爆管不断，导致部分教师因冬季寒冷而患上“寒腿病”；校园围墙严重倾斜错位，多次收到街道送达的《安全隐患整治通知书》。由于上述情况，学校所有建筑均被鉴定为D级危楼，专家建议拆除重建。再加上办学场地狭小，学生早操、课间操只能分年级轮换进行，狭小的校园里拥挤不堪；教室内的桌椅板凳大小、高低、宽窄、颜色参差不齐；在教室斑驳的屋顶上吊着摇摇欲坠的老式电风扇，似一把利剑悬在空中，让人心惊胆战；教育教学设施严重滞后，学生实验课无法正常进行，现代化教学手段急需补充、更新……破败之状令人心酸，与曾经的“状元学校”极不匹配。更为严重的是，政府在西区新建一所高中，正准备撤并这所学校，这一消息致使学校生源、师源严重流失，本想报考我校的学生在徘徊观望，部分在校生准备外转，本校部分教职工子女也去了外校上学，教师队伍人心涣散，一夜之间就有数名骨干教师跳槽，以至于部分课程难以为继，学校的领导班子成员抱头痛哭……我当时吃惊、寒心、焦灼的程度真是无以言表。我暗暗地问自己：“这是曾经的‘状元学校’吗？”

【陶继新】您当是受命于危难之际啊！上次采访您的时候，您就很痛心地谈起这件事情，今天对话，依然可以感受到您当时焦灼的心情。那么，为什么这么大的问题却没能得到有效的解决呢？原因显然不是单方面的。为什么您如此心急如焚呢？因为您心系学生，您肩上担负着一份沉甸甸的责任啊！学校安全，当是学校教育的生命底线，如果连安全都无法保障，又如何谈提升教育教学质量？在当时，这些问题解决起来并不容易。是天天担心着安全隐患的发生，还是想方设法尽快地解决这些问题，不但考验着您这位校长的良知与责任，也考验着您的智慧与能力。我在想，即使您到学校时有这份心情与责任，当时的教师与学生也认为您未必能够很好地解决这些问题，积重难返啊！可事实上，您从一开始看到这种景象时就下定了决心，一定要改变这种现状。因为我总觉得您对这所流淌着白银公司精神的学校有着深深的眷恋，而且骨子里有着一种不服输的精神。尽管困难重重，可您一定在思考：如何保住这所学校？怎样才能让它起死回生？您非但没有被困难吓倒，反而树立起拯救学校的雄心壮志。这本不应是您一个人所应承担的压力，可您挑起了这份重担。尽管“路漫漫其修远兮”，但您依然“上下而求索”，为使白银十中重现昔日辉煌开始了艰难的跋涉。

责任至上，誓续辉煌

【谢莉香】在谈艰难跋涉之前，我想再列举几个教学中不应存在的现象。现象一，部分教师的工作热情和责任心大打折扣，竟有教师上课时在办公室“修身”打坐；现象二，有些课堂上教师竟然无视学生，其课堂混乱状况令人瞠目；现象三，有些很优秀的教师不愿再当班主任……为了让教师们重拾责任心，入校后的第一个月我就在实验楼的醒目位置悬挂起了大幅标语："十中的发展，我的责任；十中的发展，我的贡献；十中的发展，我的成就；十中的发展，我的尊严。"

【陶继新】这种不负责任的教师让一些为所欲为的学生更加胆大妄为，也让那些本想认真学习的学生失去了信心，看不到希望。而这些教师，也在学生心目中失去了为师者的尊严与道义。其实，作为教师，是应当有道德底线的，那就是良知。不管学校什么样子，不管学生来源如何，教师都要在力所能及的范围内尽到自己的责任。

那些有经验且非常负责任的优秀教师之所以不愿意再当班主任，不是因为他们没有起码的良知，而是因为他们看不到学校发展甚至存在下去的希望。如何让这样的教师看到希望，如何点燃其原有的生命激情，当是您这位校长思考与必行的事情。

您在实验楼上所挂的大幅标语，是一种激发教师责任感的理念，也说明您并没有被当时的困境所吓倒；相反，您认为绝大多数教师原本都是好的，关键是如何让他们重拾信心，重新看到希望。所以，这既是一条标语，也是一个信号，是这所学校开始变化的一个新的起点。

【谢莉香】是的，学校尽管处境艰难，校舍岌岌可危，教师待遇偏低，学校发展前景黯淡，人心浮动，但大多数教师仍坚守岗位，并极具忧患意识，表现出艰苦奋斗、自强不息的企业精神。正是这种精神支撑、创造了学校曾经的辉煌，积蓄起守望的信念，使我看到了希望，看到了动力。

【陶继新】精神具有无穷的能量，所以，其他都可以丢，艰苦创业、开拓进取的企业精神不能丢。有了这种精神，不管遇到什么样的困难，人们都能克服，且可以创造出奇迹。学校之所以出现问题，也是这种精神的退化造成的。所以，发扬这种精神，这所学校完全可以重现辉煌。有了这种精神支撑着，就算有千难万险，大家也会一往无前。令人欣慰的是，白银公司精神一直存在您的心里，一直产生着作用，您在担任白银十中校长之后，就有了发扬这种企业精神的使命感以及让白银十中尽快走出困境的决心。

【谢莉香】您说得太对了！我内心一直深藏着一种渴盼，就是要不断地传承并发扬光大这种企业精神，不仅让我们自己，还要让更多的师生、家长及社会公众因这种精神而受益，同时，更希望在这种精神的鼓舞下，白银十中能够重现昔日的辉煌。于是，我满怀着对白银公司和这所学校的深情，怀揣着无尽的教育梦想与憧憬，肩负着不容懈怠的使命与责任，带着一往无前的决心和“不续辉煌誓不休”的执着信念，充满激情地、全身心地投入了白银十中的工作中。

【陶继新】好一个“不续辉煌誓不休”！非有大担当者不可能有如此的豪情壮语，非有大智慧者不可能有如此的信心。尽管当时白银十中校舍破败不堪，尽管当时白银十中人心涣散，但我相信您内心深处是坚信白银十中能在您的带领下走出困境的，是可以再造辉煌的。当然，您要为此付出巨大的代价，不只是要少睡觉，多劳累，还要承担意想不到的心理压力。这对您是一个考验，也是一个机遇。在一所优质学校当校长，大多可以优哉游哉，可要想实现超越并不容易；在一所濒临倒闭的学校当校长，如果有一种博大的教育情怀，有一种舍我其谁的担当意识，有一种必胜的信念，有一种聚合人气的教育智慧，就有可能实现生命突围。这也许就是《周易》上所说的“危者使平”与孟子所说的“生于忧患”之义吧。

【谢莉香】我当时的心理压力真是难以言表。除了外在的压力以外，更重要的是来自个别上级领导的不看好和周围人的迟疑观望，因为我虽然曾在白银公司党校任教并从事管理工作十多年，在其他中学、中专任党总支书记十多年，但没有担任校长工作的经历。这使我内心深感忧虑——生怕因缺乏经验而影响学校发展、耽误师生成长、殃及千家万户。所以，自到任白银十中的那天起，我就怀着一颗惶恐之心和对自己职责的一份敬畏、对广大师生的一份敬重、对学校发展的一份深切企盼，每天都以积极向上、乐观豁达的情绪，恪尽职守、废寝忘食的工作态度，带动身边的同事全身心地、充满激情地投入工作。

【陶继新】开始大家迟疑观望当在情理之中：一是因为您没有当校长的经历，二是因为这所学校已经到了不可收拾的地步。您的心里诚惶诚恐也是在所能免的。可是，凡事成败的决定因素往往不是这些，而是一个人的人格魅力、担当意识以及矢志不移的奋斗精神和与师生共命运的情怀。有的时候，经验可以让一个人成功，也可以成为一个人走向成功的羁绊。因为有些经验是陈旧的，是缺乏创新的，是阻碍事业成功的思维定式。您虽然没有当校长的经验，可是您没有固化的思维模式，没有为官者的谨小慎微。这些恰恰让您有了超越一般校长的力量，从而让白银十中有了凤凰涅槃的可能。

八方奔走，突破瓶颈

【谢莉香】陶老师真是一语破的！有很多朋友说没有像我这样辛苦做

官的，我总是这样回答他们："我不是'官'，学校没有'官'，是'官'就不在学校做事。"为了这所陇上知名的"状元学校"不被撤并，我到白银十中后在办公会上提出的第一个大胆举措是"回娘家"——向白银公司提出请求，力争将公司管辖的白银十中南侧的7000多平方米土地划拨学校使用，以解决制约学校发展中校园面积狭小的瓶颈问题。当时办公会成员都认为我在痴人说梦，因为学校属白银公司管理时都没能解决这一难题，现在移交地方更不可能……但我仍然抱着对"娘家人"的深切期待，走进了白银公司李沛兴董事长的办公室，当我说出要地的请求时，董事长稍加沉思便郑重地承诺："这块土地可以无偿出让给学校用以扩建校园，但要安置好上面的近百户居民，而且不能有居民上访！"听到此，我顿时热泪盈眶，当即代表学校近3000位师生向董事长深深地鞠了一躬，并表态一定做到！但随后几经周折，我未能兑现承诺——居民仍无处安置。别无他法，我又厚着脸皮"回娘家"，再度提出请公司安置居民的请求，公司又在学校附近新建的小区给了近百户安置房，并派生活服务公司积极协助我们多次入户动员，历尽千辛万苦，终于完成了安置、拆迁工作，实现了学校多年的夙愿。在此基础上，我们又得到了市、区两级党委政府、教育行政部门及相关职能部门在政策、资金、物产等方面的大力支持，危楼改造工程一路绿灯，从设计到投入使用仅用了一年时间就使几千名师生脱离了危楼，搬进了宽敞明亮的新教学楼，两年后建成了实验室，四年后再次得赠近900平方米的教学用房。校园面积逐渐扩大，使得这所品牌学校得以持续发展，掀开了白银十中历史上崭新的一页。

【陶继新】您做成了这些事情，的确是白银十中历史上的一位功臣。首先，按正常思维，您提出这样一个请求是不合情理的。那么，您为什么还是知难而进呢？我想至少有三个原因：一是您对扩建白银十中已经到了心急如焚的地步，认为不扩建就不能让它更好地发展；二是您对"娘家人"有着特殊的信任，他们对您也有着特殊的信任，不过，您欠下"娘家人"一笔巨大的"债务"，但您又会用办好学校惠及他们的子孙来还上这笔"债务"；三是李沛兴董事长是一位有大气度的领导，他支持教育，为了白银公司员工的孩子受到更好的教育，所以才有连续两次违反常规的承诺与行动。

白银十中的扩建，不只是让学校在面积上得以扩大，更让全体教职工看到了新的希望。您办成了他们想都不敢想的大事，让他们对您既敬仰又佩服。这一举措为您以后顺利开展工作打开了一条通道，也提高了您的威信。

坚定信念，追求卓越

【谢莉香】陶老师，您真是说到我的心坎儿上了！正是这件事，提升了学校师生对我的认可度，大家认为："谢莉香的确是一心为了白银十中发展，想干事、能干事、能干成事的人！"这件事为我之后在白银十中的工作开了一个好头，奠定了良好的基础，大大提升了我当好这所学校的校长的自信心，也让全体教职工看到了学校发展的希望。经过五年极其艰苦的努力，白银十中发生了翻天覆地的变化——校园面貌焕然一新，教师重新树立了信心，师源、生源得到改善，教学质量稳步提升，社会声誉大幅提高，学校整体上进入了良性发展的快车道，已形成了特有的办学风格。

【陶继新】校长在师生中的信誉指数不是说出来的，而是做出来的。当然，如何做也是大有讲究的。是全身心地做还是应付着做，是做得成还是做不成，是做大家都能做成的事还是大家做不成的事，如此等等，都是大有区别的。您是将整个身心都投入到学校的教育工作中去了，它成了您生命的全部。同时，您做成事了，而且是做成了一般人做不成的事，甚至是连做梦都不敢想的事。这种大情怀与大智慧，不可能不让师生信服，也不可能不提高大家的信心。有了信赖，有了信心，就没有干不成的事。

【谢莉香】谢谢您的肯定！我也深有感触，教育是"人心工程"，得不到人心，就做不成教育，而要真正得到人心，就要办负责任的、人民满意的教育，就要办让孩子受用一生的难忘的教育。"厚积而薄发，执着而坚韧"是白银十中的品格，也是白银十中魅力之所在。能够在艰难困苦中创造出高质量的教学，这就是"十中现象"。从到任的第一天起，我就下决心要改变学校面貌，重塑学校形象，再铸学校辉煌。

【陶继新】在校改和办学方面，您的行动已带来了巨变，您的执着已成为一种品质，您的贡献造福了一方百姓，在教育教学上，肯定会有奇迹出现。

责任引领，文化铸魂

【谢莉香】在正视现状的基础上，充分挖掘学校办学传统、历史积淀，经过深度思考，我把校园文化建设的核心着力点放在了"责任"二字上，提出了“铭责励己，尽责利人”的责任文化核心理念，引领学校内涵发展，坚持“对学生的未来负责，为学生的明天奠基”的办学宗旨，恪守“明德至善，尽责笃行”的校训精神，着力形成了三个文化系统。

首先，形成了精神理念文化系统。主要涵盖校训、核心理念、学校精神、教学原则、教风、学风、校风、管理原则、服务理念、办学特色、基本工作思路、培养目标、学校愿景、班级特色文化等方面，着力创建以“责任”为核心的校园文化，让责任深入人心，打造以“责任”为灵魂的学校。

其次，形成了制度行为文化系统。在精神理念文化指导下，在深入调研、广泛征求意见的基础上，制订了一系列体现学校文化内涵、规范师生行为的制度，形成了以文化理念系统、岗位职责、规章制度为一体的《规矩集》。在具体执行过程中，努力实践责任引领，制度管人。领导干部以身作则，率先垂范，带动并影响师生将制度内化为自觉行动，使制度真正成为文化。

再次，形成了物质视觉文化系统。一是在教学楼、实验楼内设立内容丰富多彩的文化长廊，校园里树起孔子像、“责任石”等，着力营造一种主题鲜明、方向正确、格调高雅、充满正能量、大气、特色鲜明的校园文化氛围。二是组建十多个文艺社团。2011年，学校话剧社的高三学生自编自演了经典话剧《雷雨》后，在全校引起强烈反响，并应全体师生要求连续展演十多场，市委有关领导及相关部门领导应邀观看后，给予了高度评价，充分体现了我校素质教育的一个侧面，也使学生受到了良好的艺术熏陶和思想教育。三是大力开展“诵经明责，贵在践行”活动，积极创设阅读环境。2013年5月23日，我校成功承办白银市“书香白银”全民阅读活动暨白银十中读书节启动仪式，市领导亲临会场，授予我校“全民阅读示范基地”的称号。此外，我校还开展了“与经典同行”读书知识竞赛、读书心得交流、主题辩论会、讲读书故事等系列活动，让学生在诵读经典中含英咀华、修身怡情、明责懂礼。在省、市分别举办的有关国学道德经典诵读大赛中，我校编演的节目均获得一等奖。四是通过电视、报纸等新闻媒体广泛宣传学校的亮点、特色，拓展文化空间，扩大学校的知名度。我们的目标是力求使学校每一寸土地成为生长责任的沃土，使每一块墙壁成为承载责任的空间，使每一间教室成为呈现责任的平台，使每一位管理者成为勇担责任的楷模，使每一名教师成为彰显责任的表率，使每一个走出白银十中的学生都具备责任担当的自觉，使学校成为师生喜欢、家长放心、社会满意的教育殿堂。

【陶继新】欣赏你们“铭责励己，尽责利人”的责任文化理念。铭记责任，激励自己，尽心尽责，立己达人，这是一种简要的字面解说，可如果探究其深层内涵，特别是从文化的层面来诠释它，则不会是如此简单。因为责任与责任文化有着不同的内涵，文化的要义之一就是以文化人，即将责任意识内化到师生的心里并转化成自觉的行动。我由此想到你们的责任文化，开始的时候，教师们也只是将其作为一种口号而已，后来的内化于心与付诸行动，则需要很长时间，花费很大工夫，其中经历的艰苦可想而知。可喜的是，开始的艰苦最终变成了一道美丽的教育风景，形成了责任文化。这，当是白银十中变化的精神与灵魂。

从你们学校文化社团的成功演出可以看出，学生对这些活动很有兴趣，而且他们还蕴藏着极大的潜能。首场的成功演出大大提升了他们的自信心与自豪感，为其以后的演出奠定了走向更大的成功的基础。学生未来的发展潜力，不只反映在课堂学习上，还反映在课堂学习之外。纵观一些成功人士，很多都是课堂之外活动的“高手”。这些看似与学习无关的活动，恰恰可以锻造学生潜在的品质。学校教育不能急功近利，而要“风物长宜放眼量”，关注学生未来的发展。

为学生创设阅读的环境，当是为学生更好地走向未来的必行之事。当前，由于受应试教育的影响，一些学校没有了琅琅书声，有的只是永远做不完的作业。其实，一个人的生命成长与阅读是紧紧联系在一起的。也许学生在读书的时候，暂时还显现不出巨大的能量，但是可以为其未来发展种下一颗种子，到了一定的生命节点上，这颗种子就会破土而出，产生巨大的力量。我欣赏你们的“与经典同行”，因为经典是经过大浪淘沙、时光流逝，仍然定格在有思想、有文化品位的人的心里的精神产品，这些精神产品不但可以改变人的话语方式、写作走势，而且可以改变人的心灵状态、思想境界。而学生恰恰正需要这种精神的滋养，此时为他们送上经典的文化，就有可能对其一生的成长产生持久的影响。

质量立校，教研活校

【谢莉香】质量是学校生存与发展的命脉。我认为，学校质量应包含文化质量、道德质量、管理质量、教学质量、学习质量等方面。影响质量的因素很多，先进的理念、正确的方法、教师职业道德的提升、教学过程的科学管理、教学研究的深入开展及学生学习兴趣的有效调动等都是影响学校质量的重要因素。为此，我们在“责任”核心文化的引领下，确定以实现高效课堂为突破口。一是倡导课堂教学观念的“四个转变”，即变教堂为学堂、变被动学习为自主学习、变灌输知识为导引探究、变孤立学习为合作探究。二是倡导教师角色的“八个转变”，即转变为课堂的设计者、兴趣的激发者、情境的创设者、过程的引领者、思维的拓展者、知识的导学者、智慧的启迪者、人格的塑造者。三是确立了“345”高效课堂教学模式。“3”是用心“三设计”，即设计好教学目标，设计好重、难点，设计好导学过程；“4”是集体“四备导学案”，即一备形成初案，二备形成修订案，三备形成个案，四备形成反思案；“5”是课堂教学“五步走”，即预习展示－设问导学－精讲释疑－当堂训练－巩固拓展。四是按照“345”高效课堂教学模式，学校每学期定期组织各级教师深入开展高效课堂观摩课、示范课、公开课等，提高教师的业务素质。五是有计划地开展学案及教案研究，鼓励教师写教学反思及教学论文，每学期召开交流发布会。六是注重实效，做实教学分析会。在学科教师具体分析讨论的基础上，由教务处统一做出分析，以数据说话，提出切实可行的改进措施；紧盯高考、中考，从纵、横两个纬度分析比较，找出高考、中考的发展趋势，提炼考点；参考其他省份的试卷，仔细分析考试大纲，明晰考点，有效备考。同时做好高中和初中的学情衔接，使教学分析会真正成为深入分析、准确诊断、用智慧解决问题的教学促进会。七是搭建国际化平台，架设合作交流桥梁。经积极努力斡旋，东方国际教育交流中心授予我校“国家留学基金管理委员会东方国际教育交流中心白银工作站”牌匾，这不仅是我校发展史上的一件大事、善事，也标志着白银市教育事业向国际化进程又迈开了新的一步。

通过几年的积极探索、大胆实践，具有“十中特色”的高效课堂终于形成了，学校教学质量连年攀升，从2009年到2013年，学校的高考一本上线率从9.38%上升到34.43%，二本上线率从31.9%上升为62.7%，名列白银市第一。同时，我校多次荣获白银市教育局质量管理一等奖，连续三年荣获全市目标管理考核一等奖。先后获得“白银市教育系统先进集体”“白银市精神文明建设先进单位”“甘肃省教育系统先进集体”“全国创建和谐校园先进单位”等一系列荣誉称号。

教育教学质量的提高使我校生源、师源得到根本改善，也大大提升了全体教职工事业上的成就感、工作中的价值感、生活上的幸福感，进而极大地激发了教职工的积极性，学校充满了发展的活力。

【陶继新】短短几年，白银十中发生了这么大的变化，真让人欣慰。您所说的质量立校，当然有教学质量提升之后的学校发展之义，同时，更有教育质量提升之后的学校可持续发展之义。学校高考升学率的连年攀升只是一种表象，而内核则是你们有了可持续发展的动力。这就是“责任”引领。我曾有一个观点，叫“道德高效”，即有了真正好的道德品质，教师之教与学生之学也就有了高效的可能。您说的高效一定包含高效率和高效益两方面，追求高效率易，收获高效益难。只有道德质量提升了，人做好了，教学与学习也好了，才能有高效益。

现在学生上课的地方叫教室，以前叫学堂，因为那是强调学生学习的地方。课堂，就应当还学习给学生，让他们有更多的时间演绎精彩。这并不是说教师不重要了，教师永远都是不能缺位的。课堂改革越是到了“深水区”，越是需要教师的高水平。关键是这里的高水平，不是自己夸夸其谈，而是要引导学生自主学习。“要我学”与“我要学”是两种完全不同的学习态势。前者是被动的，学习的效率当然低；后者是主动的，学习的效率当然高。教师要认真研究如何让学生更加主动、积极地学习。合作学习同样重要。《周易》有言：“二人同心，其利断金；同心之言，其臭如兰。”学生之间的合作学习会形成一种良好的品质，不但对学生当下学习有促进作用，对其未来的发展也大有裨益。

“345”高效课堂教学模式之所以高效，目标明确是一个关键。目标明确，教学必然有的放矢；目标不明，不管如何努力，都不可能取得好的效果。面对比较多的学习内容，要想提高效率，就要敢于舍弃，舍弃学生自己可以学会或者比较容易学会的东西，而且要紧紧抓住教学的重点与难点，把这些问题解决了，其他问题也多能迎刃而解。您所说的导学尤其重要，中国第一篇教学论著《学记》有言：“导而弗牵，强而弗抑，开而弗达。”这强调了教师引导的作用，强调了学生自我学习的重要性。集体备课的导学案，不但科学，还可以集中集体的智慧，让导学案更有针对性。课堂教学“五步走”中的预习展示特别重要，每一个学生都有展示的欲望，如果学得比较好，展示得又比较好，还会提高学生的自信心，促使他们更加积极地学习与展示。说到设问导学，又让我想起了《学记》上的话："善问者如攻坚木，先其易者，后其节目，及其久也，相说以解。"作为教师，如果不研究好课堂提问，是不可能教好学生的，也不可能激发学生学习的积极性。至于教学研究，则是必做之事，贵在坚持，干一行专一行。研究能生成发展潜力，能提升认识问题的高度，能使方向目标更明确，还能发现可发展的新空间。

管理强校，道德育人

【谢莉香】我很佩服您要言不烦的分析。提高质量离不开切实有效的管理，只有管理到位才能提高质量。管理学大师彼得·德鲁克认为，管理就是通过众人把事情做好。优质的管理是实现学校科学发展的关键。一所学校办得好不好，关键在于会不会抓管理，能不能抓管理，是否善于抓管理，能否围绕教学抓管理、带着想法来管理、通过管理来强校。为此，我们狠抓教育教学管理。一是结合学校自身实际，建立了"三精三全"（精心、精细、精致管理；全员参与管理、全方位用心管理、全过程强化管理）的管理模式。二是聚焦师生安全与行为规范，以改革创新的精神，在全市首创贴心呵护校内导护制度，五年来学校没有发生过一起安全责任事故。三是建立突发事件处置预案，定期开展安全疏散演练等活动，增强师生的安全意识，提高他们的自我防范能力。四是通过"一铭"（铭记职责），"二加强"（加强学习、加强管理），"三改"（改变观念、改进作风、改善环境），"四增强"（增强质量意识、增强效率意识、增强服务意识、增强人本意识），"五育人"（教书育人、管理育人、行为育人、服务育人、环境育人），"六学会"（学会做人、学会学习、学会审美、学会生活、学会合作、学会健体），"多换位"（善于换位思考），实现对学校的人、财、物、事、时间、空间及信息的优质管理。

【陶继新】管理是一门学问，既能体现领导人的性格，也能反映所处单位的实际情况。比如，你们白银十中就有自身的特殊性。尤其是您初到学校的时候，就要特别精细，所以，才建立了"三精三全"的管理模式。因为在您到任前的相当长的一段时间里，学校纪律松懈，人心涣散。如果要求不严，要求不细，要求不到位，就会出现这样或那样的问题，更谈不上有效的管理。可以说，您的这个管理模式是应运而生的。事实证明，也确实产生了良好的作用。它不但让教师们有了紧迫感，有了纪律意识，更有了责任感，有了积极性。

当然，这里的精与全，并不是时时事事都要死盯着教师，而是需要智慧与方略的。比如，构建学校制度文化，就是落实“三精三全”的有力保障。有了制度，关键是要让教职工将其内化为自觉行动，当所有人对制度有了一种敬畏之心，甚至感到形成遵守制度的习惯是一种良好品质的时候，学校管理也就简单了。有人说，校长是在制度管不着的地方才说话的。这虽然有点绝对，但也有一定的道理。这不是说校长的人格影响力不重要，而是说两者都重要，它们是一个和谐体。就像您所说的，学校营造了人人想干事、会干事、能干事、干成事、激情工作的环境氛围，还用领导督促吗？

【谢莉香】您看问题很深刻、精准，真让我受益匪浅！陶老师，我非常赞同前面您说到的“道德高效”。在紧抓学校教学及管理工作的同时，我也时常在思考“人无德不立，国无德不兴”。就一所学校而言，理亦如此。“一年之计，莫如树谷；十年之计，莫如树木；百年之计，莫如树人。”“立德树人”这一教育的根本任务无论何时都是学校教育的核心所在。为此，我始终把德育工作放在学校工作的首位，在唱响爱国主义主旋律的同时，结合学生现状，把品德教育和良好习惯养成教育作为学生思想道德建设的重点来抓，把优秀传统文化中最具现实教育意义的“仁爱”“孝悌”“诚信”“友善”“感恩”等元素引入德育工作内容，从五个方面入手，主抓德育工作：一是从增强爱国主义情感抓起，开发国学经典校本教材，全面开展丰富多彩的经典诵读活动，培养学生的民族自尊心和自豪感。二是从大力弘扬“铭责励己，尽责利人”的责任文化理念抓起，着力构建“六心一信”（孝心、爱心、信心、恒心、感恩心、责任心、诚信）的道德品质，培养具有人文素养和科学思维精神的十中学子特色。三是从规范行为习惯抓起，培养学生良好的思维习惯、学习习惯、生活习惯。四是从形成良好的个性品质抓起，率先开设校园道德讲堂，定期开讲。组织学生会前齐声朗诵白银十中《感恩词》，唱感恩歌曲；不定期地举办辩论会、演讲会、故事会；组织教职员工参加“弘扬中华优秀文化，提高公民道德素质”等中华传统文化教育培训。这些举措对全体师生净化心灵、提高道德修养起到了积极的作用。五是从参加社会实践抓起，拓展德育空间。我们组织学生走出校园，开展以“探寻白银城市之源”“你好，母亲河”等为主题的远足活动，让学生追根溯源，铭记“铜城”开拓者的功绩，磨炼意志，增强学生的团队协作意识和社会责任感。

【陶继新】将“仁爱”“孝悌”“诚信”“友善”“感恩”等元素引入德育工作很有意义。古人非常关注“孝悌”，《论语》有言：“君子务本，本立而道生。孝悌也者，其为仁之本与!”如果没有了孝敬父母与友爱兄长之心，也就失去了“本”，也就没有了做人的根基。诚信也十分重要，如果没有了诚信，真的是“不知其可也”了。再说友善。善良是一个人的立身之本。这对教师尤其重要，一位善良的教师，可以教出一批又一批善良的学生；一位不善良的教师，也可以将其不善之念传递给学生。友善不只是利他的，也是利己的。《周易》上说：“积善之家必有余庆，积不善之家必有余殃。”从小就有善念者，长大成人之后也一定会得到福报。感恩是一种高尚的品质，大凡知恩感恩者，都会有好的回报，因为你感恩于人，人也感恩于你；而恩将仇报者，多有不好的下场。这不是什么迷信，而是一种天地规则。当人人都有感恩之心的时候，社会就会安定，人们就会幸福。

那么，如何有效地将这些道德元素深入学生的心里呢？你们进行了有效的尝试。比如，开发国学经典校本教材与开设道德讲堂就是很好的办法。学生在读这些经典与讲这些经典的时候，其实就是在听这些道德大师上课。久而久之，经典中的真善美也就走进了学生的心田。

当然，仅有读是不够的，只有知行合一，才能让美好的道德化作实际行动。你们开展的社会实践活动，让学生在实践中懂得了感恩。书面语言、口头语言、行为语言这三种语言形态中，最重要的是行为语言。孔子说：“古者言之不出，耻躬之不逮也。”因此，高境界的道德品质应当是“讷于言而敏于行”的。

那么，什么时候才算抵达了道德高地呢？那就是习惯。叶圣陶先生说：“教育是什么？往简单方面说，只要一句话，那就是养成良好的习惯。”当“仁爱”“孝悌”“诚信”“友善”“感恩”等不是外加于我，甚至不是有意为之，而是自然而然地去做，以至到了“善行无辙迹”的境界时，就有了习惯之美。而习惯的养成，中小学阶段是关键。养成了良好的习惯，就等于在自己生命成长的银行里存储了一笔取之不尽、用之不竭的精神存款，它会不断地生成利息，可以随用随取，利人利己。

再回到前面所说的“道德高效”，有了这些美好的品质，不管做什么事，都不是只考虑效率，而不考虑效益，也就是说，只有把人做好，才能把事做好、做得久远。之所以强调效益，是因为它有持久性，它有利他性，它有永恒的魅力。

和衷共济，师资优校

【谢莉香】民族的希望在教育，教育的关键在教师，打造一支敬业精业、创新进取、攻坚克难、团结和谐、无私奉献的高素质教师队伍是学校工作的重中之重。

【陶继新】您说得很对。大哲学家、教育家柏拉图就说过这样一句话："一个民族只有最优秀的公民才有资格当老师。"因为教师优秀与否决定着学生是否优秀，学生是民族的未来，他们是否优秀当然也就决定着民族的兴衰。所以，打造一支特别优秀的教师队伍，自然也就成了学校工作的重中之重。

【谢莉香】第一，建设"和衷共济"团队，弘扬"十中精神"。这里，我想引用市政府领导在示范性高中督导评估时说的一段话："白银十中建校以来，特别是移交地方管理以来，发扬和衷共济、攀登不止的精神，同心协力，克服困难，抓班子、带队伍、重引领，大处着眼，小处着手，理念上求'新'，工作上求'实'，管理上求'精'，德育上求'行'，人文上求'聚'，队伍上求'专'，发展上求'全'，质量上求'高'，形成了软件上台阶、硬件迈新步的新景象。"督导组这样评价学校："学校确立'以人为本、质量为本、发展为本、和谐为上'的工作理念和工作方法。在谢校长的带领下，班子成员树立强烈的政治意识、责任意识、勤政意识、强校意识、全局意识、团队互助意识，努力提高总揽全局的能力，科学判断、准确把握学校发展形势和发展机遇的能力，发挥团队整体作用的能力，应对复杂局面的能力，依法治校、以德治校的能力和影响力，形成了一个团结和谐、真抓实干的领导集体和管理团队。""几年来，谢校长为学校工作费了心、吃了苦，广大师生及家长看在眼里，记在心里，也正是谢校长的工作精神感染、带动了白银十中的领导干部和广大教职工。学校其他领导成员和中层干部、管理人员，个个都是学校管理的行家、教学工作的能手，在兼任教学工作的同时，恪尽职守，各尽其责，显示出他们对工作满腔热忱，有很强的责任心。"

督导组的评价充分说明白银十中能在困境中取得辉煌成绩，就是靠这样一支团队的支撑，靠的就是和衷共济、攀登不止的"十中精神"。

【陶继新】督导组对你们学校的评价非常高，也非常准确。没有这样一支坚强有力的教师队伍，就不可能取得如此辉煌的成就。同时，我也在思考一个问题：为什么教师们能够形成这样一种精神品质？我想这与学校原有的优秀传统以及教师的奉献精神有关，同时与您这位“拼命三郎”似的校长有关。您将生命投注到这所学校之中，不管遇到什么样的困难，甚至在一般人看来已步入绝境的时候，您都没有放弃过自己的执着追求。您这种坚忍不拔、自强不息的精神深深地感召了全校的教师，并且内化成一种无坚不摧的品质，形成了巨大的力量。而由此形成的和衷共济、攀登不止的“十中精神”，则成了你们学校一笔极其可贵的精神资产。

【谢莉香】第二，转变教育教学观念，适应形势发展。为了迎接新课改带来的挑战和发展机遇，我校抓住时机，紧紧围绕新课改加强校本培训，让培训成为教师最大的福利。同时，我校还采取“走出去，请进来”的方式，分期、分批组织教师前往全国课改前沿名校——河北省衡水中学等校参观学习，并与河北省衡水中学结成友好学校，请知名专家、学者来校传经送宝，使教师切实改变观念、提高认识、与时俱进。

【陶继新】培训对于教师来说是最大的精神福利。你们与河北省衡水中学结成友好学校，让你们的精神追求达到了“更上一层楼”的境界。因为河北省衡水中学取得巨大成就的一个重要原因，正是因为他们具有一种永远追求的精神以及和谐共进的品质。这种精神与品质，又升华了你们学校的精神品质。当然，河北省衡水中学在教学方面也有其宝贵的经验，你们主动向他们学习，取到了真经，也让你们学校教师的教学水平又上了一个新的台阶。

【谢莉香】第三，铭记曹兆海精神，铸造不朽师魂。我校退休老教师曹兆海曾肄业于北京大学，一生坎坷，没有成家，却爱校如家，敬业精诚，无私奉献，创下了连续多年单班高考升学率达90%以上的优异的教学成绩。他资助贫困学生数百人，期间发生了许多感人的故事。退休后，他的学生在大连买房供他居住，生病期间，还有很多学生多次探望并捐款捐物，学校全体教职工捐款并派专人前往探视。他病逝后，学校派人前往大连处理后事时得知，曹老师临终前留下遗言：要魂归故里，并将平生节俭所积蓄的29万元全部捐赠给白银十中，实现爱心传递。我们接回曹老师并予以厚葬。为了更好地接续爱心，我们又多方筹措资金达50万元作为启动基金，在白银市慈善总会的支持下，成立了“曹兆海教育基金”，用于奖优助困、奖掖后学，使爱的传递有了源头活水。榜样的力量是无穷的，曹兆海精神成为白银十中的一张师德名片。白银市教育局还号召全市教育系统向曹兆海学习。我们在宣传学习“曹兆海精神”的同时，特别强调全体教职工要像曹老师那样，视生如子，爱生如子，提高全体教职工的职业道德素养，铸造十中不朽的师魂。

【陶继新】曹兆海老师的事迹感天动地，他的精神永远闪烁着光辉。他的一生有太多的坎坷，也有太多的传奇。在他身上，集中了中国老一代知识分子共有的优秀品质；同时，他又是属于白银十中的“这一个”。他鲜明的个性中透射出一位有良知且有骨气的“士”之风骨，昭示出一种不屈不挠、仁爱至上的精神。正像您所说的，他铸造了“不朽的师魂”，他成为白银十中永远的骄傲与自豪。当然，您与所有的白银十中人，也都没有忘记他。“其人虽已没，千载有余情。”大家怀念他、敬仰他，并让他的精神传承下来，这也是对他最好的纪念。这让我不由得想起诗人臧克家写的诗：“有的人活着，他已经死了；有的人死了，他还活着。”是的，有的人尽管位居高官，有的人尽管家有万贯，可是，因为没有人格与品质，在老百姓看来，他们已经死了。曹兆海不是高官，也没有大笔资产，可是他平生节俭所积蓄的29万元却比几百万、几千万更有价值，他的精神有着永恒的意义。他虽然死了，但他依然活在白银十中师生的心里，也活在所有有良知的教育人的心里。

【谢莉香】第四，重视教师技能的培养，提高业务素质。专业技能是教师的立身之本、发展之基。我们通过各种形式的岗位练兵、导师带徒、听课评课、购置专业书籍、写教学反思和继续教育笔记等方式，提高教师特别是青年教师的业务素质，促进教师个体和学校的可持续发展。

【陶继新】《中庸》有言：“人一能之，己百之；人十能之，己千之。果能此道矣，虽愚必明，虽柔必强。”当教师掌握了更多的教学技能之后，教学水平也就自然提高了。而教师达到教学游刃有余的境界的时候，自己也会享受到教学的无限乐趣；学生则在对教师敬佩不已的同时，产生积极学习的内在动力。

【谢莉香】第五，优化教学过程管理，强化敬业意识。我们从备课、教案、学案、课堂效率及效益、作业批改、复习考试及试卷分析等方面进行精细化全程管理，培养教师唯严唯实、求真求精的工作态度和敬业精神。

【陶继新】中国第一篇教学论著《学记》说：“严师为难。”因为严的背后，是高度的事业心与敬业精神。教师有了这种品质，不但可以教好课，而且会向学生传递一种唯严唯实、求真求精的精神。当学生拥有这种精神的时候，提升学习成绩也就有了水到渠成之势。

【谢莉香】第六，借助媒体宣传平台，增强责任意识。五年时间，我们制作了四个电视宣传片，推出了一批敬业爱岗、求真务实、执着进取、创新图强的优秀教师，使他们在充满成就感和自豪感的同时，也意识到责任的重大，从而充满激情地投入工作。

【陶继新】通过电视宣传片推出优秀教师，会给大家一个积极的暗示：学校是弘扬正气之所，只要努力工作，做出贡献，就会受到大家的尊敬与爱戴。这不但会让受表扬者感到自豪，还会向全体教师传递一个信号：为人师者，就应当向这些榜样学习，提高人生境界，成为学生的精神领袖，做一位学生喜爱的教师。

【谢莉香】第七，关心教职工生活，创建精神家园，感受幸福人生。我们坚持以人为本，着力倡导“欣赏包容”的人际氛围，采取“四及时”（及时干好事业、及时沟通思想、及时化解矛盾、及时解决问题），“五必访”（教职工有思想情绪时必访、红白事必访、本人有病必访、眷属有病必访、家有特殊困难必访），从内心深处视白银十中教职工为自己的兄弟姐妹，想方设法创造条件解决教职工的后顾之忧，着力营造“激情十中、温馨家园、幸福人生”的良好人文环境，努力使白银十中大家庭的兄弟姐妹感受到精神家园的人文关怀，从而充分调动积极性，激发工作激情。

【陶继新】对于学校领导有无人文关怀，教师有着特殊的敏感性。那些高高在上、不重视教师心理感受的领导，尽管教师也能听从其工作安排，可是他们从心里看不起领导，甚至有可能工作不努力。你们在学校里创设具有人文情怀的环境，让教师们感到学校领导与自己是一家人，很多时候想到了他们心坎里，可以为他们排忧解难。这样，他们就会感激不已，甚至由此生成“士为知己者死”的感恩情结，全心全意地投入工作。这种积极的情绪还会影响学生，使他们逐渐形成一种良好的品质。

【谢莉香】第八，我们在主抓培养校内高素质人才的同时，也注重吸引外来优秀人才。

一所优秀的学校的发展应是全方位的，在抓好德育、质量、管理、师资、教研的同时，积极营造和谐氛围，建设儒雅校园也是十分重要的。优美的校园环境、高雅的文化氛围、和谐的人际关系是人人向往的工作环境。在到任之初，我就决心要在改善硬环境的同时改善软环境。为此，我们在扎实推进校园改扩建工程、优化校园文化建设的同时，添置了配套的实验仪器和体育器材，五年中购置图书2万多册，图书馆藏书量达到3万余册。此外，我们狠抓绿化、美化、净化工作，要求室外优美雅洁，室内干净整洁，地面无杂物，墙面无污损，卫生间无异味。我校室内外卫生全部由学生打扫，这样的举措既培养了学生的劳动能力、卫生习惯，也增强了学生协作的意识和珍惜劳动成果的意识。目前，我校校园建设基本实现了“校园布局合理化、土地利用最优化、面积使用最大化、功能设计完美化、效益发挥最大化，最终实现现代化”的总体目标。

【陶继新】优秀的学校，需要优质的硬环境，也需要优质的软环境。好的学校物质文化，给人赏心悦目的美感，还会反作用于师生，让他们的言行更得体。外来优秀人才之所以能到白银十中安家，除了良好的物质环境之外，还因为有良好的软环境。人才之所以成为人才，除了其固有的素养之外，还要具备施展才华的平台。同时，人才还会对周围产生影响，让其他教师“学而时习之”。人才多了，学校质量才能更好地提升。

苦心劳骨，生命升华

【谢莉香】我自担任白银十中校长以来，的确付出了很多。我明白，天降大任于我，必“苦其心志，劳其筋骨，饿其体肤，空乏其身，行拂乱其所为”，“困于心，衡于虑，而后作”。所以，自到任的第一天起，我一直保持着一种亢奋的工作状态，始终铭记着“不续辉煌誓不休”的心灵誓言。对教育事业的热爱和高度的责任感、使命感是我强大的精神支撑。尽管许多人无法理解，但看到今天的白银十中从内到外的巨大变化，我觉得很充实，也值得，更感到欣慰。因为我没有辜负组织的信任，没有辜负广大师生及家长的期盼，我真诚、真情、真心的付出有了丰厚的回报；我一直想通过自己的努力改变学校面貌、提升团队素质、提高教育质量、重塑学校形象的愿望得以实现；我真正走进了师生的心里，我生命的价值也得以体现；母亲常常训导的“百姓的口，无量的斗”“金杯银杯不如老百姓的口碑”的家训得以践行。同时，我也收获了与教师们之间那份至真至诚的友谊。我会把在白银十中的这段时光当作记忆中的珍宝永远珍藏。我坚信未来的白银十中必将在“责任”核心文化理念的引领下，走上良性发展和可持续发展的快车道。我期盼着白银十中的再度辉煌。

【陶继新】人生没有多少个五年，在每个五年里，人生是不是精彩，对不同的人来说是大不一样的。您在白银十中的五年里，所受的苦、所遭的难，可能是一般人一生都无法体会的。可是，所有的苦与难对于您来说，都成了一笔磨砺意志的宝贵财富。您非但没有倒下，反而愈挫愈勇，甚至所有的挫折也都变成了您转败为胜的前奏与序曲。您成功了，而且是大获成功！古人说“十年磨一剑”，可您只是用了五年时间，就锻造了一把锋利的宝剑。生命就是如此神奇，您因为百姓之口这个“无量的斗”，而有了值得欣慰的荣耀，也有了您一生的自豪。

创造适合师生共同成长的教育

——山东省沾化县第一实验小学适合教育的实践与探索

校长介绍

杨金明，1966年生，山东省沾化县人，研究生学历，中学高级教师。他先后在沾化县第三中学任教师、团委书记，沾化县教育部门科员、办公室主任、党委委员，2009年任沾化县第一实验小学校长至今。近年来，杨金明在《语文建设》《语言文字报》《山东教育报》《创新教育》等报刊上发表多篇文章，被授予“全国基础教育创新型校长”“滨州市创新校长”“滨州市名校长培养工程候选人”等荣誉称号。

确立适合师生共同成长的办学理念

【杨金明】 沾化县第一实验小学于1959年建校，现有学生1700余人，27个教学班，教职工69人。2009年4月，我来到第一实验小学任校长。多年来，我一直在县教育部门从事教育行政和学校建设工作，对学校管理没有经验，深感自己身上的责任重大。我认为，要想把学校办成政府放心、群众满意的优质学校，既不能只带领教师们在家“兢兢业业”地“闭门造车”，更不能做“坐井观天”的“井底之蛙”。因此，我一边了解学校的情况，一边加强自身的学习。在一年多的时间里，我聆听了60多位专家的报告，实地考察了省内外50多所名校。通过学习考察，我看到了我校与先进学校的差距，虽然有经济条件的因素，但更重要的是办学理念上的差距。

【陶继新】有位校长说："我当校长很多年了。"可是，我问他："你用心当校长多少年了？"对方无语。因为这所学校在他任校长期间每况愈下，教师与家长怨声载道。您虽然只当了两年校长，可是您是用心在当校长，您有很强的责任感。所以，尽管任校长时间不长，您却看到了学校存在的问题，并学习了不少先进的管理理念，还探索出了属于您的管理方略，最终得到了教师与家长的认可，学校也有了较好的发展。

【杨金明】早在2500多年前，孔子就提出了"因材施教"的教育思想，美国教育家、心理学家霍华德·加德纳也提出多元智能理论，说明每个人都具备多元化的智能，所以教师应尊重学生间的差异，因材施教。中国一位著名教育家也曾经说过，为每个学生提供适合的教育，是尊重教育规律和学生身心发展规律的要求，是现代社会多元化人才结构的要求。《国家中长期教育改革和发展规划纲要（2010－2020年）》明确指出，要关心每个学生，促进每个学生主动地、生动活泼地发展，尊重教育规律和学生身心发展规律，为每个学生提供适合的教育。基于此，我们分析学校发展现状，广泛征求师生意见，经过不断实践，确立了"创造适合师生共同成长的教育"这一办学理念。

【陶继新】从某种意义上说，适合的教育才是最好的教育。学生生而有异，后天成长、生活的环境与教育又各不相同，当然不能用统一的教育教学方法了。可是，有的教师总是用统一的要求、统一的方法、统一的作业对待不同的学生，其教学效果当然不可能理想。教育就是要让所有的学生都能成长。这里所说的成长，指的是在原有基础之上的成长，是适合学生最佳发展的成长。这样，学生不仅能够更好地成长，还能体会到成长的快乐。而学生快乐与否，直接关系到学生能否幸福的问题。小时候的幸福与不幸福，往往不只是显现于当下，还会延续到未来，多能产生久远的影响。所以，教育者应该认真地研究学生的成长规律，让不同的学生都能更好地成长起来。

【杨金明】我认为，适合教育分两个方面，一方面是适合学生的教育，一方面是适合教师的教育。适合学生的教育就是教育的管理体系、教育教学理念、教学思路和手段正好适合于学生的思维方式与接受能力，能使其能力得到最大限度的激发和发展。换而言之，就是能使学生的潜能得以健康、可持续发展的教育，让每一个学生都成才的教育，就是适合学生的教育。最适合教师的教育就是能够让教师在教育学生的同时，自己的潜能得到发挥、特长得到运用、水平得到提高的教育，换而言之，就是能使教师的专业素养和创造能力不断得到提高的教育才是适合教师的教育。只有适合的教育，学生才能享受教育的幸福；只有适合的教育，教师才能享受职业的幸福。

【陶继新】您谈到一个关键词——潜能。不少人忽略了这个词的内涵与意义，认为学生就是接受知识，教师就是教授知识。其实，教学绝对没有这么简单。因为人的潜能不只表现在知识层面，还呈现在智慧层面和其他诸多领域之中。教育的目的就是要使学生的潜能得到开发。当然，不同的人的潜能表现的方面也不同。关键是要如何有效地触动其最有发展潜能的那根神经，让其思维活跃起来，从而让生命绽放出特殊的光彩。当教师与学生的潜能被开发出来，特别是自己主动开发出来的时候，自己也会感到惊奇不已，会生成自豪感与自信心。有了自豪感与自信心，潜能还会更好地被开发出来，从而让生命越来越精彩。

建设适合师生共同成长的学校文化

【杨金明】要想充分挖掘教师和学生的潜能，非常重要的一点就是文化的引领，只有建设有文化内涵的学校，才能真正把教师和学生都引领到研究的道路上来。这就是我要谈到的“建设适合师生共同成长的学校文化”。

沾化地处渤海之滨，土地盐碱贫瘠，风大尘多，自然环境恶劣，沾化人民世世代代在这片贫瘠的土地上繁衍生息，辛勤劳作，这就是自强不息、在适应中求变的精神。沾化冬枣也深深地扎根于这方热土，从贫瘠的土地中汲取营养、奉献甘美的果实。“冬枣之乡”经过多年的积淀，形成了自强不息、追求卓越、奉献甘美的文化底蕴。我们根据我校的办学理念，结合沾化这片土地上生生不息的“冬枣人文精神”，确立了“汲取冬枣之乡文化精髓，打造素质教育齐鲁名校”的办学目标。文化建设的基本思路是以适合教育为基础，以人为本，立足实际，高度提炼，最后确立了“适应求变，自强至善”的校训。

【陶继新】精神文化是学校文化的内核，构建积极而有特色的学校文化，必然要在精神文化上下功夫。办学目标与校训都属于精神文化，而且是精神文化的核心要素。“冬枣人文精神”体现的是一种虽难犹进、自强不息的奋争精神，是一种厚德载物、“万物育焉”的奉献精神。“适应”不但要适应环境，还要改变环境，并给环境打上积极文化的烙印。所以不是一味地“适应”，还要“求变”，“苟日新，日日新，又日新”，向新的、好的方面变化、发展。《大学》有言：“大学之道，在明明德，在亲民，在止于至善。”“至善”是人生的最高境界，也是学校发展的追求目标。人不但现在要追求“至善”，一生都要追求，唯有如此才能成就一番事业。因为“至善”系修身之本，本立才能道生。

【杨金明】学校应尊重教师的主体意愿，关心每一位教师的专业成长，发挥教师的个性特长；学校应尊重和信任每一位学生，真正从学生出发实施教育，关注学生的优势与不足，激发学生的优势潜能，努力满足学生的自身发展需要和社会发展要求。本着这个原则，我们把学校的办学理念、教师的教学思想、学生的培养目标融入校训之中，提出了“团结进取、有教无类”的校风，“专业求精、言传身教”的教风，“立志、勤学、合作、创造”的学风，建立严格、规范、高效的管理体制，把教育理想和教育现实相结合，引领师生共同成长，努力实现我们的办学目标和培养目标。

【陶继新】校风、教风、学风这些学校精神文化的元素一旦内化到师生的心里，就会产生一种巨大的能量。“有教无类”系孔子之言，当是均衡教育的最早解说，同时有对不同类别的学生进行更加有效教育的意义。“言传身教”之于教师尤为重要，学生之所以尊敬教师，不只是因为他说得好、课讲得好，还因为他做得好。教师的人格修养直接影响着学生道德品质的形成，而道德品质的高低又决定着学生未来的发展。在你们的学风中，我特别关注的是“合作”。因为当下中国人的合作意识较弱，原因当然是多方面的，而从小在学校学习期间缺失合作意识当是一个潜在的原因。所以，我一直主张课堂上一定要有合作，不但要有师生合作，而且要有生生合作。正是在这种合作中，学生才有了互助与分享，才有了更高的学习效率，才有了良好品质的生成。

树立适合师生共同成长的教学观和课程观

【杨金明】我们以骨干教师为主要成员，成立了校本教研开发中心，积极探索实施自主合作探究的课堂教学模式，为学生营造合作氛围，让全体学生都参与进来，探索实施适合不同学生的作业评价方法，力争让基础不同的学生都能学有所获。

【陶继新】不但要合作，还要自主，真是太好了！学生被动学习是不可能抵达高效境界的，只有在自主的状态下，他们才能领略高效的美丽。而且，这里的高效不仅在于学习，还会向其他方面辐射，从而让学生在各种情况下都能拥有自主精神。有了这种精神，也就有了立身之本。因为自主精神会让人拥有巨大的内在动力，即使在逆境里，也可以自主地克服困难。

【杨金明】我们开始探索自主合作探究的课堂教学模式，改传统的教师讲授式为学生合作探究式。对于这次改革，很多老教师不适应，于是我们采取“走出去，请进来”的方式，同时改革了备课方式，由原来的单独备课改为集体备课，同年级的教师不断进行交流、研讨，同学科的教师每周一次备课研讨会议等，通过这一系列的活动，更新了教师的教育理念，逐步形成了自主合作探究的课堂教学模式。自主合作探究的课堂教学模式的实施令课堂发生了变化：教师的讲解少了，学生的自主参与多了；教师的问题启动少了，学生的问题启动多了；走过场的合作少了，扎实的合作多了；一声不吭的学生少了，积极发言的学生多了；吞吞吐吐、羞羞答答的学生少了，表达流畅、回答自如的学生多了……

【陶继新】你们的课堂的变化真是令人惊喜！传统的课堂为什么没有这种课堂景观呢？因为传统的课堂是以教师为中心的，是教师一个人讲，只有教师一个人有积极性；而被动接受知识的学生没有成为课堂的主角，没有积极性。教师已经习惯了这种传授方式，所以让他们让位于学生，开始的时候他们可能不太适应。当真正将课堂还给学生，进行大胆改革之后，教师的思想也在悄然发生变化，他们也感到这样的课堂更能激发学生学习的内在动力。因为学生成了课堂的主人，学习的积极性得以提升，以至出现了“热火朝天”的场面，高效也就自然而然地“光临”了。这样的课堂教学改革不仅提高了课堂教学效率，还提高了学生大胆质疑的能力、积极开放的思维以及“吾爱师，吾更爱真理”的探索精神。

【杨金明】改变了课堂教学模式后，为了促进学生个性的发展，我们又研发了学校特色主题课程，对核心课程进行补充和拓展。我们把特色主题课程界定为国家课程中的综合实践活动课程与地方课程和部分校本课程的整合课程、学校必修课程、学校选修课程。

一是保证时间充足。为鼓励学生多元化发展，学校将每周二、周四第七节课作为学校特色活动课选课走班时间。

二是开发教师资源。我们充分发挥教师的优势特长，挖掘教师潜在的教育资源，开发了13门特色主题课程，如剪纸、毛笔书法、电脑画、器乐、绘画、武术、跆拳道、乒乓球、阅读鉴赏等。学生可以根据自己的爱好任意选报这13门课程中的一个。

三是开发班级特色活动。根据学校特色班级建设方案中的要求，由各班班主任及任课教师根据本人特长及本班实际，广泛挖掘学生才能，开展本班的特色活动。班级特色活动主要有经典诵读类、口才与表演类、益智类、综合类，其中综合类主要有诗配画、创意贴画、手工制作、变废为宝、硬笔书法、爱国影片欣赏等。

【陶继新】特色主题课程让学生的学习生活变得丰富多彩，让学有特长与学有所爱的学生有了学习的时间与空间。这样，学生所学到的就不只是教材中的知识了，他们走出课堂，走出校门，学到了书本中没有的知识。这不但丰富了学生的知识，开阔了学生的视野，还激发了学生的学习兴趣，提升了学生的幸福指数。您前面谈到开发学生的潜能问题，这种特色主题课程便是更好地开发学生的潜能的载体。因为学生都是因爱而学，效率自然会很高。于是，快乐与兴趣也就弥散于他们的心里。这种快乐的心境，还会不断向其他方面延伸，从而让一般的课堂学习也提高了效率，让平时的生活也有了情趣。学校，不应该是学生苦学的场所，而应该是学生感受幸福的乐园；学校，不应该让孩子的童年感到无意义，而应该给孩子留下终生铭记的快乐童年。你们的特色主题课程，恰恰成了学生美丽的纪念。

【杨金明】感谢您对我们特色主题课程的分析，我们也深有同感。对于学生来说，兴趣和自信比什么都重要。我们的特色主题课程就是为了激发学生的兴趣，培养他们的自信和能力。现在教育最大的失败就是让学生失去了学习兴趣，抹杀了他们的天性，我们要从学生的天赋出发，顺应他们自身的发展方向，做适合学生成长的教育。

【陶继新】《中庸》开篇就说："天命之谓性，率性之谓道，修道之谓教。"重视孩子的天性与天赋，才能顺应其自身的发展方向进行教育，才能产生更好的教育效果。所以，要想做好教育，就必须得研究孩子的心理与生理特点，就必须得研究教育的规律，否则会事倍功半。

构建适合学生成长的德育模式

【杨金明】您所说的要研究学生的心理与生理特点确实很重要，正因为此，我们在重视课程建设的同时，把学生的品德教育、养成教育放在了首位。我们把德育纳入学校课程体系，形成了以“感恩、博爱”教育为主线，以“文明、健康、诚信、自主、合作、创造”为载体，以少先队活动为主阵地，以中华传统节日为抓手，有效实施节日活动与德育主题的“双轮驱动”式德育体系，根据学生的年龄、心理特征有计划地开展适合学生的德育活动，着力培养学生良好的行为习惯和健康的心理。

【陶继新】孔子的教育的一个重要特点就是，做人重于学文。因为人做不好，即使学的知识再多，也不可能更好地为社会服务，甚至还有可能危害社会。你们将品德教育与养成教育纳入课程体系之中，足见对其的重视。一个人的品质与心理的优劣形成于整个生命过程中，而小学时期则是形成的关键期。这个时期的教育做好了，就会为学生未来的成长奠定良好的基础；如果小学时期不关注学生良好品质与健康心理的形成，长大之后再进行教育就有可能出现“扞格而不胜”的尴尬。你们深知儿童期教育的重要性，着力培养学生良好的行为习惯和健康的心理，可谓功在当下，利在千秋啊！

【杨金明】我们深深感受到肩上的责任，因此从适合学生的成长和发展需要出发，构建了“以人为本、全员参与、自主管理”的管理体系。学校以“团结进取，有教无类”为出发点制订领导岗位职责；以“立志、勤学、合作、创造”为目标制订学生行为规范；以“专业求精、言传身教”为原则制订教师岗位职责。各班根据本班实际和学校的各项制度，制订相应的班规、班约，形成自主化班级管理模式，推进“十、百、千”（十佳、百优、千星）工程建设。我校充分挖掘和整合学校、家委会、家长学校德育力量，构建了学校、家庭、社会三位一体的德育网络，形成了全员育人的“大德育”体系。

【陶继新】自主管理是班级管理的至高境界，它远远超越了教师管理、学生被管理的层次。学生的自主管理，不是迫于教师的压力，而是一种自觉的要求。所以，这样的管理是积极、顺畅、有效的。魏书生班级管理的成功密码之一，就是学生达到了自主管理的层次。同时，要想让德育持久高效，仅靠学校是不够的，家庭乃至社会都是道德品质、习惯养成的场域，三者形成合力，才能创设更优化的育人环境。优质的育人环境是人创造的，同时，它又作用于人，尤其是作用于孩子。孟母之所以“择邻处”，也是考虑到环境对孩子的影响。孩子是祖国的未来，你们着力构建的“大德育”体系，为孩子们的更好发展提供了载体。

【杨金明】我们构建了以“感恩、博爱”为主题的“大德育”活动。每学年三月、九月的主题为“文明规范”，倡导讲文明、知礼仪、守规范；四月的主题为“健康”，倡导合理膳食、科学锻炼、规范作息；五月的主题为“诚信”，倡导知荣辱、尊承诺、讲诚信；六月的主题为“自主”，倡导自尊、自律、自主、自强；十月的主题为“健康”，倡导开朗、乐观、积极、奋进，健康心态，阳光少年；十一月的主题为“合作”，倡导团结、友谊、合作、共享；十二月的主题为“创造”，倡导观察、发现、科学、创新。每月一个大主题，每周一个小主题，引导学生从对自己、对他人、对社会、对自然四个方面分层次逐步提升。

【陶继新】德育不是只做一时就可以长久见效的，而要持久地去做才能产生能量。你们每月、每周从不同的层面都安排了德育活动，让德育变成了一种经常化的活动，以至变成了日常行为之事。当学生认为在活动中所做的事都是应做之事，以至自然而然去做的时候，德育就会定格在他们的心里，就会使他们形成良好的品质。

【杨金明】我们从点点滴滴做起，从一件件小事入手，落实学生的养成教育。一是路队规范。上学自动编队，“抬头，挺胸，拐直角，走直线”；放学编队下楼，依次离校，队伍整齐，规范有序。二是课间秩序。建立了适合学生发展的课间活动管理模式、课间活动模块。三是卫生习惯。注重学生个人卫生习惯的培养，注意保持良好的室内外卫生，营造健康整洁的校园环境。四是礼仪教育。注重学生的人格培养，一言一行，彰显淑女气质、绅士风度。

【陶继新】老子说：“天下难事，必做于易；天下大事，必做于细。”看起来又易又细的小事，恰恰是形成良好习惯的必行之事。有人说，连续21天做同样的事，就可以形成一种习惯。习惯一旦养成，就会跟随学生一生，让其终身受益。叶圣陶先生说过：“教育是什么，往简单方面说，只要一句话，那就是养成良好的习惯。”你们一点一滴地培养学生的良好习惯，就等于为他们储蓄了一笔又一笔走向成功的资本，到了一定的生命节点上，就会爆发出巨大的力量。

【杨金明】感谢陶老师对我们的肯定和鼓励。近几年，一些学生的心理健康也引起了我们的重视。随着经济的发展，大量农民进城务工、经商，没有时间照顾孩子，部分下岗职工外出打工，孩子由老人照顾，这些孩子在学习、生活、人际交往和自我意识等方面难免会遇到或产生各种心理问题，有些问题如果不能得到及时解决，不但会给教育教学工作带来巨大困扰，而且会严重影响学生的健康成长，甚至为今后出现行为障碍或人格缺陷埋下隐患。为此，学校设立了专门的心理咨询室，建立了“绿色心灵”信箱和电子邮箱，建立了心理健康教育博客“阳光小屋”，成立了“心晴社团”，编辑了《呵护心灵·健康成长》《揭开你神秘的面纱》等校本课程读本，并开设了心理健康教育活动课。课题组的教师们积极学习，有 4 位教师已经取得了国家二级或三级心理咨询师资格证书。此外，学校还是中国青少年发展基金会“守望心灵计划—合作学校”“滨州市青少年心理健康教育研究基地”，所有这些都在为孩子的快乐健康成长护航。

【陶继新】是的，目前学生的心理问题呈上升走势。学生产生心理问题的原因有很多，要解决这些问题，需要专业教师进行专门研究，需要区别对待。有些问题看似道德问题，其实是与心理问题联系在一起的。心理问题解决了，其他问题也会迎刃而解。更重要的是，学生当下的心理问题如果积累太多，不只会影响到学生当下的生命状态，还会为其未来发展埋下隐患，说不定在哪一个时期或哪一个偶发事件中显现出来。所以，高度重视学生的心理问题，是为学生一生的成长考虑啊！

搭建适合教师专业成长的发展平台

【杨金明】对于您说的要解决学生的心理问题需要专业教师进行专门研究这一点，我深有体会。“善之本在教，教之本在师。”一所对学生成长负责的学校，首先要承担教师专业发展的重任，创造条件、提供平台，让“教师适教”，让教师获得最大限度的发展，进而满足学生对课堂的需求。教师善教、乐教，学生才能会学、乐学。因此，提高教师综合素质是实施适合教育的前提和保障。我校通过专业引领、人文关怀、专业培训、教学实践、经验交流、反思改正，全力打造一支高素质、高水平、精业务、爱钻研、讲奉献、有爱心的教师队伍。我曾在全校教师大会上公开承诺，凡是对教师专业成长有利的事情，学校会不遗余力地支持。

【陶继新】在很大程度上，教师专业水平的高低决定着学生学习能力的优劣。要想让教师善教、乐教，首先要让他们认识到从事教学工作是一件很有意义的事情，这样，他们就会在教学时不会因困难而止步，不会因挫折而沮丧，而是以一种积极的心态面对困难，以平常心来对待挫折。这种积极向上的心态，不但让教师本身更有生命的气象，而且会将这种气象传播给学生，让他们也具有这种精神与气象。同时，优秀的教师还应当拥有丰富的知识，具有先进的教育理念和精湛的教学艺术，不但可以教会学生，而且能让学生学得兴趣盎然，让学生学会学习，乐于学习，善于学习。《学记》中说："善学者，师逸而功倍，又从而庸之。"意思是说，会学习的人，能使教师费力不大而教学效果好，并能感激教师。我一直认为，教师之教与学生之学，不应当是心力交瘁的一场又一场的苦役，而应当成为使自己不断发展的幸福之旅。

【杨金明】是的，教师的幸福感来自于对教育真谛的深入认识、个人素质的不断提升、工作中的成功与收获。为此，我们开展了"聆听名师教诲，感悟教育真谛"的活动，聘请教育专家、名师来学校做关于教师发展、班级管理、学校文化、教师职业幸福等方面的报告，让教师们与专家、名师面对面交流。

我们还采取了三步走策略：第一步，规定必学内容，提出必学要求，最终检查考试，记入量化考核。第二步，领着学，主要采取"走出去"的办法，多次外派干部、教师赴省内外名校参观学习，并通过开展"外出学习经验交流会"等活动，开阔教师的视野和思路，达到共同提高的目的。第三步，自觉学，鼓励教师通过网络、书刊进行学习。学校为每位教师订阅了教育类杂志，引导教师进行反思写作。许多教师已经写出了不少高质量的作品，并在各级各类刊物上发表。

另外，我们还建设合作型团队，发挥骨干教师的"传、帮、带"作用，成功开展了四届"青蓝工程"，组织年轻教师和有经验的教师进行"师徒结对"，一批批优秀的教师脱颖而出，成为学校发展的中坚力量。我们还开展了"我赞美你"教师论坛、《我心中的好老师》征文活动，极大地激发了教师的工作热情，增强了教师的职业幸福感。

【陶继新】绝大多数教师都有发展的需求，但若不及时为其创造发展的舞台，教师的这种发展需求就有可能逐渐消退，乃至产生职业倦怠感。你们积极为教师的发展创造条件，既可以提高教师的教育教学水平，也可以让学生接受更为优质的教育。当教师有了自愿学习的动力之后，也就有了持续发展的可能。没有优秀的教师团队，就不可能有蒸蒸日上的学校发展景象。当更多的教师都在发展的时候，个别原本不太积极的教师也会受到影响而逐渐融入这个发展团队之中。我们总是在说学生具有巨大的发展潜能，教师何尝不是如此？我结识的一些教师，十年之前尚且默默无闻，现在却成了全国著名的特级教师。因为一以贯之的努力，是可以结出理想果实的。而且当他们发展更好的时候，他们还会产生“更上一层楼”的心理向往。这时候，他们的心情也会愉悦起来，自然就幸福了。

【杨金明】适合教育是我们的教育理想，更是一份沉甸甸的社会责任。几年的学校工作，更加深了我对教育工作的热爱。教师的进步、学生的成长、学校的变化，让我感到非常欣慰，也激发了我的工作热情。您的鼓励和指导，更增强了我的信心。我将继续发扬自强不息的“冬枣之乡”人文精神，坚持走内涵发展、特色发展之路，为实现我们的中国梦尽自己的微薄之力。

【陶继新】做任何事情，都要心怀良知，当校长尤其如此。有了社会责任，就有了走至王阳明所说的“致良知”与《大学》开篇所说的“明明德”的境界的可能，就不会只是驻足于自己的升迁与名利之门，而是更多地关注教师与学生的发展，更多地在提升学校的品质上下功夫。现在，你们已经有了一支可以与您同行同乐同心的教师队伍，已经取得了可喜的成绩，相信以后你们在内涵发展、特色发展之路上会走得越来越好。

突围：灵魂折射出五彩光环

——山东省安丘市实验小学教改创举

校长介绍

徐军民，男，生于1967年6月，山东省安丘市实验小学校长，高级教师，硕士研究生，安丘市十大杰出青年，潍坊市名校长，潍坊市专业技术拔尖人才，是一位教育理念超前、教育思想丰富的校长，被同行称为“草根教育家”。他提出的“顺应天性、张扬个性、激发灵性”的“三性教育”理念，促进了学生快乐学习、教师幸福成长、学校健康发展，并引领了区域教育的发展。他所从事的多项理论与实践研究在《中国教育报》《中国教师报》《山东教育报》《山东教育》等报纸、杂志上刊登，多项研究成果分获潍坊市政府成果奖、山东省优秀教科研成果奖，编著出版《数学与生活》《那一片蓝天属于您》《静待花开》等教育书籍。

三性教育，立校之本

【徐军民】安丘市实验小学于1949年建校，与中华人民共和国同龄，是当地知名的学校。我是2002年来到学校当校长的，当时我35岁，这所学校又是我的母校，所以来这所学校当校长，我感到压力很大，唯恐学校工作没有发展，甚至止步不前。没想到，在自己的不懈努力下，学校各项工作取得了骄人的成绩，学校获得了快速发展，也得到了家长和社会的认可。特别是经过十几年的探索与实践，我为学校确立的“三性教育”办学理念，已经成为学校的一种文化，深入到了每一位师生的心中，为学校的发展发挥了积极而长久的影响。

【陶继新】之所以感觉压力很大，是因为您有很强的责任感，您是想在您任校长期间，让这所具有历史积淀的学校能更好更快地发展。事实上，学校发展得非常好，赢得了社会的广泛赞誉，这与您的认真负责以及教师们的积极工作是分不开的。同时，学校的发展还需要一个要素，那就是校长的思想与品位。在与您及教师们的接触中，我感到您不但是一个奋争不息者，还是一个很有思想的校长。比如，您所说的“三性教育”，不但很有特色，而且有着丰富的思想内涵。

【徐军民】在多年的教育实践中，我深刻感受到教育必须尊重孩子成长的规律，尊重教育的规律，教育要顺性而为；同时，每一个孩子都是富有个性的，丰富多彩的，我们必须创造适合每一个孩子成长的教育；再者，教育就是要开启人的智慧，培养孩子的创新意识、创新能力和创新思维，也就是要激发孩子生命的灵性。因此，我把学校的教育理念定为“顺应天性、张扬个性、激发灵性”。

【陶继新】《中庸》开篇说道：“天命之谓性，率性之谓道，修道之谓教。”看来，顺应天性而教，才能产生良好的效果。学生的个性不同，教育的时候当然就要因材施教。孔子在教学中就是针对不同学生的个性施以有效教育的，不然，也培养不出个性与才能各异的“七十二贤”。每一个孩子都有灵性，但有的时候并不显示在表面上，可能有的还处于隐藏状态，如果教师能进行有效的开发，学生的灵性就会勃然而发，您提出的激发灵性，便可以让那些内蕴于孩子之中的灵性充分地展现出来。

作业改革，顺应天性

【徐军民】在学校教育理念的指导下，我引领教师进行了一系列的改革。如解放学生的作业改革、解放教师的备课改革、解放课堂的课堂教学改革以及发展个性的评价改革等。

【陶继新】有好的理念固然重要，但如果不能将这些理念付诸实践，理念就失去了它应有的光华。您的可贵之处在于，理念产生于实践之中，又有效地作用于实践，所以才结出了丰硕的果实。

【徐军民】关于作业改革，是受我的孩子的启发。给您讲一件事：我的女儿徐蕾上小学三年级的时候，有一次感冒了，在学校卫生室打针，我去看她，她说："爸爸，打针真好！"我一愣，对于孩子来说，打针应该是一件让他们很痛苦的事啊？我问她为什么，她说："打针就可以不用写作业了！"面对孩子天真无邪的话，我震惊之余，竟无言以对，陷入了长久的沉默！对于正在成长的孩子来说，"作业猛于虎也"！过重的作业负担对孩子的成长会造成多大的伤害啊！我们现在的作业对孩子的学习有多大的益处？所以，我大胆进行了作业改革。

【陶继新】学生的作业负担过重，已经成了学生心里一个难以挥去的痛。您讲的这件事让我想到了一首《作业歌》——"无边落木潇潇下，不尽作业滚滚来。君子坦荡荡，小人写作业。商女不知亡国恨，隔江尤在写作业。举头望明月，低头写作业。洛阳亲友如相问，就说我在写作业。少壮不努力，老大写作业。垂死病中惊坐起，今天还没写作业。生当作人杰，死亦写作业。人生自古谁无死，来生继续写作业。众里寻他千百度，蓦然回首，那人还在灯下写作业。"在我们称道创作这首《作业歌》的学生有才的同时，更多的是对此情形的无奈！教师不是不爱学生，可是作业太多的时候，爱就变成了严重的伤害！所以，您的作业改革，是势在必行的教育大事。

【徐军民】我们都知道，学生的作业负担过重不是一所学校、一个地区的现象，而是存在于我国整个教育界的问题，已经引起了国家教育部门的高度重视。但是到目前为止，一直没有探索出一套科学有效的解决策略。针对这个问题，我们安丘市实验小学已经做了长时间的探索，可以说走过了一个不曾间断的探索历程：首先，在第一阶段，我们实行了"弹性家庭作业"。教师每天给学生布置一定量的不同层次的作业，让不同层次的学生在家里完成。通过调查分析得知，平时教师布置的家庭作业主要是些机械重复的作业，对学优生来说，几乎没有作用。虽然没有作用，学生每天也必须完成。于是，我们在第二阶段实施了"学优生不布置家庭作业"的做法。第三阶段，为了给更多的学生创造自主活动的时间和空间，学校又实行了"无作业日"的作业改革。因为周三是一周中学生最疲劳的一天，学校规定每周三，全校一律不给学生布置家庭作业。

【陶继新】我为您的作业改革叫好！"弹性家庭作业"其实也是因材施教，作业的量少了，学生的负担减轻了，自然能提高学习质量。"学优生不布置家庭作业"是一个大胆的尝试，而且很有道理。为什么要做作业？是为了巩固没有学好的知识，已经学得很好了，再巩固意义就不大了，还不如把这个时间用来学习更有价值的知识。我尤其要为“无作业日”的作业改革鼓掌，这种做法在全国很少见，它符合教育规律，是真正意义上的以学生为本啊！

【徐军民】以上采取的几项减负措施，可以说在刚开始实施的一段时间里，起到了一定作用，但都没有从根本上有效解决学生作业负担过重的问题。如设置“弹性家庭作业”，一开始效果很好，时间久了，很多学生便开始回避有难度、有挑战性的作业，只选择容易完成的作业去写。发现这个问题以后，学校又采取了分层布置作业的补救措施——就是教师把每天布置的“弹性作业”中有挑战性且难度大一点儿的作业，直接指定学优生去完成，其他学生可以选择自己喜欢的作业完成。尽管这样，还是有一些人为的因素直接决定了“弹性家庭作业”的局限性，例如，不具备可操作性，因为没有哪一位教师能每天都研究出层次性的作业让学生去选择，设计这类作业不仅需要足够的时间，还需要教师有较高的知识水平和专业素质。再如，实施“无作业日”，我们只能在周三这一天把学生解放出来，但是其他的时间呢？教师还照样给学生布置大量的家庭作业。虽然以上作业改革的探索与实践没有从根本上解决作业负担过重的问题，但是却坚定了我们进行作业改革的信心。我认为，要彻底解决学生作业负担过重的问题，最好是直接切断它的根源——家庭作业。于是，就有了我们今天实施得比较彻底的作业改革——减负增效的发展性作业改革。

【陶继新】教师中有一种固化了的思维，认为作业布置得越多，学生学得越好。所以，作业改革之初，他们并没有从固化的思维中跳出来，依然想方设法多布置家庭作业，这是可以理解的。其实，任何改革都会遇到这样那样的问题，有的时候还会有反复。这并不可怕，可怕的是校长不进行深入的思考，丧失了改革的信心，停止了改革的步伐。您非但没有消减改革的决心，甚至更加坚定了，而且认真分析了出现这些问题的症结所在，着力从根源上寻原因，从根本上去解决问题，这是很值得其他校长借鉴的。

【徐军民】自2005年春天开始，我们就开始了这项改革，不再给学生布置家庭作业，从行动上断绝了造成学生作业负担过重的根源。但是，我们都明白一个道理：减负并不等于抛弃，取消原来的家庭作业，并不是说学生再也不用写作业。我们把作业负担过重的原因归纳为三类：（1）多余的作业（已经会了还要天天写）；（2）过多的作业（不关注学生完成作业所需要的时间而布置了大量的作业）；（3）没有兴趣做但又必须完成的作业（机械重复，学生不愿意做）。立足这些原因，我们的作业改革主要遵循了以下三项基本原则：（1）减多余的；（2）改过重的；（3）布置有趣的。

【陶继新】布置多余的作业，不但是让学生重复劳动，而且会使学生对作业产生抵触情绪。减去多余的作业，不但减轻了学生的负担，而且能使学生产生积极的情绪，让学生感到做作业是在“温故而知新”，而不再是一种负担。布置有趣的作业，会让学生在快乐中完成作业，让他们有一种乐此不疲的快乐感。而快乐状态下的学习不但是高效的，还会对学生产生积极的影响，从而让他们的心理更加健康。

【徐军民】在这些基本原则的指导下，我们相应做出了以下决策并付诸了实践。

1. 减负——取消以往的家庭作业。

就是所有教师一律不准布置家庭作业，包括周末和节假日。

2. 增效——设置有效的巩固性作业。

巩固性作业是为巩固新学知识，让所学知识转化为技能而布置的作业，此作业只能在校内完成。

这类作业要求教师随堂布置，作业时间一般控制在30～40分钟，这就要求教师必须研究巩固性作业的质量和数量。这一措施的实施，有效地控制了学生作业的数量，提升了教师布置的作业的质量，把学生从机械重复的作业中解放了出来。

3. 发展——主动完成研究性作业和放学回家必做的养成性作业。

（1）研究性作业。这类作业指的是小课题研究。我们通过引领学生做小课题研究，培养学生参与社会实践、发现问题、解决问题的能力，全面提升学生的综合素质。这类作业是学生利用周末或者节假日自主完成的。

（2）养成性作业。取消家庭作业后，是不是孩子回家就无事可做了呢？不是的。作为学校，我们还要行使教育的职能。在这项改革中，我们更加关注学生的习惯养成，会给学生布置一些养成性作业。所谓养成性作业，是指学生放学回家后必须做的几件事情。之所以把它称为养成性作业，其目的是以作业的方式，要求学生每天必须完成，进而帮助学生从小养成良好的生活习惯或学习习惯，让这些好习惯帮助学生成就成功的人生。结合学生的年龄特点，我们主要设置了四个“半小时”的活动性作业，即半个小时健身、半个小时读书、半个小时家务、半个小时看电视等。

【陶继新】你们作业改革的力度非常大，这不但需要勇气，也需要智慧。因为没有作业的学习很难实现高效，可是传统意义上的作业对学习的作用很小。你们让学生把一般学科知识的作业在学校完成，这当是一个很明智的决定。教学的课时真的需要那么多吗？韩兴娥可以两周教完一本教材，我们的老师是不是可以一个月或者两个月的时间教完一本教材？二三十篇以白话文为主体的课文的作业难道都要让学生一一去做吗？我的意见是，作业不是不可以布置，但一定要少而精，一定要有的放矢。

你们布置的研究性作业与养成性作业，不是传统意义上的作业，对学生的发展有着极大的帮助。不要认为小学生没有研究的能力，如果适当地引导，他们就会兴趣盎然地在研究中收获意想不到的成果。这样的作业不但开阔了他们的视野，打开了他们的思路，还能引领他们走向自然与社会。而这方面的学习与研究，恰恰是孩子一生的必修课。

每天四个“半小时”的活动性作业，“量”与“时”真的不少，却不会造成学生的负担，因为它不是课堂学习的延续，而是生命成长的必须。锻炼身体会让学生更加健康，有了健康的身体也就有了成长的基础；读书，特别是读好书，增长的不只是知识与智慧，还可以提升思想境界与净化心灵；做家务可以减轻家长的负担，孩子能从中体会到父母的艰辛，无形中增强了爱父母的感情，并由此学会了一些终生受用的技能；看电视一定要引导，好的电视节目对于孩子来说既有吸引力，也有生命必需的营养。

你们的作业改革让作业回归到它本来的位置，让学生有了更加全面的发展。这一探索成果，有着很大的推广价值。

教师减负，备课求精

【徐军民】谢谢您的肯定！这次作业改革减轻了学生的负担，解放了学生，顺应了学生的天性，使学生快乐地学习，健康地成长，收到了很好的效果。在作业改革成功的鼓励下，我们又进行了备课改革，进一步解放教师。我做过多年的教师，当过多年的教导主任，对备课的低效甚至无效深有感触。传统的教师备课存在许多弊端，最大的弊端是由于诸多因素的参与造成了备课的高耗低效，在备课过程中教师存在大量的无效劳动。学校检查教师的备课情况，首先看教师写了多少，写得多就是好；其次看写得是否认真，写得认真的就是好，殊不知，写在纸面上的备课与课堂教学是有差距的，更何况有的备课是抄的，是为了应付检查。这样的备课制度好像一根无形的绳索，捆绑了教师的思想和行为，抹杀了教师的教学创新。要想让广大教师主动积极地参与到新课改中来，要想真正实现课堂教学的快乐高效，就必须给教师“松绑”。因此，我们又进行了教师的备课改革。

【陶继新】当今的教育，确实需要减负，不但要为学生减负，也要为教师减负。备课减负，当是为教师减负的一个很重要的内容。对于不少教师来说，备课成了一种负担。写到备课本上的，讲课的时候就一定要讲吗？教师明明知道有的备课没有多大作用，但依然要写详细的教案，因为领导要检查，甚至还要作为评优晋级的必要条件。所以，尽管人人心知肚明，很多教师还是无可奈何地进行着高耗低效的备课。你们能够大胆地进行备课改革，这无疑是一项富有意义的探索。

【徐军民】为了去除教师的无效劳动，我们这次备课改革坚持的基本原则是“不求备课全，但求备课精”“重教学策划，轻过程撰写”，允许教师每个单元只写一节“精案”，如语文课中的讲读课，其他课中的“种子课”等。撰写“精案”，主要是为了使教师注重备课的过程，为此我们还改革了备课方式并设计了备课纸。备课内容主要包括教学目标、实验目标、教材挖掘、教学策略、板书设计和教学反思六部分。与以往不同的是，一改原来的注重教学过程撰写为注重教学的策划和反思，简化教学过程的设计，即教师的备课实现了重心的转移。其余的课可以写“简案”，提倡个性化备课，把自己对课堂的设计思路写出来即可。这样，我们的备课改革就把教师从大量的书写中解放了出来，让教师有时间去钻研教材、研究学生、开发课程资源、提高工作效率，最终提高教学效率。

【陶继新】教学策划极其重要，比如，这节课的重难点是什么？教学的高潮应该在哪个环节？板书如何使学生一目了然？如何最大限度地调动学生学习的积极性？如何让学生善学？这些问题解决了，不用对课文内容逐一讲解，就可以收到很好的教学效果。即使对教学有了策划，但在实际教学过程中，还是会与策划有出入，还是会出现意想不到的亮点、误点或盲点，这就需要教师进行反思。反思不但要在大脑里思考，还要写成文字。以后再教学这篇课文的时候，也就有了“更上一层楼”的可能。

五级推动，各回本位

【徐军民】任何减负都不应以降低教学质量为代价，这是改革的底线。基于这样的认识，我们在推进作业改革和备课改革的同时，进行了提高课堂教学效率的课堂教学改革，以提高课堂教学质量。没有课堂的高质量，就没有课后的轻负担，这也是我们改革成功的保障。

【陶继新】改革不能是单方面的，而应当是一个系统工程，同作业改革与备课改革一样，课堂教学改革也是提升教学质量的一个关键。同是一堂课，教与学的效率与质量的高低，有时差别是很大的。除了教师教学能力不同外，教学理念与教学行为也起着至关重要的作用。况且，课堂教学改革与作业改革和备课改革在很大程度上也是互为因果的。

【徐军民】传统的课堂教学常常出现“少、慢、差、费”的问题：课堂容量少、节奏慢、效果差、费时多，教师独霸课堂的现象比比皆是，忽视了对学生自主性和自学能力的培养以及学习方法的指导。为了解决这一问题，我带领教师们进行了“五级推动”的课堂教学实践与探索。

【陶继新】课堂教学有教与学两个方面，教师与学生都应当处在各自的位置上。但是现实中，教师越位的现象比较普遍，教师常常独霸课堂，在有形无形中剥夺了学生自主学习的权利。久而久之，学生就成了课堂学习的奴隶，不但学习的效率低，而且把学习当作苦役，这对学生心智的发展会产生严重的影响。

【徐军民】所谓“五级推动”课堂教学模式，是指学生在课堂中，通过教师的参与和指导，在“自主探究—合作交流—教师点拨—巩固提高—反思拓展”这五个梯级递进的基本教学环节中，随着教师的逐级推动，实现自身的发展。同时通过多次思维方式和解决问题方法的矫正，以达到获取知识、掌握技能、发展能力的目的。这样的教学模式我们称它为“五级推动”课堂教学模式。

我们是受了火箭升空原理的启发开始研究“五级推动”课堂教学模式的。火箭是靠巨大的反作用力升空的，而要完成运载使命，它需要三级或三级以上的推动。为了保证火箭运载途中不脱离正确轨道，还需要进行多次因外界风力等多种因素造成的偏离轨道的矫正。因此，创建“五级推动”课堂教学模式时，我们把课堂教学科学地调整为五个教学段，并把每一段作为学生能动推动的一级来实施教学，通过五级推动使学生达成发展目标。该课堂教学模式的实施，可以指导教师把教学的重点转移到学生的认知过程上来，引领教师把教师的教最终回归到学生的学上去。

【陶继新】“五级推动”课堂教学模式让学生走到他们本应处于的位置，使自主与合作成为课堂学习的重要元素。教师没有大讲特讲，只是点到为止。教师讲得虽然少了，可是学生学到的东西却多了，尤其是他们的积极性提高了。在这个过程中，学生不再是单一地接受知识，更多的是自我探索未知，获取新知，进而形成、走进一个自我学习的境界里。

【徐军民】“五级推动”课堂教学模式具体的操作要求：（1）自主探究。一节课开始，学生在教师的指导下，带着有价值的问题开始自主学习。这个过程既是学生自主解决问题的过程，也是自我探究的过程。在这个过程中，学生可以通过一系列的假设、推理等解决学习过程中遇到的问题。这个解决问题的过程，本身就是增长知识、锻炼解决问题的能力的过程。（2）合作交流。我们将合作交流分为两个层次：一是小组合作交流。小组合作交流主要是以学习小组为单位，共同解决“自主探究”学习中遇到的问题，以达到小组学习资源共享的目的。二是全班合作交流。全班合作交流是以小组汇报学习收获和提出没有解决的问题为主要内容。在这个环节中，有些问题可以通过全班交流、讨论得以解决，有些可能解决不了。解决不了的问题和学生解决的不到位的问题应该到第三步——“教师点拨”里由教师帮助学生解决。（3）精讲点拨。经过以上两个环节的学习，我们能了解学生的学习情况，如已掌握的知识和无法解决的问题。因此，在这个时候，教师应该不失时机地抓住学生的学习问题，进行梳理，梳理出哪些是深层次的问题，该精讲；哪些是浅层次的问题，该点拨；哪些是学生学习方法方面的问题，该进行方法指导；哪些是思维方式方面的问题，该帮助学生进行思维角度的调整，等等。不同的问题，教师应采取不同的解决方法，目的就是帮助学生克服学习困难。因此，这个环节突出的任务就是发挥教师的参与作用和指导作用，帮助学生解决自己解决不了的问题。（4）巩固提高。这个环节的主要作用是，通过训练进一步检测学生的学习效果，使学生在自我完成的检测和训练中，巩固所学知识。自我检测对学生来说也是一个知识的应用过程，能使学生在应用过程中进一步熟识知识，熟悉方法，达到巩固的目的。因此，这又是一个回归认知、反复感悟、提升能力的过程。（5）反思拓展。学生在检测训练再提高的过程中，可能还会遇到困难或问题，因此，这一级推动的作用在于再一次帮助学生解决在巩固提高中出现的困难或问题，同时对学生进行必要的学习方法、思维方式、思考角度等智力因素的指导，进行一些听讲习惯、学习纪律等非智力因素的矫正。在这个环节中，教师一定要帮助学生把当堂学到的知识加以拓展，让学生的思维以及对知识的应用从封闭的课堂走向广阔的生活。

【陶继新】学生本来就有自主探究的能力，可是在传统的课堂教学中，学生的这种能力表现得很弱，因为教师不认可，甚至消解了学生的自主探究能力。久而久之，学生也认为自己不能进行自主学习了。你们的课堂教学改革，激发了学生自主探索的积极性，让他们有了探索的欲望，享受到探索的乐趣，提高了自主探索的能力。

合作交流对于学生来说意义重大。在传统的课堂教学中，学生很少有交流的机会，有的学生甚至几节课都没有发言的机会。你们的这一课堂教学模式，让每一个学生都有了发言的机会，同时激发了学生学习的积极性。此外，小组的交流也不是各自为政，而是在合作之中进行的。它在无形中培养了学生的合作意识，进而提升了学生的学习效率。

课堂教学改革不是不让教师讲了，而是要求教师讲得精、讲得好。中国第一篇教育学论著《学记》中这样说："其言也，约而达，微而臧，罕譬而喻，可谓继志矣。"意思是说，教师讲课，要简单而明确，精练而完善，举例不多但能说明问题，这样才可以达到使学生自觉地跟着教师学习的目的。我认为，教师在教学中有着不可替代的作用，那种认为进行课堂教学改革后教师就可有可无的观点是不正确的。相反，越是改革改到深处，越是需要教师具有更高的教学水平。因为教师要在相对较少的时间内说明更难的问题，若缺乏对学生的了解，没有高超的教学艺术，是不可能完成教学任务的。

巩固提高是需要通过训练来检测的，而这又是由学生自己完成的。这固然需要教师的指导，特别是开始的时候，学生未必能够独自做好，可是经过一段时间的训练之后，学生就能掌握基本的方法。当学生能自我检测的时候，学习效率自然就提高了，他们不但学会了解决问题，也掌握了学习的方法。教师只是在学生解决不了问题时，才"千呼万唤始出来"，给学生以点石成金的指导。

反思拓展这一环节中，教师的作用更大，它需要教师高水平的指点。反思的问题要有质量，拓展的内容要有广度，而且要与所学内容有一定的联系。同时，这个过程也应当是教师的指导由多到少的过程，最终达到主要让学生进行反思与拓展。而拓展也不能只停留在知识层面，还要进入到生活之中及非智力因素层面。这样的拓展，会让学生的视野更开阔，思想更开放，学到的东西更有意义。

素质评价，彰显个性

【徐军民】您对我们“五级推动”课堂教学模式的指导很有效，我们将按照您刚才的指导深入研究下去，进一步提高课堂教学效率。我认为，学校的任何改革都要得到师生的支持，取得家长的配合，才能顺利地进行并深入地推进下去，因此必须改革评价方法，于是我又引领教师进行了评价改革。

【陶继新】真令人佩服！改革如此全面而又如此深入者，真的是“几希矣”。如果没有评价的改革，有些改革就很难持久地推进下去。所以，这是改革路上绕不过去的一个坎。你们在这方面进行大胆的探索，定然也取得了理想的成绩。

【徐军民】我们进行评价改革也是受到了我女儿的启示。我的女儿在小学四年级的时候，参加了学校组织的数学竞赛，结果考得不太理想，排全年级第 15 名。其实，全年级 400 多名学生，女儿排在第 15 名，我觉得已经很不错了。但是女儿回到家后被她妈妈批评了，女儿一边哭一边问我：“爸爸，考什么试？竞什么赛？教育局让你们考了吗？每一次考试就一个妈妈高兴！”是啊，每次考试只有第一名学生的妈妈高兴，其他学生的妈妈都不高兴。可以想象，分数、排名给孩子造成的伤害有多大。因此，我们学校很早就实行了无分数评价和等级评价，禁止给学生排名，甚至将学生的考试成绩作为学生的隐私对待。

【陶继新】一直以来，我都不注重考试成绩，而是更加关注学生行为习惯、身体锻炼、心理健康方面的问题。考 100 分与考 90 分，到底有多大差别？对于书本上的知识，有必要通过统一的考试来判定学生的优劣吗？对比一下，一个六年级的学生语文考了 100 分，然而平时他只学习课本上的知识；浙江省杭州市富阳永兴学校陈琴老师教的学生，可能只考了 90 分，可是她的学生背诵了 10 多万字的经典。谁的水平高，谁的发展潜力大？不言而喻。所以，高度赞成您的评价改革，能让学生学会学习、学会健身，养成良好的习惯和品质。

【徐军民】同时，我们还进行了评优改革，以落实“多把尺子量学生”的评价原则。取消“三好学生”的评选，改为评选“综合素质优秀生”和“专项素质优秀生”。综合素质优秀生是全面发展的学生，专项素质优秀生是某一方面发展特别突出的学生。这样的评选，特别是专项素质优秀生的评选，促进了学生个性的发展。专项素质优秀生评选的程序是，根据评选条件首先个人申报，实行四级认定：小组认定，班级认定，班主任认定，学校认定。评选注重过程性，因为我们认为评选的过程也是对学生个性能力发展的一次再教育。

实施“小名人”认定制度。如学校在每年庆祝六一儿童节期间，组织各类“小名人”评选活动，将在某一方面特别突出的学生命名为校级小名人。又如，科技节评选科技小明星，包括科技小学士、科技小硕士、科技小博士；读书节评选读书之星、童话之星等；艺术节评选声乐之星、器乐之星、舞蹈之星等。学校还实施校园吉尼斯申报鉴定制度，学生的某一专长（个性）特别出色，学校会将其命名为“个性发展校园吉尼斯创造者”。

【陶继新】评优改革关注了学生的个性与特长，这对不同类型的学生的发展都有很大的促进作用。人是生而有异的，如果用同一把尺子衡量学生，必然会使一些学生“榜上无名”。你们的评选，是取人之长，避人之短。只要努力，几乎每个学生都有可能评上。当他们评上“专项素质优秀生”与“个性发展校园吉尼斯创造者”后，就会特别自信与自豪，不但会在这个方面继续努力，取得更好的成绩，还会将这种积极的心理扩而化之。一个有自信的学生，会最大限度地发挥主观能动性，有的时候，还会创造出奇迹，其一生都可能会受到良好的影响。

【徐军民】是的，正如您所说，评优激发了学生的自信心，进而影响学生对其他学科的学习，甚至影响他们的一生。评优改革实行之后，曾发生过一件感人的事：一次下午，我正在组织学生放学，突然有一名学生哭喊着从外面跑进来：“我的奖状呢？我的奖状呢?”这件事让在场的人很震动。可能对这个五年级的学生来说，在小学的这五年当中从没有获得过一次奖状，所以这张奖状对他来说太重要了。这值得我们教育者深刻反思。心理学家威廉姆·杰尔士认为，人性最深切的需求就是渴望别人的赏识，更何况是正在成长的孩子呢！

【陶继新】是啊，有的学生整个小学阶段都结束了可能还没有得到过一张奖状，而你们的评价改革让他们有了获得奖状的机会，他们能不喜出望外吗？其实，一张奖状对于学校来说，何其小也！可是，对于学生来说，又何其大也！况且，我们更应当看到奖状背后的东西，它会让学生更加积极，时间长了，还会使学生形成一种积极向上的品质，以至影响到他一生的发展。

三本育人，习惯养成

【徐军民】叶圣陶先生说过，教育就其本质来说，就一句话，教育就是培养学生良好的习惯。而学生学习习惯的培养在小学阶段尤其重要，因为小学阶段的教育对学生今后的成长起着根基的作用。于是，我引领教师从细节入手，从教师们最容易忽视的“三本”入手，来培养学生良好的学习习惯，实施“三本育人”。

【陶继新】学习无止境，改革也无止境啊！何谓“三本育人”？还需请您解说一下，我相信，这一定是一个很有内涵的内容，也一定会有很好的改革效果。

【徐军民】“三本”就是学生使用的课本、上交的作业本以及课堂练习本。长期以来，学生的“三本”使用状况令人堪忧：课本，要么乱七八糟，自己都看不出写的是什么，要么空空如也，没有留下任何学习的痕迹，要么就是记录统一的字词，没有学生的个性化思考。上交的作业本中，多是机械重复的抄写内容，教师的批改重对错、轻书写，导致本来为数不多的认真书写的学生也没有了动力。课堂练习本，卷角、破损严重，各学科练习本不分，使用浪费的现象屡见不鲜。长此下去，不利于学生良好学习习惯的养成。

【陶继新】您说的这种现象比比皆是，人们已经对此见怪不怪了。可是，您却从中看出了问题。为什么呢？因为您一心扑到了教育上，您爱学生，对任何导致学生发展不利的事情，您都积极关注。更重要的是，您不只是发现问题，还思考如何解决问题、如何做得更好并付诸了实践。

【徐军民】您过誉了。其实，做教育就得做有心人，要有一双善于发现的眼睛。我们“三本育人”的具体做法主要包括以下几个方面。

第一，批注引领，让课本成为学生发展思维的舞台。对于学生在课本上乱涂乱画的现象，我们首先对他们进行了保护课本的思想教育，让学生从思想深处认识到课本是凝聚了他人的劳动和智慧编写而成的，我们要尊重别人的劳动成果，应该像爱护自己的眼睛一样爱护课本。

针对课本空空如也的情况，我们提出了“批注两化”的要求：（1）圈点勾画，符号统一化。各年级规定具体的圈点勾画符号，让学生在课本上做批注。如中、高年级用“﹏﹏”勾画优美的句子，用“____?”勾画不懂的词句，用“.”画出重点词；低年级用“○”圈出一类字，用“△”圈出二类字等。（2）课文补白，批注个性化。让学生在课文的空白处书写自己的所感所想，唤醒学生的主体意识、个性意识。

第二，以上交作业本为突破口，让学生养成良好的作业习惯。上交作业本实行“三统一”，即统一内容，作业考试化；统一格式，作业规范化；统一符号，评价双项化。

第三，规范课堂练习本，让认真书写成为学生的一种习惯。我们提出了课堂练习本“两规范”，即规范格式，练习本统一化；规范书写，练习本作业化。具体来说，就是每个年级统一规定学生使用的练习本样式，特别教育学生要注意保护练习本不卷角、不破损；要求学生书写工整，字体、字形端正美观，把每次的课堂练习都当作业对待。

【陶继新】对上交作业本与课堂练习本进行统一要求，是培养学生良好习惯的有效方法。人们在谈习惯养成的时候，多是在学习之外，其实，习惯养成无处不在，作业与练习也是引导学生养成良好习惯的重要载体。规范不是为了让思维越来越僵化，而是不断让学生形成一种规则意识。这不只有利于当下，也有利于未来。如果推而广之，我们甚至可以这样说，全球化时代对于中国社会来说，就是一个建立规范，由无序走向有序、由人治走向法治的时代。在这样一个时代里，所有社会成员都必须树立一种规范意识。

批注是学好课文的关键，自古以来人们就主张读书要动笔，要批注，如金圣叹批注的《水浒传》等，朱熹批注的《论语》等，都有很高学术研究价值。如果小学生从小就养成了批注的习惯，就不会只是在学习课本时批注，在阅读其他书的时候也会批注。勾画好词好句固然需要，而批注出自己的看法，特别是不同于一般人的观点，则更为可贵。因此，教师除了要引导学生学习课本上的知识之外，还要培养他们的质疑精神。“吾爱吾师，吾更爱真理。”要让学生敬畏真理，崇尚科学，同时，又不要让他们迷信课本、迷信权威。从小培养学生的创新精神与质疑能力非常重要，而批注，无疑是一种有效的方式。

乒乓精神在这里生发与绵延

——山东省青岛市李沧区青岛汾阳路小学的特色文化

校长介绍

袁玲，青岛汾阳路小学党支部书记兼校长，小学高级教师。山东省创新教育先进个人，山东省德育工作先进个人，青岛市教育管理先进个人，青岛市李沧区首届中小学名校长。2004年任校长至今，引领团队致力于特色办学的教育实践，进行了“乒乓精神提炼”“乒乓文化建设”“乒乓品牌教育”等课题的研究，“创建乒乓教育品牌学校，推动学校制度建设的研究”被确立为省重点课题。

为提炼乒乓精神，举办“乒乓文化艺术节”、自创乒乓球韵律操、设计乒乓文化艺廊、展示“乒乓偶像资料卡”、评选“颠球小擂主”、表彰“乒乓球小明星”等，激发学生的爱国热情和民族情感，将国球精神潜移默化地渗透到德育、智育、美育中，促进学生人格的发展，逐步形成学校的乒乓特色文化。她带领教师创建了山东省规范化学校、山东省体育项目（乒乓球）传统学校、青岛市现代化学校、乒乓特色品牌学校。

德育立校，金球精神

【袁玲】乒乓球是中国的国球，我们传承着“乒乓育人，和谐发展”的德育育人理念，将国球运动所蕴含的育人元素提炼为“乒乓精神”，即团结协作、拼搏创新、永不言败、为国争光，并将之命名为“金球精神”。

我校学生中外来务工人员的子女占95%以上，不同地域的学生有不同的特点，通过大量资料的搜集、学习、整理以及对学生行为习惯的养成、学习目标的确立、价值观的形成等方面的调查分析，我们有针对性地制订了各年级段“金球精神”的发展目标，并纵向将其分为各年级段的总体目标和具体目标，横向将其分为“一个意识、五种素养、六J（jing）精神”。一个意识：热爱祖国，热爱学校，有集体荣誉感和民族自豪感。五种素养：爱自己爱他人，具有博爱之心；做事尽力，一丝不苟，勇于承担责任；强健体魄，吃苦耐劳，养成锻炼身体的习惯；乐观向上，个性鲜明，形成健全的人格；多思，善问，具有创新精神和创造能力。六J（jing）精神：静、精、竞、敬、镜、净。

【陶继新】《中庸》有言：“苟不至德，至道不凝焉。”看来，没有很好的德育，就不可能真正立校。其实，孔子的教育更多的是有关做人的教育。他有一个教学总纲，只有12个字：“志于道，据于德，依于仁，游于艺。”足见其对做人教育的高度重视。可惜，现在受应试教育的影响，一些学校只重视智育，德育成了一种摆设。结果，很多学生只学到了知识，人却做不好。您不仅明白这个道理，而且有效地利用了乒乓球这一学校的传统球类项目，将其内在的品质与精神提炼出来，形成学校的生命之魂。这不但会让学生在打球的时候发扬团结协作、拼搏创新、永不言败、为国争光的精神，而且在学习及其他方面也光大了这种精神。一个人有没有发展前程，要看他是否有一种精神做支撑。从某种意义上说，每一个学生都有发展的潜力，但没有良好的精神支持，这种潜力就有可能被掩盖；有了这种精神，这种潜力就有可能喷薄而出，并创造出令人惊奇的成绩来。

【袁玲】的确如此，苏霍姆林斯基说过：“道德是照亮全面发展的一切方面的光源。”作为德育的核心，我一直把“金球精神”作为学校整体发展的灵魂，渗透在德育的方方面面，并以此开展了丰富多彩的乒乓文化活动，如乒乓球趣味运动会、乒乓球操展演、乒乓艺术周、一分钟颠球比赛、托球比赛、乒乓攻擂赛、“校长杯”乒乓球比赛，以及“文明迎接世园李沧少年先行”“乒乓小将开创吩小吉尼斯纪录”“激情碰撞·快乐飞扬”“扬乒乓特色、做四好少年”争卡活动等，充分挖掘“金球精神”的文化底蕴，创新教育形式。利用身边事教育身边人，通过各种法定节日、传统节日、重大历史事件、历史人物等，整合资源，在活动中渗透“金球精神”，深化道德教育，打造乒乓文化品牌。

【陶继新】要想锻造“金球精神”，首先要让学生会打乒乓球，爱上乒乓球，并从这种打与爱中体会到乒乓精神的内涵。我也爱打乒乓球，遗憾的是没有进行过专业训练，水平不高。打乒乓球不但强健了我的身体，也强健了我的精神。特别是前些年，不管是天气炎热，还是天寒地冻，只要一打乒乓球，我都会感到兴奋与快乐。你们的学生在打乒乓球的时候，也会有这种愉悦的感觉，在这个过程中，学生的技艺提高了，身体健康了，精神振奋了。

【袁玲】是的。我们重视挖掘乒乓运动中蕴含的德育素材，加强常规训练，如要求学生反复练习某个技术动作，培养他们坚韧的毅力；通过小比赛，培养学生努力进取、顽强拼搏的意志品质；通过班级联赛、师生联赛等，培养学生的团队精神。更重要的是，新生一入校就会接受与乒乓球有关的爱国主义教育，如乒乓外交、乒坛冠军成长史、乒乓球事业的起源与发展等内容。我们通过校园文化、班队会、学校课程等形式，引导学生从小树立报效祖国、为国争光的远大志向，培养了“燕雀”的鸿鹄之志。我们还教育学生“不以善小而不为”，设立了“小国手”执勤岗，促使学生养成好习惯，即组织学生每天在学校的各个角落巡查或用DV拍下其他学生的一些陋习，随时提醒，帮助学生纠正不良习惯。每周进行“班级小家务”“大雁路队”“文明就餐中队”等评比活动，激励学生从平时的一点一滴做起，形成良好的文明礼仪和生活、学习习惯。

【陶继新】你们让学生打乒乓球不只是为了比赛，也不只是为了增强学生的身体素质，而是跃升到了提高学生生命境界的层次。小学生的有意注意时间比较短，通过打乒乓球，可以在无形中培养他们的注意力。小学生大多缺乏毅力，通过打乒乓球能在不知不觉中培养坚韧的性格品质。其他如良好的习惯、精诚合作的团队意识、奋力拼搏的进取精神等，也都能在打乒乓球的过程中得到有效的培养。尤为重要的是，乒乓球是我国的国球，中国的乒乓健儿一次又一次地为我们国家争得了荣誉，难道只是因为他们有高超的技术吗？更多的是因为他们有为中国争光的豪气、勇气与志气。而你们让学生在打乒乓球的过程中积淀下了这种精神与品质，这不是一般课堂能够给予学生的，没有亲历其中者，是不可能感受其中的妙处的。

【袁玲】陶老师，《国家中长期教育改革和发展规划纲要（2010—2020年）》指出“教体结合”，国家领导人提出“竞技体育进学校”。我想，这不单单是要让孩子们学会一项技能，感受运动的乐趣，更是“润物细无声”地将附着于其上的各种意志品质渗透于少儿时代的学习生活中，显现于生命成长的每个阶段里。

为此，我们在一年级开办了乒乓球特色实验班。实验班不是单纯地培养乒乓球选手，或只重体育轻智育。经过多年的研究，我们已经提炼出一套适合学生发展的“国球育人功能”的教育体系，将德育、智育、体育、美育蕴于乒乓球运动中。我们主要通过乒乓球运动来增进学生的健康体魄，促进学生的身心发展，提高学生的反应速度、身体协调力、手眼协调力，促使学生养成良好的学习习惯、能动的学习方式、健全的心性品质，提升学生的文化素养等。通过近几年的实践、研究，我们欣喜地发现，乒乓球运动为学生的全面发展奠定了良好的基础。以我校几十年的乒乓球教育工作经验，我们坚信乒乓球实验班学生的这些变化与乒乓运动之间的联系是必然而非偶然的。

【陶继新】你们构建的“国球育人功能”的教育体系太好了！我们需要培养乒乓球高端人才，你们学校就出过世界冠军。更重要的是让更多的学生来打乒乓球，并借助这个载体，让学生的德、智、体、美都得到很好的发展。学校是培养人的地方，应当培养健全的人，健全的人不只是身体健康，也不只是学习优秀，还要有健康的心态、良好的审美情趣、高尚的人格。小小的乒乓球承载了这么多的重任！这绝非故弄玄虚，因为学校里的任何事情都不是孤立存在的，而是与其他方方面面有机联系在一起的。不过，有的人未必有这个认识，即使有这个认识也未必能做好。你们有属于自己的乒乓精神，有辉煌的历史与良好的传统，有高水平的教练，也有高素质的校长与教师，这便形成了一个综合和谐的大系统，从而促进了学生生命的成长。

特色兴校，成就自我

【袁玲】陈梦是从我校走出去的世界冠军，是 2016 年里约热内卢奥运会冲击金牌的种子选手，她是我们的骄傲，也是学生们学习的榜样。夸美纽斯说过：“只有受过一种合适的教育之后，人才能成为一个人。”我校将发展目标定位于有成效地促进每个人（包括学生和教师）的全面发展，努力满足每个人多样化发展的需要，将学校办成一个具有温馨氛围的学生和教师的“家”，创建乒乓特色品牌名校。

我校以“特色兴校，乒乓铸品牌；教研强校，创新谋发展”为办学策略，将乒乓特色作为学校具有辨识度的个性标签，这为学校带来更为广阔的发展空间。学校以乒乓球运动为特色，使之贯穿学校发展的始终，并以此为核心打造品牌文化，让学校绽放个性光彩，成就卓越品质。

【陶继新】陈梦是你们学校的骄傲，也是全中国人的骄傲。她之所以能成为世界冠军，与其个人天赋及家庭教育有关，也与你们学校这个“乒乓世家”有着内在的联系。要想成为世界冠军，既需要高水平的教练指导，也需要良好的品质锻炼与心理铸造，你们学校恰恰给了她这些一般学校不可能拥有的东西。有的人也有天赋，可是如果在关键时期得不到有效的训练与培养，这种天赋就有可能走向沉寂。从这个意义上说，你们学校功不可没。而且，当她走向世界的时候，也为学生们树立了一个榜样，让更多学生的心里也有了一个美好的梦想。尽管并不是每个学生都能在大赛中获奖，可是这种乒乓精神会根植在他们的心里，并会在他们未来的生命里发挥巨大的作用。

【袁玲】这也是我的美好愿景。我希望“金球精神”不仅仅能培育出世界冠军，更能让每一个浸润其中的孩子找到通向成功的路径。因此，“金球精神”引领着学校的每一项教育活动，乒乓文化气息弥漫在整个校园之中。我们设计了主题标志——追“球”，把它烙印在教学楼的顶层核心地带，是师生乒乓追“球”的开始，是学校文化的主题标志；主题校徽——“FY”，校徽由汾阳的缩写“FY”、乒乓球拍、乒乓球以及翅膀组成，代表学校以乒乓精神为核心，带领广大师生勇往直前，不断拼搏，打响品牌，飞向世界；主题烘托——“乒乓园”，展示了我校60年的校史、40年的乒乓历程及奖杯、奖牌、锦旗；主题延伸——“乒韵班级”，为了展示班级的文化，各班都制作了特色的班牌，包括班名、班徽、班训，等等，而且都是学生自己设计、制作的，体现了校园文化人人参与的思想，学生们还自己设计了吉祥物“乒乓小丫”和“乒乓小子”。

我们还自己编排了乒乓球韵律操，谱写了校歌《乒乓小将》，开设了“激情碰撞·快乐飞扬”的乒乓学校课程。课程主要以乒乓球运动为载体，传授乒乓球基本理论知识、技术、技能和有效促进身心健康发展的锻炼方法，培养了学生快乐、自信、阳光、向上的品质。我们还进一步对学校课程的开发进行了全面论证，最终确定以“快乐成长·做最好的自己”为学校课程开发的基本方向，构建了“育乐”“益智”“养性”“激趣”类课程，达到了以球育德、以球益智、以球练志、以球养性、以球塑品的教育效果。

【陶继新】你们的乒乓文化已经成为一种学校文化，而文化具有巨大的穿透力，它会在有形与无形中走进学生与教师的心里，从而产生一种文化力量。学校文化需要物质载体，也需要制度保证与精神力量，你们恰恰在这三个层面都进行了有效的构建。优质的学校文化一旦形成，就会让身在其中的学生都烙印上这种文化精神。一所学校的优劣，固然与其物质条件有关，但就其本质上讲，还体现在师生的精神面貌上，体现在弥散于学校之中的“空气”里。师生呼吸着优质的“空气”，自然能健康地成长。

【袁玲】正是这样。苏霍姆林斯基曾说：“集体的教育信念激励了教师去进行创造性的探索，成为每个教师个人创造的动力。”如果教师的聪明才智能应用到培养每个学生创造性的能力上来，如果教师所讲的话能激励学生投入创造性能力的竞赛中，那么学校里将不会有平庸的学生。乒乓特色是学校的文化标签，它别具特色，铸就品牌之魂，演绎文化之韵。以此为源，衍生出真善美，彰显了梦想与活力，渗透在教育的方方面面，浸润于师生成长的点点滴滴，承载着师生的幸福。在这里，因为有乒乓球世界冠军陈梦的启蒙教练——吴乃蝉老师四十年如一日的执着坚守，有全体师生的不懈追求，才走出了一批又一批的人才，走出了世界冠军。这给了我们一个深刻的启示：教育不是一蹴而就的，它需要的是和风细雨“润物细无声”，它需要的是锲而不舍的坚守。好的做法，只要我们持之以恒地坚持做、用心做，定能做出成效，做出精彩。因此，我们将吴老师坚持乒乓球教育事业、追求崇高人生价值的精神推广、深化、提升为学校的培养目标“做最好的自己”，引领全体师生不断完善自我、超越自我、成就自我，从而实现自己的人生价值。

【陶继新】您谈了两个很重要的问题：一是每一个孩子都不是平庸的。但现实中为什么有的孩子没有走向卓越呢？其中一个关键因素就是教师没有启动其迈向卓越的内在动力。你们学校为什么能走出世界冠军？为什么能走出一些乒乓球健将？为什么几乎所有学生的乒乓球技艺都有了很大的提高？因为你们深知他们都不是平庸的，而且在为其走向卓越做着充分的准备，开展了扎扎实实的工作。二是你们有卓越的教师。吴老师为什么能培养出这么多的乒乓球精英？因为他本人具有很高的乒乓球水平，他摸索出来的经验与方法可以扎实有效地提高学生的乒乓球水平。可以说，他是一位智者。同时，他又是一位仁者，他的以身作则、不怕吃苦、勇于拼搏的精神形成了一道亮丽的风景，无时无刻不在影响着他所教的学生。精神的力量是巨大的，而这种精神一旦与打球技术合二为一，就会生发出奇异的力量。不止吴老师，你们还有一批优秀的教师，他们在培养学生方面积极探索，匠心独运。所以，从乒乓球这个小球中，彰显的是大精神，书写的是大世界。

品位塑校，提升质量

【袁玲】教育乃特殊的事业，作为一名校长应成为以育人为生命的行者。我所关注的是，让我所培育的每一个孩子都成长为会思考、会探索、有智慧的人，让孩子的心灵变得更高尚，意志变得更坚强。而要培育这样的人，必须有一批精神丰富、道德高尚、智慧突出的教师。小圆球能够孕育大精神，乒乓文化也能锻造优秀的团队。学校文化是支柱，引领教师提升；学校文化是基石，引领教师攀登；学校文化是灵魂，引领教师成长。学校文化的引领作用，主要体现在加强教师的凝聚力上。我校青年教师曾在“树新风·筑师爱”全区情景剧展演活动中荣获金奖，情景剧是以吴乃蝉老师对乒乓球事业的执着追求为题材，教师们自己创作剧本、自己编排、自己配乐的，整个排练过程体现了教师们的智慧和向心力。在青岛市中小学幼儿园教师“十二五”读书实践工程之读书沙龙展示活动中，我校教师展演的雷夫·艾斯奎斯《第五十六号教室的奇迹》这本书的读书活动荣获了一等奖，并在全区进行了展示。我校根据学校特色创建的乒乓教育网站中，蕴含着学校发展各个方面，并连续几年被评为青岛市教育特色网站一等奖。在乒乓文化的润泽中，教师们感受到了文化的内涵和魅力，以此形成了超强的凝聚力，展现了学校的和谐。

【陶继新】学校的高品位关键在于教师的优质品位。这里的优质，不只是每个个体的优质，还包括形成合力后“更上一层楼”的优质，这就是您所说的凝聚力。我们在培养名师的同时，要明白一个道理：一枝独秀不是春，万紫千红春满园。我们不能满足于个体的优秀，还要有群体的向心力；不能满足于教师较高的教学水平，还要有“成人之美，不成人之恶”的美德。你们的教师为什么那么敬仰吴老师，因为大家羡慕他、欣赏他、支持他、学习他。有了这种心境，你们所创作的情景剧才有了真正的灵魂，才有了感人至深的美质。所以，当你们的教师个体优秀的时候，群体形成的能量就远远超过了个体优秀相加之和。这当是学校发展的生产力，也是学校持续发展的精神保障。教师的这种生命状态会影响到学生，使学生不但可以学到更有用的知识，而且不断地学着做人，学着做事，从而持续地发展。

【袁玲】诚如您所说，“己欲立而立人，己欲达而达人”，成就别人的同时，也是在提升自我的人生价值。因为有了教师的无私奉献、对教育事业的执着追求，才有了学生百花齐放、灿烂明艳的成长。同时，因为学生拥有了拼搏进取的精神，教师才收获到辛勤耕耘的幸福。我们的乒乓教育不是单一的，而是与学科教学进行了有效的整合，每个学科中都渗透了乒乓教育，提高了课堂的趣味性、高效性，使课堂具有了亲近感。例如，语文课的作文教学中经常涉及语言描写、动作描写、心理描写……乒乓球训练课及比赛的每一个场面，都是很好的写作素材；音乐课中，把音乐节奏与乒乓球学习相结合，营造了轻松的学习气氛，提高了学生的学习积极性，减少了击球的失误，增强了动作的稳定性……我校地处偏远的老工业区，外来务工人员子女较多，学生家庭经济状况较差，父母忙于生计，家庭教育几近空白。正因为我们将乒乓特色渗透于智育教学，我校的教育教学成绩才得到了社会、家长及上级部门领导的认可，特别是我校毕业班的教育教学工作及成绩在全区一直名列前茅。

【陶继新】目前，学生写作水平一直徘徊不前的原因之一就是缺乏生活体验，生编硬造出来的文章是不鲜活的。而你们的学生在乒乓球运动中，不但可以看到他人的动作、神态，听到他人的语言等，而且会经历很多有越、有意义的事。所以，学生写作的时候，不但有话可说、有事可写，写出来也会真实自然。这方面的文章写得多了，写得好了，再写其他类型的文章，也会得心应手一些。同时，外来务工人员子女的生活相对单调，他们在校外想找合适的伙伴一起活动比较困难，而乒乓球运动则为他们提供了与伙伴友好快乐相处的机会。这对优化他们的心理，提升他们生活的质量，能起到一定的作用。这些看似与学习成绩没有多少关系的元素，恰恰是提升学生的成绩的内在密码。

课题强校，传递梦想

【袁玲】就像电影《达·芬奇密码》中，破案解密的密码都藏在达·芬奇的作品中一样，我们学校发展的内在密码也蕴藏在乒乓文化的创设中，而课题研究就是其中的一个密码符号。为追求更合理的教育教学实践过程，增强教师的实践能力和自我超越的内在力量，我们以课题为依托，进一步完善了学校文化。课题"'乒乓精神'引领现代学校文化建设的研究"被立项为市级课题，"创建乒乓教育品牌学校，推动学校制度建设的研究"被立项为省级重点课题，现已成功结题。通过对乒乓文化的建设，对学生文化、教师文化、乒乓精神及学校课程外延文化的开发研究，我们进一步完善了乒乓精神。凝练后的乒乓精神对学校的管理发挥了巨大的影响和作用，使学校全体教职工在共同的教育价值观念、行为准则和工作作风的带领下，个性化地为学生的多元发展而努力工作。

【陶继新】课题真正的生命力大都根植于学校课堂与活动的沃土中，所有"不接地气"的课题是不可能产生巨大能量的。你们的课题扎根于乒乓文化的土壤中，教师与学生是施肥者、浇水者，所以这些课题从"诞生"之日起，就与你们的师生有了内在的生命连接。

【袁玲】陶老师，我知道您也喜爱乒乓球运动和其他体育活动，所以才有耳顺之年如此健康的体魄。我们的学生也和您一样，在乒乓运动中增强了体质，塑造了健康人格，锤炼了意志，弘扬了拼搏精神，特别是我校学生的近视率很低，就得益于这项运动。近年来，青少年的近视发病率一直居高不下，有些学校学生的近视率高达80%，而我校学生的近视率远低于全市水平，仅有23%。我们以此为切入点，立项课题进行跟踪研究，研究显示：学生在乒乓球运动中，既要"手疾"更要"眼快"。乒乓球的来往速度飞快，来球落点或近或远，或左或右，球体或旋转或不转，都要通过眼睛获得相应信息，进而做出准确判断，这使眼球始终处在高速的运动中，并与大脑进行快速反馈联系，血液循环增强，眼神经机能提高，能使眼睛的疲劳减轻或消除。乒乓球运动对视力具有调节作用，对于长时间上网，长时间近距离看书、看电视的孩子来说，乒乓球运动不仅可以健身，还可以有效地改善眼睛睫状肌的功能，对保护视力、预防近视有着积极的作用。

【陶继新】"用进废退"不但是一个用脑的规则，也是用眼的规则。不过，这里的用，不是一天到晚盯到书本上的用，而是让它处于灵动的活动之中的用。"流水不腐，户枢不蠹"是一句富有哲理的古训。在乒乓球运动中，眼球是一直转动的，是动中之用，所以就让眼球有了"不腐""不蠹"之妙。从你们学校回来的当天晚上，我就告诉大女儿，让她的女儿轩轩尽快学打乒乓球。因为我不希望孩子很小就戴上一副近视眼镜。目前，小学生近视率上升成了一种普遍趋势，而你们的这一实践与研究，为更多学校关注眼睛的健康提供了一定的借鉴意义。

【袁玲】我们李沧区教体部门领导也发现，乒乓球运动对学生的身体机能特别是视力的锻炼及保护能起到重要的作用。在教体部门领导的积极推动下，现在我们李沧区以我校为龙头带动辐射，开展乒乓球运动进校园、乒乓球运动进社区等活动，积极推动乒乓球运动在全区的普及工作。我校还将对首批6所幼儿园的大班孩子进行公益培训，旨在让孩子在成长过程中感受到国球文化所赋予他们的精神特质和健康体魄，感受乒乓球运动所带来的无限乐趣，进而做到学有所长、学有所成。

【陶继新】可以想见，乒乓球运动健身，不但会成为你们学校的一道亮丽风景，还会在整个李沧区推广开来，呈现燎原之势。在称道你们的贡献之时，也为李沧区的领导“见贤思齐”的品质而感动。现在，人们总在说实施素质教育，而让学生更健康，以至养成终身健身的意识，无疑是素质教育的要妙之一。

【袁玲】国球文化于无形之中为我校注入了发展的活水，更于无声之中向外界传达了自己的个性形象。以特色润心灵，以特色聚人心，以特色促发展，彰显国球神韵，为学校打造一抹亮丽的精神底色。“手握快乐·心拥梦想”是我校师生的追求，因为积极乐观的心态是成就梦想、实现人生理想的必要条件，是克服一切困难的有力保障。追求快乐、追求梦想，探知幸福，我时刻怀着让师生幸福的心愿建设学校，为师生走向成功、成才搭建合适的平台，力求使之成为师生的精神家园和成长乐园，进而使师生在其中享受教育的快乐，追逐远大的梦想。

【陶继新】你们的乒乓文化很有意义，因为它不是个别学生的“专利”，而是全体学生共同参与的活动，而且得到了学生、教师、家长与社会的高度认可。文化的要义，就是以文化人，你们通过乒乓文化真正改变了人，不但改变了师生的身体素质，而且改变了他们的精神状态。只有这样的乒乓文化，才能真正发展得根深叶茂啊！

教学生一天，想学生一生

——山东省济南市解放路第一小学和谐管理优化发展的探索与实践

校长介绍

苗建，山东省济南市解放路第一小学校长，中学高级教师。她秉承“教学生一天，想学生一生”的先进办学理念，大力倡导“相信自己更精彩”的学校精神，精心塑造“爱心、责任、品位”的师德境界。几年来，她先后承担了十余项国家、省、市级科研课题，引领学校坚持走内涵发展之路，逐步实现“营造和谐化校园，成就学研型教师，构建高效能课堂，奉献优质化教育”的办学目标。

苗建校长曾获山东省教育创新百名创新型校长、山东省中小学校本研究先进个人、济南市优秀教育工作者、济南市教育科研先进工作者、历下区三八红旗手等荣誉称号。在《中小学管理》《山东教育》《现代教育导报》《创新教育》《济南教育》《行为科学导刊》《济南日报》等报刊发表多篇教育教学文章。

和谐管理，课题引领，促进学校内涵发展

【苗建】济南市解放路第一小学是一所建校50多年的省级规范化学校。近几年，我们在“教学生一天，想学生一生”这一办学理念的引领下，明确提出了每位教师应该遵循的师德信条“爱心、责任、品位”。按照学校

提出的“营造和谐化校园，成就学研型教师，构建高效能课堂，奉献优质化教育”的发展目标，我们一直在努力实践着，逐渐形成了学校“优质＋特色，学生全面＋特长”的办学模式，实现了学校稳步的、可持续的内涵发展之路。

【陶继新】一所优质学校，不但要有好的办学理念，更要有与之相应的行动。你们既有很好的理念，也有扎扎实实的行动，这才真正形成了学校的精神文化。文化者，以文化人也。理念化到师生的心里，就会变成一道美丽的风景。因为精神文化一旦形成，就会产生一种巨大的精神能量，就会在有形与无形中作用于师生，使身处其中的师生有了精神的气象。同时，师生的精神与行动，又会不断地为学校的精神文化增加生命的力量。这种良性的互动，使得学校有了持续发展的动力。

【苗建】是的，精神的引领是一所学校发展的灵魂所在。多年来，我校一直关注课题研究对学校内涵发展的重要引领作用，2005 年，我们在和谐育人课题成果的带动下，开始了为期六年的全国中小学整体改革实验课题“现代学校和谐文化的细节研究”，同时申报了山东省“十一五”规划课题并立项。此课题确立了三个支点：一是教师个性化专业发展的研究；二是关注课堂教学细节的研究；三是德育实践大课堂的研究。课题开展以来，事事处处体现的细节管理使学校面貌发生了很大变化。课题研究促进了学校的成长，形成了有效的细节工作管理机制。教师个性化专业发展的研究，使一批名师脱颖而出，形成了自己的教学风格，活跃在教学一线并发挥了重要的引领作用；关注课堂教学细节的研究，提高了教师的教育教学水平和能力，推动了高效课堂的构建；德育实践大课堂的研究蓬勃开展，注重以学生为中心，突出人的发展，促进了学生创新实践能力的全面提升，增强了学生的社会责任感。课题研究持续深入地进行，为学校发展注入了新的活力。

【陶继新】三个支点确定得很好！真正的名师，几乎都有其个性特点。他们在学习其他名师经验的时候，也在寻找适合自己发展的最佳途径，最终形成属于自己的品牌。因为任何人都是独特的个体，名师尤其需要独特的个性。

现在关于高效教学的研究很多，你们从细节处着手，有着匠心独运之妙。不过，细节应该不只囿于知识技能层面，还应关注心理层面。比如，一个心理不安全的课堂，不管教师在教学的时候如何关注知识传授的细节，也是不可能实现高效的。只有学生的心灵处于自由状态的时候，他们的思维才能真正开放，高效才有可能实现。

德育实践大课堂的构建太有意义了。因为所有的德育如果离开了实践，都很难产生效果。正是在实践中，学生才能体验到什么是责任、什么是爱，才有了道德人格的形成。

名师带动，凝聚智慧，激发教师团队活力

【苗建】 通过课题引领，“宽容、合作、对话、发展”这种新型的学校文化已日渐形成。新课程理念倡导教师要从文化的传承者转变为创新人才的催生者，从教育理论的接受者转变为教育理论的提升者，从工作的奉献者转变为生命价值的追求者。

为此，我校倡导教师从单一的知识传授者向复合的学研型教师转变。2006年，学校隆重表彰了第一批思辨能力强、知识面宽、专业精通、群众认可度高的六位“解一名师”。同时，学校还制订了“解一名师”管理制度，明确了名师的权利与义务，如开放名师课堂、承办名师讲坛、带青年教师、承担课题任务、优先使用现代化教学设备、优先参与高层次的学习培训交流等。学校为每一位名师建立名师档案，每年一考核，两年一评选，实行动态管理。近几年，“解一名师”的年度考核满意率均在90%以上，迄今为止已推出四届“解一名师”共11位。在名师的带动下，教师自我发展的内驱力日渐提升，教师队伍呈现出积极向上的发展态势。

在此基础上，学校又实施了名师带课题、名师参与管理、创建名师工作室等新举措，进一步调动了名师工作的积极性，极大地发挥了名师的引领作用。每一位名师带领一个课题团队或名师工作室团队进行教育教学研究，这很好地带动了骨干教师、青年教师的发展。

赵劼是“解一名师”中的典范，参加工作八年即获得“山东省教学能手”的荣誉称号，她的成长经历用她自己的话说就是“艰辛而美丽的”。在她的课堂上，学生充分感受到“数学鲜活”“数学好玩”，并能学以致用。她把枯燥难记的数学题目引入生活中，变为“过桥买票”“变形金刚”等数学情境、故事，引领学生遨游在美丽的数学世界。她还引导学生观察生活中的细节，如超市里同一品牌、同一口味的饮料有大小瓶之分，买哪种更划算呢？啤酒瓶有多种捆法，哪种更省绳子呢？让学生看到生活中处处充满数学知识，体验到数学有用、可用、能用，并以此类推，把这种思

维习惯迁移到其他学科，把所学知识与生活实际紧密相连，使学生真正做到学以致用，并切身体会到知识是那么有趣，学习是那么真实。

【陶继新】你们学校的名师为什么多而且层次高呢？除了教师自身素养高并具有努力进取的精神之外，学校为其提供了更好的发展平台也是一个重要因素。其实，几乎所有的教师都希望成为名师，而且也有可能成为名师，关键是，学校要为其成为名师提供相应的支持，并激发其内在的发展动力。你们通过出台制度、提供支撑等措施，让教师看到，在学校里只要努力向上，就会获得发展，以至成为名师。

而且，教师成为名师后，并不是止步不前，而是更快地发展。因为他们知道，长江后浪推前浪，学校里的教师都在前进，如果不努力，就会落后，就会辜负学校领导与老师们的信任。所以，他们有了一种内在的发展力量，有了持续发展的可能。于是，他们在教师与学生中有了很高的认可度与信赖度，这又成为他们继续努力的一种动力支撑。同时，他们也就成了其他教师“学而时习之”的榜样，使更多的教师有了积极努力的心理要求。当越来越多的教师有了良好的精神状态的时候，整体的教学质量就会不断提高，而且这种积极的精神状态还会于无声处传递给学生，让学生也拥有良好的精神状态。

名师赵劼的教学太有创意了，而这些创意，与她厚重的教育教学底蕴有关，也与她的高要求、高追求有关。很多教师认为数学是枯燥的，数学课是乏味的，赵劼老师的数学课却充满了情趣。在这样的课堂上，学生的思维特别活跃，灵感不断地闪现，在不知不觉中就提升了自己的思维品质。我采访过几位数学名师，他们与赵劼有着相似的品质。他们教学生解数学题，不是让学生按部就班地照着教师教的做，而是让学生自己去领略其中的美景。犹如登山，一路攀登，见到的是一路风景。越是难题，越有“无限风光在险峰”的美丽。所以，真正的数学名师，会将学生带进审美的殿堂，让他们感受到学习数学竟然如此的快乐与幸福。而这种心理的愉悦能使学生形成一种积极的思维品质。这不但有利于当下，也会对他们的未来发展有利。

【苗建】学校在注重名师培养的同时，还十分关注教师梯队建设，着力培养青年骨干教师。近几年，学校除高质量地完成了上级主管部门组织的远程研修、通识培训、语言文字培训等活动外，还组织了很多富有学校特色的校本培训，如“与名家面对面”“问题即课题——学校小课题研讨”

“绘本心理健康与儿童成长”“亲子阅读与习作指导”等培训。这些培训的适用性、操作性强，既有理论引领，又有实践层面的具体指导，使青年教师受益匪浅。再好的教育理念也要付诸行动才能实现，为了给青年教师充分展示的机会，我们放手让青年教师承担各级各类观摩课、研究课、汇报课及展示活动。在学校每年的教育教学年会上，也充分给予他们展示交流的机会，如“作业与布置设计专题论坛”“从阅读到悦读——读书专项交流”“家校互动班主任论坛”“互动式电子白板课件展示交流”“名师工作室成果交流”等，一系列举措为青年教师的成长提供了空间，使一大批青年教师迅速成长起来。目前，学校拥有省级教学能手 2 人，市、区教学能手及学科带头人 24 人。

【陶继新】未来的名师就在当下的青年教师中。名师的成长，需要一个过程，这个过程有长有短，如果为其提供更好的平台，其成长得就会快一些；如果没有好的平台，其成长得就会比较慢。你们是有责任感的，是对青年教师负责的，给青年教师提供了较好的发展平台和较大的发展空间，其中一些教师在若干年后就有可能成为真正意义上的名师。

如何更好更快地让他们成长起来呢？青年教师有较强的进取心，学校要通过各种各样的措施让他们的这种进取心持续下去。人的潜力是无限的，如果不进行有效的开发，就有可能让这种潜能沉睡，乃至于处于死寂状态。有效开发青年教师的潜能之后，这种潜能就会喷薄而出，产生积极的效果，使他们充满自信。自信是成功的必由之路。越是自信，就越能收获成功；越成功，就越能产生自信。如此循环往复，名师也就近在咫尺了。

【苗建】说到青年教师的成长，就不能不说说学校帮助有特长的教师发展的事情。一个偶然的机会，学校让美术老师徐建林尝试参与《生活日报》实事评论栏目的漫画创作，他虽然很少涉及这方面的绘画创作，但还是饶有兴趣地开始了漫画创作之路。反映官员和企业关系的“提线木偶”、反映民生经费问题的“倒过来才合适”等一幅幅生动的画作陆续刊登在《生活日报》上。看到自己的作品发表了，徐老师非常兴奋，更激发了他创作的欲望，他不断得到《生活日报》编辑部的认可，《生活日报》先后刊登了他 20 余幅漫画作品。学校也为徐老师的成功感到骄傲，特地为他举办了一期个人漫画展，展出的 20 余幅作品，受到师生们的赞扬。这大大激发了徐老师的专业热情，促使他在专业发展的道路上不断前行。徐老师还负责学校课程“万能机床”的实践与研究，为了充分开发“钻床”“磨床”“铣床”“刨床”四种小机床的原理与功能，培养学生动手动脑、创新思维的能力，他先后编写了 4 本《万能机床》校本教材，并在山东省教育厅举办的教育教学成果评比中荣获二等奖。美术老师李延鹏利用业余时间多次参加绘画专业培训、观摩画展，利用暑假自费去北京等地参加培训，不断提高自己的专业水平。教师的孜孜追求也促进了学生的绘画能力、审美素养的提高。2012 年 7 月，在学校美术组成员及学生们的共同努力下，在画家张兆飞先生的指导帮助下，学校在省美术馆为师生们成功举办了“龙行天下，和谐盛世”师生美术作品展，共展出师生作品 200 余幅，赢得了家长及社会各界的高度赞誉，新闻媒体对此事也进行了相关报道。

各学科教师都像美术组教师一样，不断追求自我的提升。学校积极提供更好的平台，帮助有自我发展愿望的教师不断成长，走向成功。个人的成长离不开团队的带动，我校先后涌现出一批批优秀团队，如高年级语文教研组荣获“山东省巾帼文明岗”称号，高年级数学教研组荣获“济南市青年文明号”称号，英语组、体育组、科学组被评为市级优秀教研组。

【陶继新】教师的一些特长，有的时候是会被掩盖或扼杀的。因为有的学校领导对于这些特长并不重视，认为那是正科以外的事情，甚至是不务正业。领导的这种认识，不但会让这些教师的特长得不到发挥，久而久之，还会在他们心理形成一种消极的暗示，认为那是没有多大用处的“歪门邪道”。您不但认可这些特长，而且为有特长的教师搭建展现他们特长的平台，使这些教师的特长有了用武之地，他们的特长不仅得到了展示，还受到了广泛的赞赏，也为学校赢得了荣誉。

徐建林老师的漫画很有特点，这不但是其艺术才华的展示，也反映了他关注生活、热爱生活的情怀。如果没有这种关注与情怀，也就不可能创作出如此之多的富有社会意义的幽默画作。如果说是他的特长助长了他的自信的话，而其内在的情怀则让他有了人生的格调。教师不能是一心只读圣贤书的“书呆子”，还应当是有社会责任感的大写的人。

李延鹏老师的好学精神令人赞叹！不断参加培训，说明李老师有着很强的上进心，不想在原有的基础上徘徊复徘徊，而想有一个新的超越，并在这种超越中体现自身的价值，体验审美的快感。教师不应是教书匠，而应是不断发展的超越者。有了这种精神，走向成功也就有了必然之势。

美术组个别教师由特长展示脱颖而出，接着带动了全组教师的群体向上，进而又辐射到整个学校。看来，正能量是可以产生更大正能量的。而当越来越多的正能量聚集起来的时候，学校也就有了蒸蒸日上的气象。

【苗建】学校深知要将德育落在实处，就要从最基层的班级抓起，就要加强班主任队伍的建设，提高德育主力军的管理能力。在加强班主任培训方面，我们购买《班主任成功案例》光盘，为班主任提供更加丰富的学习资料；进一步完善班主任例会制度，初步尝试开展分年级“教育研讨”，以班主任中的优秀代表为典型，组织经验交流、展示班集体建设成果等活动，树立典型，激励先进，带领全体班主任共同做好班级管理工作；挖掘班级特色，打造实践乐园；开发班级德育资源，形成“班班有活动，各个出特色”的良好德育氛围。

【陶继新】班主任在学校里发挥着巨大的作用，其人生品位与管理经验的优劣，在很大程度上决定着学生幸福指数的高低。你们关注对班主任的培养，最大限度地发挥了班主任的积极能动作用，从而让学生受到了优质的思想品德教育，为其人生的发展奠定了良好的基础。

智慧课堂，科技先行，提高课堂教学效率

【苗建】作为山东省教学示范学校、山东省电化教育示范学校，我们理应在信息技术教学方面走在前列。2006年，我们率先安装使用了互动式电子白板设备，成立了以名师王峥为负责人的课题研究小组，专题研究互动式电子白板在各学科教学中的应用，并申报了中国教育科学研究院“十一五”规划课题“发展性课堂手段的研究与应用”的子课题“运用交互式电子白板优化小学各学科教学设计的研究”，由此开展了一系列以互动式电子白板为载体的教学实践研究，取得了丰硕的成果。参与课题的十余位教师均能熟练掌握互动式电子白板技术，并将其有效运用到各学科教学之中，同时带动了各学科教师将互动式电子白板技术应用于教学中，提高了教学效率。课题组十余位教师在课题研究中所撰写的论文、教学设计，制作的电子白板课件等均在全国、省、市各类比赛中获奖。

2012年3月，我校投资新建的录播教室投入使用，这为教师们进行课堂自我诊断提供了必要的条件。学校开展“我最满意的一堂课”录像活动，利用录播教室，为每位任课教师录课，并刻录光盘。课后，录像课作为教研组研究的素材，大家共同“评头论足”“说长论短”，对教师的课堂教学起到很好的促进作用。至今共为教师录制200余节课，这将成为教师

教学生涯中的美好回忆。

【陶继新】现代信息技术教育的逐渐普及对提高教学效率起到了促进作用，可是一些教师还停留在对其的一般性或者表面的应用上，其本身所拥有的功能还远远没有被开发出来。这正像电脑、手机一样，尽管很多人都拥有了这些设备，其中丰富的软件却大多被闲置。互动式电子白板亦然，人们对它的使用更多的只是停留在投影上。你们互动式电子白板在各学科教学中的应用，并不止于一般性的投影之用，而是最大化地开发了它的功能。你们不但有强烈的开发意识，而且有扎扎实实的行动，让教师成了使用互动式电子白板的能手，让存在于互动式电子白板中的有效机件充分地活跃了起来，从而使课堂教学更高效。

【苗建】互动式电子白板的研究与应用，使我校的教学效率得到明显提高。于是，我们开始思考：如何让课堂成为每一个学生的课堂？如何通过教学策略或教学技术的应用让每个学生都能参与整个学习过程？如何顺应学生的差异发展？……我们通过不同的途径去探寻“面向整体，兼顾个体”的课堂教学的可能性，努力达成一对一的理想化的教学状态。在某种程度上，“智慧教室”更能使我们的课堂搭乘上高速列车，提速前行。

智慧教室 HiTeach 互动教学系统是一种先进的现代教学手段，智慧教室是一种典型的智慧学习环境，是学校信息化发展到一定阶段的内在需求，是当今智慧学习时代的必然选择。“高清晰”“深体验”和“强交互”是智慧教室的三个典型特征。互动式电子白板、应答器、实物展示台等一系列电子产品给教学提供了方便，同时 e 化教学的创新模式给教师们提供了方便实用的教学范例，硬件和软件的结合使课堂教学效率得到了提升。

2012 年 11 月，智慧教室设备在我校投入使用，为学校提升教育信息技术在教学中的高效运用，进一步提高课堂教学效率提供了物质基础。学校组织了相关的培训，教师们对此进行了深入的学习，他们的热情参与与互动，体现出其对智慧课堂的追寻。

在整个培训的过程中，最吸引人的是课堂的互动系统，通过每个学生手中应答的遥控器解决了课堂中一直无法突破的难题——让课堂成为每一个学生的课堂，不仅达到了人人参与的目的，而且后续完备的评量系统、诊断系统，使每堂课的教学都成为一个完善的整体，使学生能在每一堂课的学习、讨论、考量、修正、提升的过程中形成主动学习的能力。

2013 年 1 月 23 日，“智慧教育，两岸同行”智慧教育启航与创新教学研讨会在我校召开，促进了我校智慧教室项目的进一步开发。教师们对这一先进的教学手段有了进一步的认识，名师更是起到了带头作用。我校的韩飞老师、王峥老师、张瑜老师多次为历下区骨干教师进行培训，并多次汇报了学校智慧教室项目的培训和使用情况。

我校多位教师先后进行了智慧教室教学演示，精彩的展示赢得大家的一致好评。2013 年 4 月到 5 月初，我校组织十余位新教师进行了“雏鹰杯”新教师智慧课堂汇报展示，对青年教师运用先进信息技术的意识和能力起到了很好的促进作用。暑假期间，历下区教育局邀请台湾省的专家来济南市为广大教师培训，百余位骨干教师于 7 月 29 至 31 日在我校进行了为期三天的智慧教室深度培训，在培训结束的展示阶段教师们都积极踊跃地上台展示学习成果，难度较大的操作也能顺利完成，受到台湾省培训专家的赞扬。

我校智慧教室的开发和应用，促进了智慧课堂的构建，使其真正为我们的课堂教学服务，为教学增添了无穷魅力，拓展了教师专业成长的空间，为我校培养了一大批掌握高端信息技术的骨干教师，为我校青年教师的成长搭建了新的平台。同时，智慧教室也给了我们一个引领，为我们展现了一个理想课堂的目标——为了每一个学生！

【陶继新】智慧教室的投入使用，是你们学校教学史上的一次飞跃，现在，山东省内应用智慧教室者还是凤毛麟角。可见，你们走在了全省乃至全国的前列。坦白地说，我本人对这套系统并不熟悉，但是通过上次采访以及您上面所谈，我对它也产生了深厚的兴趣。因为它不但能让信息技术最大化地在课堂中得到了更好的应用，还能让学生人人参与其中。在传统的课堂中，学生只是被动的学习者，他们参与课堂教学的时间少而且学习质量低。没有学生的积极参与，不管教师讲得如何精彩，学生的思维也不可能真正活跃起来。而智慧教室的使用，让学生真正成为课堂的主人。学生主动学习、快乐学习与被动学习、痛苦学习的效率是有天壤之别的。教师苦苦追求的高效率与高效益，因智慧教室的介入变成了现实。学生对电子产品的敏感度远远大于成人，只要稍做介绍，学生就可以在智慧教室里相对自如地学习。这种学习状态，有可能让学生走进善学的高层境界里。

教师对智慧教室的学习与掌握，在某种程度上颠覆了他们的教学观念，让教学有了一个新的起点。这不但革新了教师的传统观念，而且让他们对这一新生事物有了赞赏之心。因为由此形成的课堂呈现出丰富多彩的奇观，让教学不再像从前那样枯燥乏味。尽管教师为学习智慧教室的使用付出了很多努力，花费了很多时间，但由此收获的硕果则给了他们惊喜。他们的课堂因智慧教室的使用而变得更加丰富，更加活跃，更具生命的张力。

家校融合，创新实践，提升学生人文素养

【苗建】一个学生牵动着一个家庭，也带来了一个家庭的教育资源。学校积极拓宽教育平台，与家长携手，与社会各界联合，以多元对话、亲子实践为途径，实现家长的角色转变，逐渐让家长从一个教育旁观者变为教育关注者、参与者，再到教育指导者、决策者。学校充分开发家长中潜在的优势资源，建立了各班的家长辅导员队伍，请家长走进学校，结合自身的职业特点，为学生传授书本上没有的知识，开阔学生的视野。如班级开展“种植一株新绿，播种一份希望”环保活动，从事园林工作的家长走进课堂，给学生传授栽培技术；“消费者权益保护日”到了，学校开展“天天315，快乐365”主题教育活动，从事工商管理工作的家长来为学生讲述消费维权方面的知识；“爱耳日”来临，担任耳科医生的家长来为学生讲解科学爱耳的知识……家长逐步实现了角色的转变，成为学生的“专业”辅导员。学校还广泛开展了社会实践大课堂活动，使得班班有活动，人人都参与，并成立了家长志愿者团队，家长志愿者与班主任一起带领学生走出校园，走进社会，使学生在体验实践中认识“我”与他人、与环境、与“社会”的关系，增强学生的社会责任感。

比如，我校四年级（1）班学生与临沭县贫困儿童牵手，开展“爱心助学”活动；五年级（4）班学生走近齐长城，感受齐鲁文化的源远流长；五年级（1）班学生赴北京小学开展了为期两周的“国内留学”活动；二年级（3）班学生走进济南佳宝乳业有限公司，了解牛奶的生产过程……学生们还纷纷走进气象站、印刷厂、邮电局、污水处理厂、社会福利院、草莓大棚、机器人餐厅……精彩的实践活动使学生们流连忘返。

校园科技节、红领巾爱心超市、校园吉尼斯、莱芜国际航空艺术节、全国红领巾数独大赛、全国小学生计算机表演赛、庆“七一”大型晚会的节目录制、赴台交流、西藏来访、省少代会、残奥会献词也让学生们施展才华，大显身手……

国际交流活动也深受学生、家长的欢迎。加拿大国际游学、中日青少年科技文化友好访问、韩国亲子文化交流、澳大利亚布里斯班、印尼巴厘岛奥林匹克国际机器人大赛、荷兰 RoboCup 机器人世界杯赛都留下了我校学生的足迹……

精彩纷呈的实践活动给学生带来了五彩缤纷的童年，他们学会了关爱，懂得了合作，增强了作为小主人的社会责任感。家长作为志愿者参与亲子实践活动，更加全面地了解了孩子，更加认同学校的教育目标，从而更加主动地与学校合作。

学校每年都要评选“十大名牌活动”，还要命名“品牌习惯”班级，表彰百名“爱满校园”优秀家长，并将所有的获奖者名单在我们的《快乐》校刊上刊登。我们的家校合力教育受到社会各界的广泛关注，《中国教育报》《大众日报》《济南日报》《齐鲁晚报》以及省、市电视台等新闻媒体纷纷给予报道。

家校融合凝聚了教育智慧，学校与家长之间达成了共识：保护孩子的天性，关注每个个体的进步；重视实践，给孩子创造充分参与的机会；突出自主，培养孩子自我发展的能力；强调全面，立足孩子综合素质的全面提升。

【陶继新】家长与学校不是对手，而是同盟军。如何让同盟军发挥更大的作用，是学校教育需要研究的大问题。家长与学校产生矛盾，大多是由误解造成的。让家长走进学校，了解教师与孩子的情况，他们就会发现，教师是何等爱孩子，教师在孩子身上所付出的努力是何其大也。这样，家长就会为之感动，非但不会与教师闹矛盾，反而会帮助教师解决一些问题。让家长介入学校的管理之中，有助于家校矛盾、问题的解决。

家长手中有着丰富的教育资源，可以说，他们本身就是教育资源。充分利用这些资源、开发这些资源，会让学校生活变得更加丰富多彩。你们的家长走进学校，为学生开设讲座，所讲内容是学生在课堂上学不到的，这对于学生的健康成长有着相当重要的作用。而家长为学校所做的一切是积极自愿的，因为他们是在为自己的孩子做事。当更多的家长有了这种思考与行动之后，学校的发展就会更有保障。

现在，学校安全问题日益引起人们的关注，可是学生如果不走出学校，参加更多的实践活动，表面上看起来是安全了，但以后走入社会，谁来保证他们的安全呢？关于走出校门参加实践活动时的安全问题，学校解决起来往往有一定的困难，有了家长的参与，这一问题则可以迎刃而解。

你们开展的很多校外活动都很有创意，比如，赴北京小学开展为期两周的“国内留学”活动，会让学生记忆终生。其他一系列的国内与国际交流活动，也会对学生产生深远的影响。在这些活动中，他们的心情是愉悦的，他们的视野是开阔的，他们的收获是巨大的。

开展这些活动，会占用一些正常上课或者校内活动的时间，这会不会影响学生的学习成绩呢？回答是否定的。很多学生因为有了丰富的经历，有了快乐的心境，学习成绩反而更好了。更重要的是，这些经历为他们未来的发展储存了一笔精神财富，到了一定时候，这笔财富就会生成更大的精神财富，从而让他们的人生更有意义。

【苗建】近年来，学校发展得到了各新闻媒体的关注，介绍我校发展的文章不断见诸报刊，如《中小学管理》2012年第1期《作业改革：让学生成为作业的主人》，《山东教育》（小学刊）2012年第7期《让课堂充满生命的色彩——济南市解放路第一小学“绿色教育”课堂教学改革纪实》，等等。2011年六一儿童节前夕，我们汇集了100余篇学生的优秀习作，邀请了樊发稼、凡夫、冯亦同等著名儿童文学家和评论家为孩子们的习作做了点评，并由银声音像出版社正式出版。我们将这本名为《童言心语》学生作文集作为六一儿童节的礼物送给学生及家长，深受他们的欢迎。

【陶继新】有耕耘，就有收获。所以，不少媒体关注你们学校，报道你们学校，当是情理之中的事。更重要的是，你们学校为学生所做的一切，已经留存到了他们一生的记忆里。所以，对于济南市解放路第一小学，社会认可它，关注它，爱护它，称赞它。可以说，你们学校已经形成了一个品牌。品牌是一种无形资产，它会随着时间的推移，更有生命的价值。

润泽生命，悦纳个体，优化学校教育品质

【苗建】作为学校管理者，我们常想，小学教育的责任是什么？不仅是传道授业解惑，还应该是为学生的一生发展和幸福奠定基础。我们立足于今天，却要着眼于学生的一生。保护儿童的天性，尊重儿童个体的差异，培养个性张扬的生命；关注儿童的心理健康和全面发展，培养和谐均衡的生命；发扬儿童的乐观精神和自主意识，培养懂得快乐学习的生命。

秉承学校的办学理念，深入挖掘其内在含义，“教学生一天，想学生

一生”是在“想”学生健康的一生，“想”学生快乐的一生，“想”学生成功的一生，就是对学生的生命负责。绿色代表着生命，代表着希望，倡导“绿色教育”就是对生命的呵护！进而我们深化办学理念，挖掘其内涵，提出了“和实生物，绿色解一，润泽生命，悦纳个体”的办学目标，着力打造自己的文化品牌——“绿色解一，绿色教育”，并以此引领学校教育的全过程，如绿色课堂、绿色文化、绿色德育、绿色管理。

倡导“绿色教育”就意味着师生要建立民主、平等、和谐的伙伴关系；教育的过程是由重教到重学，把学习的自主权、发展权还给学生，使学生学会合作、学会探究、学会创造；倡导“绿色教育”就意味着要保证教育的方向性、健康性、民族性，突出时代特色；“绿色教育”的目标就是让学生自主学习、自我构建、自我约束、自我评价，愉快地学习，快乐地成长。

要践行“绿色教育”就要秉承学校优良的办学传统，汲取先进的办学思想，引导广大教师尊重生命、尊重个体，以学生发展为美，以自我发展为乐，以学校发展为荣，使学校形成快乐、温馨、和谐、向上的良好氛围，凝聚智慧，不断优化教育品质，努力实现“和实生物，绿色解一，润泽生命，悦纳个体”的办学目标！

【陶继新】“教学生一天，想学生一生”说得好！它昭示出你们办学不只关注当下学生的分数、关注当下的荣誉，更关注学生一生的发展。这样，就不能以牺牲学生的健康为代价，而是将健康放在第一位。当年提出“三好学生”的时候，就是将身体好放在第一位的。有了好身体，才能有长效发展的可能。所以，“想”学生健康的一生，当是一种智慧的选择，一种为学生生命成长的考虑。同时，还要“想”学生快乐的一生。学生学习，不应当是一场又一场令人心力交瘁的苦役，而应当是生命个体不断探索未知的快乐之旅。反观当下的一些学校，并没有让学生享受到这种快乐。而当下的不快乐，不但不能有效地提高学习的效率，还会在学生的心里种下一颗不快乐的种子，到了一定的时候，这颗种子就会破土而出。心理学家认为，成人的某些心理疾病，往往与小时候的心理问题有关。那么，如何“想”学生成功的一生呢？除了让他们身体好、心理好外，还要让他们有一种良好的思维品质，还要让他们拥有必需的知识。你们在这方面进行了非常有益的探索，取得了可喜的成绩，从而为学生的成功奠定了基础。

欣赏你们“绿色教育”，因为这样的教育，强调的是生命的和谐。不管是教师，还是学生，都应是运行于持续发展之中的，而不应只顾眼前的快速发展。这样的教育，不但不会有后遗症，反而会在未来的路上越走越好。所以，这样的教育不是急功近利的，而是瞩目未来的。在当下相对浮躁的社会里，能有这种理念，真的是难能可贵啊！你们学校未来的发展一定会更好！

踏平坎坷成大道

——黑龙江省哈尔滨市现代应用技术中等职业学校的突围与腾飞

校长介绍

马凯，哈尔滨市现代应用技术中等职业学校校长，中华职业教育社香坊分社常务副主任，哈尔滨市香坊区文教组组长，香坊区首届“名校长”。他在工作中处处发挥先锋模范作用，以“敢闯、敢试、敢为人先”的精神，与时俱进，运用新理念，开拓新思路，带领教职工真抓实干，创造了学校由小到大、由弱变强的奇迹。

理清思路，抓住重点，实现学校科学发展

【马凯】我校于1981年建校，是首批国家级别重点职业高中，是香坊区仅有的一所公办职业高中。2013年4月，我校被确立为第三批国家中等职业教育改革发展示范学校。学校几经并迁，其成长历程可以说是职业教育发展的缩影。经历了近两年的示范校创建后，我校如浴火凤凰焕发出勃勃生机，一跃成为哈尔滨市规模最大的公办学校之一。现如今，学校在办学条件、师资力量、文化建设上有了很大的提高，办学实力大大增强。

【陶继新】前两天到你们学校的时候，我就感受到了学校“重点”与“示范”的意义，学校从困境中突围后，很快成为当地有着极佳声誉的中专职业学校。

【马凯】2007年，我肩负着组织的期望，带着自己对职业教育的热爱，来到哈尔滨市现代应用技术中等职业学校担任校长兼书记。当时学校仅有一栋教学楼，学生不足300名，且师资、实习场地、实习设备严重不足。当时，学生毕业分配相当难，每逢毕业分配时，学校都要去寻找企业，请求他们接收我们的毕业生，因为我们培养出来的学生与企业要求不符。俗话说，新官上任三把火，但我并没有急于去烧这几把火，因为我深知自己的责任。我要弄清楚真正阻碍学校发展的原因是什么，促进学校发展的突破口在哪里。在进行了深入的调研后，我抓住主要矛盾，把招生工作作为第一要务，确立了"提高执行力，打造诚信力，创建和谐校园"的工作思路和高一抓规范促稳定，高二抓技能促就业、高三抓质量促升学的"三抓三促"方针。在学校各个环节的工作中实施精细化管理，全面提升学校办学品质，将职业教育做实、做优。

【陶继新】《周易》有言："穷则变，变而通，通则久。"你们学校以前举步维艰；而2007年后新的领导班子的变革意识与奋进精神，让学校发生了根本性的变化。这其中还有一个重要的原因，那就是新的领导班子的目标明确、思路清晰，比如，您所说的诚信力，当是职业学校生存发展之本。《中庸》说："诚者，天之道也；思诚者，人之道也。"还说"至诚如神"。学生家长与企业用人不是看你说得好不好，而是看你做得好不好。他们不是"听其言而信其行"，而是"听其言而观其行"。当他们看到你们"言必行，信必果"的时候，学校自然而然也就有了"入口"的旺与"出口"的畅。

切中要脉，严格管理，培养学生良好品质

【马凯】校园是学生的精神家园。我校地处繁华地带，存在较多的不安定因素。为了给学生的发展创设更好的环境，我推行了封闭式校园管理模式，我把它称为学校特色封闭式。为什么这样说呢？因为这种管理对走读生来说是半封闭的，从早7点半到下午4点封闭；而对住宿生来说是全封闭的。为保证这一管理模式顺利实施，校领导班子成员多次召开会议征求意见，根据反馈情况，完善了食堂建设，为学生提供了良好的就餐环境。实行全员管理制度，每周由1名领导和1名教师值周，从早7点到晚9点半，负责本周的教育教学及学生寝室的管理工作；中午由2名教师分布在不同楼层，负责学生的管理工作；晚9点半到第二天早7点，则由寝室管理教师负责；所有中层及以上干部的通信设备必须保持24小时畅通；

同时加强校门口出入的管理，并安装了监控设备，将教学楼、寝室、操场全面监控起来。这一管理模式的实施，有效地杜绝了学生外出上网、打架斗殴、旷课逃课等现象的发生，切实保障了学生在校期间的安全。学校形成了齐抓共管的安全管理新气象，得到了上级部门的肯定，我校的校园安全工作经验还在全区进行了交流。

【陶继新】对于学校实施封闭式管理，目前人们尚有不同的看法。可对于你们学校，我觉得这是一种必然的选择。因为你们的生源比较复杂，一些学生在初中时并没有形成良好的习惯，甚至有抽烟、喝酒、打架、斗殴等不良行为。要想改变学生的这些不良习惯，严格管理当是必须之事。《学记》有言："禁于未发之谓豫。"封闭式管理，则起到了预防学生不良行为再发的可能性。这里的严，昭示出你们对学生的高度负责，因为"发然后禁，则扞格而不胜"。开始的时候，有的学生也许会不适应，甚至会产生抵触情绪。可是，当天天如此，月月如此，形成习惯之后，他们就不再抵触了，慢慢地，就会形成一种良好的习惯。而习惯，是一个学生能否走向成功的关键所在。因为好的习惯一旦养成，就有相对的稳定性，会伴随学生的一生。当他们工作后，也会因具有良好的习惯得到领导与同事的认可，于是，自身也就有了更好的发展前景。

【马凯】是的，因为企业除了注重员工的技能水平，更注重员工的品质，这也是我们学校所承担的一项重要责任。除了实行这种封闭式的管理，我们还提出了"八不准"，即不准打架斗殴，不准说脏话，不准吸烟、喝酒，不准穿奇装异服，不准谈恋爱，不准在楼内大声喧哗，不准随地吐痰、乱扔纸屑，不准携带管制刀具，一点一滴来培养学生的行为习惯。经过坚持不懈的努力，学生发生了明显的变化，变得非常可爱，非常有礼貌。我校学生养成教育工作开展得有声有色，多年来，无一例恶性打架事件发生，学生问好声成了学校最美的音符。

【陶继新】职业学校当然要重视技能培训，可是在我看来，技能是银，品质是金。有的学生在学校学到了不少谋生的技能，但由于没有学好做人，工作后，不但得不到重用，甚至被"炒鱿鱼"。如果有了好的品质，即使在校时技能水平并不是特别高，可到了企业后，他会虚心求教，认真学习，不断提高技术水平。结果，不但技术有了，还会得到大家的认可。我在采访中发现，那些成为骨干力量甚至是领导干部的中专毕业生，无一例外都是品质优秀者。

打破定式，深化课改，培养适销对路技能人才

【马凯】我校在一手抓好品质教育的同时，另一手抓学生的技能培养。教职成［2010］9号文件提出，要以培养学生的综合素质为目标，重点加强职业道德教育、职业技能训练和学习能力培养。为了培养学生的技能，我校对传统教学模式进行了一系列改革。

首先，引入行动导向教学法，重点探索教学模式改革。2007年下半年，我校将德国行动导向教学理念引入专业课教学中，引导学生在“做中学，学中做”，而后逐步在文化课教学中全面铺开。经过一段时间的实践，我们的课堂教学发生了明显的变化，学生由厌学转变为乐学。我们通过每学期的每周两课活动，一年一度的“风采杯”大赛，两年一度的香坊区“卓越杯”大赛，来提高和巩固我们的改革成果。

其次，在成功申报国家示范校后，我校更加积极地推进“工学结合，产教合一”的人才培养模式改革和理实一体化的课程改革。教师深入企业进行细致的调研，撰写了专业改革调研报告，确立了专业的职业能力和典型的工作任务，形成了具有专业特色的课程体系；与企业深度合作，形成了具有区域特色、专业教学与企业生产结合紧密的人才培养方案。教学模式改革受到了教育主管部门和社会各界的肯定和关注，我校获得了“教学方法领军奖”。哈尔滨人民广播电台、《学理论》《哈尔滨日报》等多家媒体对我校的教学改革工作进行了报道。教师多次在省、市上引领示范课，多名教师在教学设计、说课、视频公开课等大赛中获得国家级、省级、市级一等奖。

【陶继新】不进行教学改革，职业学校就没有出路。以前那种以讲理论为主的教学法，不但使学生听起来昏昏欲睡，而且学生所学的理论到了实践中也无用武之地。所以，将“做中学、学中做”引入专业课的教学中，是一个明智的选择。实践之做和理论之学有机结合起来，才能使学生既掌握相关理论，又可以用之于实践操作之中。而且，学习理论与实践操做也是相互促进的。只学理论不实践操作，这种理论就会如飘在天空的浮云，一阵风吹来，就会顿然逝去；只实践操作不学理论，就会因缺失理论的指导而难有更大的发展。二者兼修，才能让学生学有所得，学有所用。你们的学生在各种大赛中频频获奖，当与这种有效教学有着密切的关系。

与企业深度合作是职业学校发展的生命线。职业学校有没有生命力，

关键要看其培养的学生是否适合企业的需求。企业需要什么样的人才，学校就应当培养什么样的人才；企业需要什么样的课程，学校就要研究与开设什么样的课程。而当下的一些职业学校的课程往往滞后于企业的发展需求，所以，学校要因时而变，因企业需求而变，要大刀阔斧地进行改革，构建自己学校的课程体系。这给学校的课程建设带来很大的挑战，但同时，这也是一种机遇。不研究企业需求，不研究市场需求，就不可能构建优质的课程体系，就不可能具有竞争力与生命力。你们不但研究与构建了优质的课程体系，而且有着“苟日新，日日新，又日新”的思维品质，所以，也就有了学校持续发展的可能。

牵手名企，深度融合，打造一流品牌专业

【马凯】为保证各专业的人才培养质量，我们提出了每一专业都与一家知名企业合作，创新一种人才培养模式，培养一类特色人才的专业建设目标。在示范校建设中，我们确立汽车运用与维修专业、旅游服务与管理专业、计算机应用专业为国家示范校重点建设内容。在建设中，我们加大了和知名企业的合作力度，实现了校企共建基地、共建专业、共制标准、共建课程、共同管理、共同评价、共同育人的长效机制。如我校的计算机应用专业与世界500强企业之一的联想集团深度合作，引入联想IT人才标准及其认证体系，建立了高度贴合企业运作的工业化IT服务实训中心和对外经营的联想3C服务中心，打造了符合行业人才标准的技术人才和与行业技术同步双师教师队伍，构建了“教学＋科研＋生产＋培训”一体化体系，全面提升了学校计算机应用专业的人才培养质量。我校是联想集团在黑龙江省选定的仅有的一所深度合作的中等职业学校。又如，我校的汽车运用与维修专业与省、市汽车协会及品牌汽车4S店合作，重金打造了10000平方米的实训基地，集经营、教学、实训、大赛、培训功能于一体；我校的旅游专业与省旅游部门合作，打造了一家集经营和教学为一体的实训基地；我校的艺术教育专业和南京艾倍科幼儿园联合创办了一家幼儿园，为社会培养幼儿教师。学习、实习、顶岗实训、评价一体，充分保证学生技能水平的提升，极大提高了学生的岗位工作能力。

【陶继新】企业有大有小，有强有弱，有优有劣。选择了好的企业，也就选择了好的人才培养的方向。而知名企业不但有先进的理念，而且有优质的管理机制与发达的科技水平。合作就要“取法乎上”，这样才能为

学校培养更多、更优秀的人才。好的企业也具有战略眼光，他们希望得到优质的人才。所以，你们要想与知名企业深度合作，就要具备与之合作的资本。这资本就是前面所说的人的品质与技能。这样的合作，是互利的，是共赢的。

你们与知名企业之间建立长效机制，不但是强强联手，而且有着巨大的发展前景，既可以在合作中提升双方的美誉度，也会让双方获得相应的经济效益。与联想集团的深度合作，在黑龙江省“仅有”这个特点，必会对学校发展产生持久的影响。你们的艺术教育专业和南京艾倍科幼儿园联合创办的幼儿园，不仅具有现代化的设备、现代化的管理，还有优质的源源不断的师资。这里是你们学校学生的实习地，是学生就业的好去处。更重要的是，它在一定程度上满足了当地老百姓的孩子上好的幼儿园的需求，从而在社会上赢得更好的声誉。一所职业学校的兴衰，不但与市场休戚相关，更与老百姓的评价紧密相连。职业学校的发展，不只要追求经济效益，更要关注社会效益。《大学》有言：“国不以利为利，以义为利也。”职业学校的发展何尝不是如此呢？其实，以义为利者，也多有经济效益；而唯利是图者，则多是以义利双失为结局。

【马凯】是的，与知名企业联手，让我们尝到了甜头，使教师、学生亲身感受到知名企业的文化，了解到知名企业先进的管理方式和真实的生产过程；教师和企业人员共同编制专业人才培养方案，共同研究课程体系，将企业真实项目植入课程；聘请企业的技术人员为兼职教师，与我校教师共同实施学生培养计划，共同对学生进行评价。学生上课学的、平时接触到的都是未来工作中用得上的知识，这样培养出来的学生技能水平怎么会不高？企业怎么会不愿意要？与知名企业深度融合，使师生在“真刀实枪”中成长，实战水平大幅度提高。在校三年，学生就可以完成向职业人的转变，达到企业的用人标准。

【陶继新】名企文化是一笔无形资产，尤其是其制度文化与精神文化，是企业生生不息、持续发展的内在能量。所以，在与知名企业合作过程中，学生学到的不仅是技能，还有其文化。什么是文化？简而言之，就是以文化人。通过知名文化之“化”，让学生提前进入其企业文化之中。知名企业的存在与发展都有其内在的文化因素。我读日本稻盛和夫的《心灵管理》《活法》《干法》等，最欣赏的是他提到的企业文化。他让我看到做人是成就企业之本，“本立而道生”。学生要从一个学校人向职业人转变，不但要掌握企业所需的职业技能，还要具备其文化修养，这样才有了可持续的发展可能。

凝心聚力，攻坚克难，成功申报国家示范校

【马凯】学校能牵手知名企业、深入改革并取得显著成就，都源于搭上了国家示范校的列车！国家示范校建设项目为有志于职业教育发展的职教人提供了前所未有的机遇。学校虽然经过几年来的快速发展，已颇具规模，但在校舍面积、设备情况、师资数量等方面还与国家示范校申报标准有很大的差距。2012年，哈尔滨市的一些职业高中先后成功申报了国家示范校，如再不抓住这一难得机遇，跻身这一行列，香坊区的职业教育将生存艰难。香坊区教育部门审时度势，迅速将三校合并，又安排兄弟学校的教师到我校工作，还把最好的办公楼给我校作为校舍。合并后的学校整合了四所学校的教师，教师能力水平不一，且校舍分散，多种办学体制并存。校区管理、专业调整、师生稳定等一系列难题，摆在我和新一届领导班子面前。能否完成组织交给的任务，扛起香坊区职业教育这面大旗？许多人都在用怀疑的目光审视着我和这届领导班子。喊破嗓子不如甩开膀子。为当好“领头雁”，我每天早早来到学校，看寝室，看班级，看老师，巡视六个校区，解决难题，晚上查完所有寝室才回家，每天工作时间都在12个小时以上。

依托地域优势，我们对专业进行了调整，形成了一校区一品牌的特色专业群。和兴校区依托大学文化，形成了以计算机应用专业为龙头的信息技术专业群；红旗校区依托经济开发区，形成了以旅游服务与管理专业为龙头的旅游服务专业群；旭升校区依托“三大动力”，开办了数控技术应用和汽车运用与维修专业，形成了应用技能专业群。三校合并仅用一年的时间，第三批国家示范校申报开始了。这是最后一次机会，能否申报成功，在此一举。为了少走弯路，我带领学校骨干教师到申报成功的学校取经，请相关专家进行指导。为争取上级支持，我们拜访省、市教育部门，表达我们的决心和信心；与省财政部、发改委等部门积极沟通，争取设备资金和建设项目。我们召开党员大会，统一思想，凝聚共识，提出了“努力了不后悔，放弃了悔终生，不把遗憾留给自己”的口号，提出了“有条件要上，没有条件创造条件也要上”，发扬敢于碰硬、敢于吃苦、有多少困难克服多少困难的示范校申报精神，励精图治，扎实工作，展党员风

采，做职教先锋，为香坊区职业教育的快速发展做出自己最大的贡献！带着这样的决心，我们开始了新的征程。在党员们的带动下，教师们的热情也迸发出来。在接下来的日子里，学校会议室经常灯火通明，彻夜不熄。我和申报团队字斟句酌地修改文字，集思广益查找差距，解决问题。累了就趴在桌子上、躺在凳子上休息一会儿，饿了就吃盒饭、方便面。历经无数个“白加黑”的苦战，终于迎来了2014年7月13日我的现场答辩。经过省内25位专家的综合评定，我校在全省18所申报学校中脱颖而出，以全省之冠的骄人成绩顺利通过了初审。在接下来的北京答辩中，我的答辩更是获得了所有评委的好评，我们申报成功了！我们知道申报成功只是万里长征的第一步，我们会利用好专项资金，努力工作，开拓创新，确保圆满完成国家示范校建设的各项任务，为香坊区职业教育的腾飞和国家职业教育的发展做出应有的贡献！

【陶继新】在你们学校的时候，我已经听您与陆飘飘等老师谈起过这个过程；今天您用文字描述出来，让我恍若又走入了当时的现场之中。当时听你们谈的时候，我就感动不已；现在撰写成文的时候，我依然感动。我想，要想成就一番事业，特别是大的事业，是需要一种不怕苦、不怕累与不成功决不罢休的精神的。正是有了这种精神，才让一些不可能变成了现实，才让专家领导对你们多了几分敬意，才有了第三批国家示范校申报的成功。您和全体教师为此付出了巨大的努力与代价！可是，没有这种巨大的努力与代价，就没有巨大的喜悦与成功。国家示范校的申报成功是一次精神的胜利，由此而凝聚的精神气场会成为你们学校一笔巨大的精神财富。

开始的时候，人们对你们的申报所抱的希望并不太大，但作为校长，如果放弃了这个申报的机遇，您会悔恨终生！“努力了不后悔，放弃了悔终生，不把遗憾留给自己”的口号气壮山河，斗志昂扬。事实也是如此，努力了，也许不一定成功，可是不会后悔；放弃了，一定不会成功，绝对会后悔终生。你们通过努力换来了成功，不仅让我感到了你们奋进的精神，还让我感到了你们强烈的责任感。“士不可以不弘毅，任重而道远。”作为一所职业学校的校长，您更多地想到的是领导与教师们的信任，家长及其孩子的希望。为此努力，即使“路漫漫其修远兮”，您依然会“上下而求索”。教师们也像您一样，重任在肩，有一种舍我其谁的担当意识。这当是你们学校长足发展的不竭动力。

【马凯】国家示范校申报成功给我校带来新的发展机遇！应该说，近三年是职业教育受益极大、发展极快的三年！这源于国家重视职业教育的大环境。国家不仅投入专项资金重点支持1000所中等职业学校改革创新，在2014年2月26日国务院常务会议上，还确定了加快发展现代职业教育的任务措施。我校积极响应，在注重学生职业技能培养的同时，主动与哈尔滨职业技术学院、哈尔滨科学技术职业学院、黑龙江省旅游职业技术学院等高等职业院校进行“2＋3”模式联合办学，打通了中高职衔接通道，使学生上完职高还可继续深造，获得大专、本科文凭。2014年入学的计算机应用专业学生，中考达到200分就有机会直接升入哈尔滨市信息技术学院，5年毕业后具有大专学历。这也是我校在中高职衔接上迈出的实质性的一步。

【陶继新】有了国家的重视，才有了职业教育发展的大环境；有了这样的大环境，才有你们学校的今天。可是，仅有大环境，没有自身的努力，没有“主动出击”，你们学校也不可能取得如此丰硕的成果。你们学校原有的条件并不好，要想成为国家投入专项资金重点支持的1000所中等职业学校之一，在一般人看来是不可能的事。可是，你们矢志不渝，知难而进，才有了理想的结果。没有对职业教育的真爱与大爱，没有决不放弃的精神，是不可能有此结果的。当然，你们也倍加珍惜这个来之不易的成果，不断认真研究职业教育发展的方向，创新职业教育模式，让学校发生了天翻地覆的变化。这让全校师生振奋不已，也让大家看到了希望。更加可贵的是，你们没有止步不前，而是继续努力，向更高的层次迈进。有了这种品质与精神，学校一定会越办越好。

基地升级，师生优秀，学校喜获全面丰收

【马凯】随着国家示范校建设的稳步推进，学校办学思路愈加清晰，办学定位愈加准确，学校形成了立足“中国动力之乡”，面向市场，坚持“以工为主，工服结合”的专业发展战略，走出了一条“上靠高等院校，下挂初中学校，横联企事业单位，外引先进教学法，内行封闭式管理”的特色管理之路，形成了“办学模式集团化、人才培养订单化、专业建设市场化、育人环境企业化”的办学特色。办学实力与品牌影响力持续扩大，成果不断涌现。学校的基础能力建设取得重大突破，学校办学能力大幅提升。新建的教学楼、实训楼、体育馆今年9月即将竣工，对汽修、旅游等

校内实训基地进行全面升级改造，实训设备采购已完成。

学校师资队伍整体素质明显提高，学校承办了三场省级教学改革现场会，共计1000余人参加，会议举办得非常成功。我校的6位教师进行了行动导向教学示范课的展示，先进的理念、精彩的设计、完美的呈现，吸引了所有与会的领导和教师，令他们赞不绝口。学校先后荣获“哈尔滨市黄炎培优秀学校”“省中小学师德先进集体”和“省教育系统先进集体”等荣誉称号，声誉显著提升。学校成功承办了市级温暖工程现场会，市领导亲临现场，亲自为我校颁发“温暖工程实训基地”的牌匾，学校被市领导誉为“正在崛起的学校”。省教育部门对我校进行教学视导，并对我校的发展给予了充分肯定。我校被市教育部门誉为“示范校建设成果显著、进步最大学校”之一。中国教育电视台、黑龙江人民广播电台、《哈尔滨日报》《晨报》《生活报》《新晚报》《都市零距离》等媒体多次对我校进行报道，引起了社会的广泛关注。

【陶继新】你们实训基地的全面升级改造，让学校的硬件建设走上一个新的台阶。同时，在教师队伍建设这一软件工程上，你们同样取得了令人欣喜的成绩。素养的提升，不但让教师的教学水平有了实质性的飞跃，也让教师拥有了更大的自信。这种优质的生命状态，还会辐射到学生身上，让他们也阳光与幸福起来。

【马凯】我们的课堂也更加鲜活起来，学生变得乐学、会学，教学质量一路攀升！近三年来，我校学生参加技能大赛共获得国家级别奖项4个，省级奖项71个，市级奖项142个。升高职考试连创辉煌，2014年续写新篇章，升本率高达43.2%。吕一超同学以全市之冠的成绩被天津大学录取；张晓丹同学以全省之冠的成绩被哈尔滨商业大学录取。学生技能鉴定考试通过率为100%。由于高质量的教育与教学，学校毕业生受到了用人单位的欢迎，企业早早就主动到学校进行“预定”，学生还没毕业就被“一抢而空”。

学生上岗顺利，就业顺畅，工作开心，家长满意。我校的就业情况受到了社会的广泛关注，2013年2月22日，《生活报》报道了我校学生的实习就业情况；哈尔滨交通台、哈尔滨电视台《都市零距离》也对我校学生的就业情况进行了报道。我校一位已参加工作的学生的一句“对我的工作，我很满意，妈妈很高兴”，感动了无数观众。一个城市低保家庭的孩子有了一个稳定的工作，月收入2000多元，其家庭生活状况有了明显的改观。学校在改变一个个家庭的生活的同时，也让教师们感到了职业的幸福。近几年，我校有600多名数控、汽修专业的学生被哈尔滨哈飞汽车工业集团有限公司、哈尔滨“三大动力”及其配套企业录用；有300余人被市、区政府机关和省邮政培训中心录用。

【陶继新】课堂是学生学习的主阵地，学生会学、乐学，让课堂成为师生演绎生命的智慧碰撞场。尽管教师教得少了，但学生学得多了。教师教会与学生自己学会是大不一样的。教师教会之于学生是被动的，学生自己学会则是主动的。主动学习的效率不但高，而且积极性也高。当学生会学又乐学的时候，学生的生命状态也就更加激扬，潜力也会最大限度地发挥出来，从而给人们带来巨大的惊喜。这不但会让学生学得好，学得多，而且会让学生越学越愿学，越学越会学，越学越有信心。这种良好的心灵状态，还会向其他方面延伸，从而让整个人生都丰盈起来。这样的学生，参加大赛，怎么可能不获奖？参加考试，怎么可能考不出好成绩？到企业工作，怎么可能不被认可甚至重用？从这个意义上说，你们不只是为学生的谋职寻到了一个“出口”，还为他们的整个人生开启了一个美好的前程。

【马凯】是的，我校涌现出一大批优秀的毕业生。如旅游专业的王博同学现任黑龙江省哈尔滨市海外旅游有限公司总经理，从珊珊同学任黑龙江省新世纪国际旅行社有限公司韩国部负责人，王刚同学任哈尔滨华旗酒店西餐厅行政总厨；计算机专业的吕志峰同学任哈尔滨华德学院软件工程教研室主任；数控专业的郭志超、张迪同学任哈尔滨和鑫（实业）集团机台长；汽修专业的项强同学任天津一汽汽车工业销售黑龙江有限公司经理；平面设计专业的张宝同学任哈尔滨麻雀装饰公司设计师；财会专业的李松同学任中国联通哈尔滨分公司市场部主管……

【陶继新】这太令人欣喜了！仔细一想，这又是必然的。其实，学生是可以塑造的，正是因为有了你们的教育，这些学生才成为如此优秀的人，可以这样说，是你们学校改写了他们的人生，同时为社会增添了积极的能量。人们常说，学校是培养人的地方。诚哉斯言！你们学校让我看到了这一美好的景象。

既要做大，更要做强

——河北省冀州市信都学校的高品质与大谋略

校长介绍

夏桂雪，中学语文高级教师，现任冀州市信都学校总校长。

1964年10月，她出生于“天下之中州”——冀州，1982年初登讲坛，便与语文、与教育结下了不解之缘，先后任教于冀州市徐庄农中、冀州市徐庄中学、冀州市冀州镇中学，1997年，受聘于信都学校，参与学校创建。她以“有效服务”“高效课堂”“感恩教育”为抓手，实施精细管理，不断进行制度改革、人事改革、评价改革，带领信都学校不断攀登新高峰，不断超越新梦想，使信都学校成为拥有三学部五校区的华北名校。

她曾获冀州市名校长、衡水市三八红旗手、全国优秀班主任、中央教科所优秀课题负责人、全国明星校长等荣誉称号。

“一切为了学生健康成长”的办学宗旨

【夏桂雪】 信都学校地处国家级鸟类和湿地自然保护区衡水湖畔，是一所全日制民办学校，建于1997年。经过了十几年的积淀，在校生人数已超过20000人，共有五个校区，涵盖了小学、初中、高中教育，生源遍及河北及周边省、市的30多个县（县级市）。

【陶继新】 我在信都学校采访的时候，就为学校规模如此之大而感到惊奇。可更令我惊奇的是你们学校的软件建设，它向人辐射出一种积极向上的能量，让人感到这所学校可以在困境中突围，也可以在取得辉煌成绩时不骄不躁，继续前行。

【夏桂雪】“一切为了学生健康成长”是我校的办学宗旨，也是一切工作的出发点、着力点和落脚点。十几年来，我们始终坚持开展“提高自身素质，创建和谐校园”活动，以科研为先导，以改革为动力，做亮师德，做细管理，做精教学，做实安全，增强服务意识，提高课堂效率，提升教师整体素质，努力实现“立足冀州、辐射河北、面向全国、走向世界”的高端办学目标。

【陶继新】规模大自有其外在的宏伟，而内在的气象则更显博大。您上面所谈，让我看到了你们学校内在的品质。教育品质的优劣，决定着学校的发展速度，甚至决定着学校的生死存亡。《大学》有言：“国不以利为利，以义为利也。”学校为利而行者，几乎无一例外地走向衰败；而“以义为利”者，即“一切为了学生健康成长”者，则多能从小变大，由弱变强。这是一个不变的生命规则。

【夏桂雪】高端办学目标是我们的梦想，比较宏大，但是教育工作需要细而微、小而实。所以在工作中，我们分解了这一高端办学目标，做到了“四个坚持”：坚持素质教育不动摇，奠基学生终身发展；坚持科学管理不动摇，护航师生和谐共进；坚持教学改革不动摇，彰显学生主体地位；坚持名校战略不动摇，拓宽内涵提升路径。

【陶继新】真正做到“四个坚持”十分不易，对于民办学校来说更不容易。因为多数家长更看重的是学生能不能考出好的成绩，能不能升入理想的学校。尽管推进素质教育有时也会使学生考出高分，可短时期内会降低学生的考试成绩。于是，急功近利者就舍弃了素质教育，完全走向了应试之路，但欲速则不达，如果一味追求学科成绩，最终会导致素质教育的路没有走好，学生的应试成绩也并不理想。你们全力推进素质教育，大胆进行教学改革，结果不但提高了学生的素质，也提高了学生的考试成绩。

【夏桂雪】我把学校工作分成了三个层面：第一个层面是办学理念，第二个层面是管理理念，第三个层面是教育理念。办学理念是纲领，是一切工作的出发点；管理理念是对学校工作的态度和观念；教育理念是教育思想和教育目标的体现。

【陶继新】理念决定一个人的行为，没有好的理念，就不可能做出有效的行动。从某种意义上说，理念的正确与否，决定着一所学校的兴衰成败。比如，我国第一篇教育学论著《学记》开篇说的就是办学与学习的目的——“化民成俗”，此后才继续谈如何学、如何教等一系列问题。现在亦然，先有理念，而后才能展开行动。

【夏桂雪】刚才已经提到，我们的办学宗旨是“一切为了学生健康成长”。这是学校的办学品格，是学校生存发展之本，是家长和学生的迫切愿望，是教师事业发展的根本动力。

办学方针：诚信为本，利民厚生。

育人理念：关爱、尊重、公平对待每一个学生，努力培养德才兼备、身心两健、合格而成功的公民。

教学理念：让学生会学、乐学、学出自信。

信都校训：诚信、互爱、求真、勤勉。

信都教风：严谨、公平、博学、善导。

信都学风：自主、尊师、创新、善思。

信都精神：创新精神、拼搏精神、团队精神、尊重科学实事求是精神。这四种精神，是对我校教师精神的高度概括。在我校，一提起这四种精神，教师们自然而然就会想到一些在别人听起来几乎是不可能的事例。

学校每年都组织教师外出学习。为了尽可能不耽误上课，外出学习的教师通常在早晨四点半出发，白天听课、交流、学习，晚上再坐车回来，常常是晚上十一二点才能到校，这一天当中也许只能吃上一顿饭，可老师们谁也没有怨言，谁也没有喊累，第二天早晨五点半又会准时起床和学生一起出操。

去年冬天的一个晚上，突降大雪。第二天早晨，我校全体教师自发地五点起床，从教室中拿来工具，为同学们扫出了一条条爱心之路。

今年暑假，新校区要投入使用，时间紧迫，购置的床板半夜两点才能到校，我校全体男教师晚上一点半集合，等候卸车、安装。

像这样的事在我校可以说是数不胜数。

这套理念不是学校领导自己定出来的，而是学生、教师、学校、家庭、社会五方需求精华的概括，也是我校办学十八年来成果的积淀。

【陶继新】您上面谈到的各种学校文化元素，都属于学校精神文化的范畴。一所学校办得如何，与其精神文化建设休戚相关。要建设精神文化首先需要形成自己的精神文化符号，即根据学校的实际情况对其内在的精神进行高度的浓缩与概括，比如，清华大学的校训就抽象为“自强不息，厚德载物”。这个抽象与浓缩是烙着本校特色的，而不是从其他地方随意“拿来”的。你们学校的精神文化就属于前者。有了精神文化的符号，并不等于就有了精神文化，它还需要一个长期而艰难的内化过程。只有将这些精神文化内化到师生的心里，外化出来才能形成一道又一道绚丽的风景。你们的精神文化就做到了很好的内化，您上面谈到的老师们所做的事情，太让人感动了！他们在做这些事的时候，尽管很累很苦，可是，他们是自愿的，甚至还会感到自己是幸福的。这些就是你们学校能够长足发展的内在原因吧！

严与细、导与真的管理方略

【夏桂雪】在学校管理中，我经常自问：我的管理理念是什么？我的理念是否先进？作为一名优秀教师出身的校长，我只想怀平常心，做长久事。从“一切为了学生健康成长”的办学宗旨出发，以学生成才、教师成长、学校发展三方共赢为目标，胸怀全局，不徇私情，关注细节，坚持不懈地做好四个字——严、细、导、真。

【陶继新】“怀平常心，做长久事”堪称经典格言，是您实际管理工作的生动写照。怀有一颗平常心对于一名校长来说极其重要，可又不容易做到。只有怀有一颗平常之心，才能做出长久之事，这在逻辑上构成了一种必要的条件关系，是值得所有校长学习的一条定律。

【夏桂雪】管理包括“管”和“理”两部分。其中的“管”，一是建章立制，在制度上进行约束；二是要着重落实，言必信，行必果，突出严和细。

【陶继新】“管理”之中的“管”，当是制度文化建设。没有规矩不成方圆；有了规矩但得不到师生的心理认同，则不能成为制度文化。有的学校尽管也有制度，可是因为没有文而“化”之，所以形同虚设，不起作用。你们的制度则有“化”的妙道。

【夏桂雪】我首先说“严”，可以这样解释：严字当头，有格有度。

对电视剧《亮剑》中李云龙的领导作风，我很欣赏。他常说：“兵熊熊一个，将熊熊一窝。”我颇有感触。因此，在学校，我严抓领导班子建设。在领导聘任机制上，我采用的办法是，不唯学历，不唯资历，只看能力，能者上，平者让，庸者下，变“伯乐相马”为“公开赛马”。

每年寒、暑假，我都会拿出几天的时间，组织校长、主任进行封闭式的制度完善会议。在会议上，任何人不得带手机、会客、回家，必须全身心投入。会议上我们要回顾总结上一学期的工作，制订新学期的工作计划，修改完善各种制度，以保证下一学期工作的顺利进行。

【陶继新】《三国演义》中诸葛亮不只是一位神机妙算的军师，还是一位严格执法的统帅。其中有一个诸葛亮挥泪斩马谡的情节。诸葛亮系爱才之人，他十分欣赏手下的一位谋士——马谡，可是，马谡因失街亭而被诸葛亮下令斩首。执法之严，可见一斑。若没有这个严，诸葛亮就不可能更好地指挥三军作战。同样，没有严格的制度，学校就无法正常运转。在制度面前，“莫斯科不相信眼泪”。尤其是一所规模如此之大的民办学校，如果没有严格的制度，更是无法管理。况且，严是表，而内在的本质是爱。对人要求严，正是对人的爱，也是对学校的爱。透过您的严，我看到了一个拥有大爱的校长！

【夏桂雪】有了强有力的领导班子，各项工作就有了带头人。2008 年暑假，我带领学校领导班子成员在客观分析我校发展现状的基础上，进行了一系列的改革，主要包括人事、评价和制度三方面。通过人事改革，使学校管理实现网络化。在校长负责制的基础上推行年级负责制，中学副校长、小学主任对本年级的教育教学负全责，并担任班主任，进入教师教研室办公，中学全体教师承包学生，小学实行正副班主任制。就这样，形成了全体教师对学生负责，副校长、主任对全体教师负责，校长对副校长、主任负责的学校管理网络。

【陶继新】学校管理网络化让学校管理趋于简单化，剔除了不必要的中间环节，能让学校领导的精神旨意迅速地传达到教师那里。同时，这也让人人有权，人人有责，减少了人浮于事的现象，增强了大家的主人公意识，提升了大家主动工作的积极性。作为总校长的您，也可以腾出时间来或通过学习充实自己，或去考虑一些学校发展的大问题。对于规模较大的学校，这的确是一种很好的管理方略。

【夏桂雪】数字是最美的语言，在评价改革上，我尽量将领导、教师的工作业绩数字化。首先，加大领导绩效奖的比例，绩效奖与所管年级的学生人数、师德师风、教学成绩、招生、控辍以及日常的教师培训、三餐两操、教育教学管理等息息相关。

其次，对教师的评介改变了以往期末看分数，“秋后算账”的滞后的评价机制，把考核放在平常。在备课、讲课、作业批改、控辍、保学等方面对教师提出要求，每月一核算，落实奖惩。

民办学校的一大优势就是机制灵活，能更好地实现优劳优得，同岗不同酬。我倡导建立了教师岗位定级制度，通过教学成绩、学科知识、课堂教学、学生评议、日常量化、学科获奖六大方面对每名教师进行全方位的量化考核。最后累计积分确定教师的岗位级别，普通的是“快乐教师”，高一级别的是“阳光教师”，再高一级别的是“幸福教师”。这个岗位定级不是终身的，而是每学期评价一次。

【陶继新】评价是教育改革的难点，这在很多公办学校中显得尤其突出。可是，如果没有公平公正的评价，绝大多数教师的积极性就会受到挫伤，学校发展就会受到阻碍。虽然民办学校有其独具的机制优势，但并不等于所有的民办学校都建立了很好的评价机制。那些每况愈下的民办学校，很多问题都是出在没有建立良好的评价机制上。你们所建立的评价机制，让全体教师“不令而行”，这就是优质评价机制的魅力。

【夏桂雪】陶老师，您刚才说，在制度面前，“莫斯科不相信眼泪”，我们进行制度改革后，还真的让一些老师流过泪。

上学期，我校王老师没有认真履行学生出校程序，学校按制度对王老师做出待岗反思的处分，对年级校长处以600元罚款，并责令检查。王老师和该年级校长都是1997年学校创建时就来了，毫不夸张地说，他们是学校的功臣。发生了这种事，学校做出这样的处分决定，对此他们很不理解，到我的办公室申诉，认为学校制度太苛刻了，管理缺乏人情味，他们虽然没有按照程序做，但是学生没有出现任何问题，学校对他们的处理有点小题大做。我很耐心地听完他们的申诉后，给他们讲了“破窗理论”，并告诉他们：任何一个小的漏洞都可能给学校发展带来负面影响。学校的每一项制度都不是随意制订的，而是为了保证学生的安全健康和良好的秩序而制订的，违反了就要严格按制度接受处罚。经过我几次做工作，他们终于认识到了问题所在，还跟同事说“罚得口服心服”。

【陶继新】违背制度者，就是流泪也无济于事，还是要按制度执行。如果一所学校的工作有章不循，有制度不落实，只会导致“一流的决策，二流的执行，三流的结果”。所以在制度面前，人人平等。您上面谈到的情况，在意料之中，而您处理得恰到好处。是的，不是说学生没有出事就可以不受处罚了，这正如交通路口红灯亮起时没有车辆就可以穿越而过一样。制度是刚性的，一经制订，谁都必须遵守。当然，经过实践证明某个制度不适宜时是可以修订的，可是，修订之前必须严格执行。当人人都感到制度是刚性的，也是科学的时，大家就会从心里认同它，敬畏它，甚至形成一种以遵守制度为荣的思维定式。

【夏桂雪】我们的几项改革都是以“严”字当头，目的就是营造一种昂扬向上、比学赶帮的氛围，激发教师“不待扬鞭自奋蹄”的工作热情，的确让领导、教师形成了一种以遵章守纪为荣的思维定式。

【陶继新】“严”字当头看起来有点残酷，可对于领导与教师来说，却能让他们形成严于律己的精神、克己奉公的品质。当这种精神品质形成之后，不但会对学校的发展大有助益，还会提升其本人的人气指数与上升空间。一个人如果只是在原地徘徊不前的话，其生命就会失去意义；当其有了积极向上的状态时，就会点亮自己生命的前程。

【夏桂雪】学校管理管的多是一些小事，但这些小事都关乎学生的发展、学校的未来。诚如老子所说：“天下大事，必做于细。”我们在管理中，就是力求把小事做细，细事做精。

比如，教师备课要做到全册通备，逐节精备，生课熟备，熟课新备，课前默备，课后复备。每课时都要有从个案到共案到特案再到心案的过程。

上学期，我们“高效课堂”活动的总结是以一节课的形式呈现的。小学部推选张老师上了一节“高效课堂”汇报课，课的精彩程度毋庸置疑。但在听课过程中，我发现她在写“负荆请罪”的“荆”字时，笔顺错了。

由这一个字，我联想到其他教师板书时的书写笔顺可能也存在一定的问题，这对学生会产生不良的影响，于是，在全校发起了汉字笔顺的专项考核。为此，很多教师购买了《现代汉语通用字笔顺规范》，并刻苦练习，提高了基本素质。

【陶继新】要想做一名优秀的教师，不但要人品好，还要业务精。这个“精”体现在各个方面，即使出现一个笔顺误写，也是与“精”相悖的。所以，对教师的要求既要严，也要细。这是对教师负责，能让他们更好地发展；也是对学生负责，保证他们学到正确的知识。其实，一所学校的美誉度是体现在学校的每一个方面的。有的时候一个小小的失误，就会影响学校的形象，影响学生的成长。可以说，教学无小事，细节定成败。从大处着眼，从小处着手，不但可以做好小事，也能够做成大事。

【夏桂雪】我们推行“预见问题—分析问题—控制问题”的精细化工作思路。每天晚上组织同年级的校长开碰头会；第二天早晨校长组织班主任开碰头会；每周，学校都针对各年级、各班学生的情况组织研讨，及时发现苗头、预见问题、分析问题、疏导和控制问题。

在学生安全问题上，学校各个主管领导每天都要对管辖范围进行巡查，对纪律、卫生、通风、安全等各项工作都要做到心中有数，对每个小问题都不放过。

在一次检查时，我发现一张床上的螺丝有点儿松动，当即让政教主任拿来扳子，亲自把螺丝拧紧。政教主任不好意思地说：“我都把工作安排下去了，让他们每天检查，没想到还是有问题。”我说：“说了不等于做了，做了不等于做好了，做好了不等于做细了，做细了不等于做精了。”没想到，我随口说的这句话竟被一名副校长记了下来，在全体教师会上倡议大家以这句话为自己工作的标准，不找任何借口，把工作做精细。

【陶继新】《学记》有言：“禁于未发之谓豫。”意思是说，在学生的问题还没有发生时就加以防止叫作“预防”。预防不能挂在嘴上，而要有真正的行动。“螺丝钉”一事中您的话语可谓至理名言，关键是要做，要做好，做细，做精。安全是天大的事情，要想“常在河边走”，还“不湿鞋”，就要在精细上下功夫。这不只是管理的问题，也是心中有没有学生的问题。其实，管理这么大的学校，要保证长年不出安全问题，在一般人看来几乎是不可能的，可是你们做到了。这既让学生放心，让家长放心，又提升了学校的可信赖度。

【夏桂雪】教学是中心，后勤是保障，民办学校要想良好地运营和长远地发展，就需要后勤的精打细算。6月份，后勤主任给了我一份《暑期维修项目预算表》让我审批，我看到有一项是给课桌凳刷漆，一万六千多套桌凳，仅此一项就需花费十几万元，这可不是一个小数目。后来我和后勤主任到几个教室实地考察了一下，发现桌面损坏严重，的确需要重新粉刷，而桌身的漆和凳子的漆并无太大损伤，只是长年累月用下来，脏了而已。我当即叫来管政教的副校长，让他在全校开展“洁我课桌，净我课凳，清新舒适好学习”的活动，学生用洗衣粉水将自己的课桌凳洗刷一新。而暑假期间仅仅刷了一下桌面，节约经费八万多元。事后，后勤主任拍着脑袋说：“还真是做了不等于做好了，做好了不等于做细了，做细了不等于做精了，看来我的精细化程度还不够哇。”

【陶继新】 通过精打细算，减少了那些不必要的开支。而且，在这个过程中，不仅使学生的课桌凳变得整洁了，这种爱护课桌凳的行动也培养了他们爱劳动的好习惯。同时，这也让后勤主任及其他干部思考，如何在今后的工作中做得更细更精，从而提升学校的教育质量。

【夏桂雪】 在食堂管理上，我们也是以细节求生存。无论是采购的“两票三签字”、饭菜加工的十一道工序、饭菜质量检验的六道工序、炊具用具的“一洗二刷三冲四消毒”，还是环境卫生“四定”、个人卫生“四勤”，我们都要求具体，责任明确，让学生吃得安全，吃得健康，吃得营养，吃得美味。

【陶继新】 百闻不如一见，如果不是我亲自到你们学校的食堂参观，真是很难相信您上面所说的这种情况。我感到，你们的管理极其精细，食堂工作人员的责任心特别强。您所说的吃得安全、健康、营养与美味，我也领略到了。我是突然“袭击”走进你们食堂并在那里用餐的，至今仍记忆犹新。当时我就在想，如果所有的学校食堂都能办出这样的品位，不但不会出现安全问题，还会让学生流连忘返呢！

【夏桂雪】 管理，管理，既要管又要理，只管不理不能体现学校的教育品质。所谓“理”，就是在情感上与教师接近，体察教师的需求，并真心给予帮助，突出了“导”和“真”。“导”就是心灵疏导，培训提高。不管是学校的办学理念，还是规章制度，都要让教师真正地认同，并将其内化为自己的素质，这样才能在工作中得到全面、深入的落实。

【陶继新】 管理之中的“理”，有了更多的人文管理色彩。人都是有感情的，以情动人，以情感人，往往最能触动教师们的心弦，从而让他们心悦诚服地去工作，并力所能及地做好工作，这可能是管理中的最高境界，也就是心的管理。

【夏桂雪】 我每天早上五点半准时起床，神清气爽地到操场等着全体师生出早操，看着学生们上早读，深入老师、学生中间发现问题，再马上找有关领导研究问题、解决问题。问题解决掉还不算完，我还会让他们进一步思考怎样做才能避免再出现类似的问题。无论从敬业精神还是从工作态度、工作方法上，我都给中层做出表率，中层也会给教师做出表率，教师自然会给学生做出表率。

学校理念的形成、学校文化场的磁力不是灌输出来的，而是一点点做出来的，这是文火炖肉的慢功夫，而不是烈焰烧烤的急功近利。

【陶继新】孔子说："君子之德风，小人之德草，草上之风必偃。"领导的表率起着很大的作用。学校制度不是只约束教师与学生的，也对校长与其他领导的行为做出了限定。如果领导不执行，却让师生执行，师生也许会表面上应付，心里却是抵触的。到了一定的节点上，这种矛盾就会激化。一些学校之所以出现这样那样的问题，更多的不是出在教师身上，而是出在领导身上。您不但知晓这个道理，一直起着率先垂范的作用，更重要的是，您是从心里就这样想的，行动中又是这样做的，这让教师们心服口服，并自觉地像您一样积极地工作起来。

【夏桂雪】对于工作，我始终坚持做到六个字——管理就是做人。在这个信念的驱使下，我设想了自己的工作愿景——让教师们"心"甘情愿地忠诚于教育事业，而非"薪"甘情愿；让所有适龄儿童都对信都学校"向往之"，而非"降往之"。

要让教师们"薪"甘情愿比较简单，制订一套管理制度，按劳付酬即可；但要让教师们"心"甘情愿，就必须要让他们从心底接受你，接受学校的思想和观念，把工作当成自己的事业。对于学生，我不满足于家长因学校管理严格、升学率高而送学生来信都学校，我希望学生在学习中体验到快乐，体验到幸福，听到自己健康成长的拔节声，从而发自内心地"向往"信都学校。

【陶继新】"心"甘情愿而非"薪"甘情愿，说得太好了，但要真正做到却是难之又难。休说民办学校，就是公办学校，如果没有相应的物质奖励，教师们干起来常常也是心不甘情不愿！不过，您所说的六个字"管理就是做人"是解决这个问题的锦囊妙计。在学校管理中，除了制度文化的构建外，还要有精神文化的建设。人做好了，精神富足了，就没有做不好的事。有的人从小就学习做事的本领，而不关注做人的本分，结果长大之后非但人做不好，事也做不好。教师是培养人的人，校长又是管理教师与学生的人。校长的人做好了，就会向教师传递如何做人的信息；教师的人做好了，也会在无形中影响到学生。学生是最能"学而时习之"的一个群体。当校长、教师与学生都关注做人的时候，其他诸如教学与学习的问题也就迎刃而解了。可以这样说，在学校管理中，做人是本，本立才能道生。

【夏桂雪】刚性制度，柔性管理，在工作中我从未忘记对教师的真诚关怀。比如，在处理教师请假的问题上，我建议各中层领导这样想：只要教师请假，肯定是遇到了什么麻烦、碰到了什么困难，要不然教师是不会轻易请假的。应该这样做：当有教师打电话请假时，先不要急着说行还是不行，要先问清情况，进行安慰，并询问需不需要学校帮忙，然后再谈工作如何安排。班主任请假，各中层领导要把班内工作安排给任课教师，并帮着他查自习，查操，查宿舍，查课间纪律，处理班级事务；遇到任课教师请假，各中层领导要检查一下课是不是调整好了，如果调不开课各中层领导要亲自上课。如果请假时间较长，我会亲自给请假教师打电话询问情况。我觉得这样一来，教师的心是热的，是暖的。

【陶继新】制度是刚性的，可人心不能是刚性的，它应是柔性的、弹性的。孔子说："听讼，吾犹人也。必也使无讼乎！"刚性制度的初衷，不是整人，而是让人变得更好。您对教师们请假问题的处理方略，闪耀着人性的光华。这并非是不要制度，而是在执行制度的时候，一定要多为他人考虑。这会让教师们从中感到温暖，会让他们更加自觉地遵守制度，更加努力地工作。从这个意义上说，您还是一位很有智慧的校长。

【夏桂雪】个别谈心更能体现学校管理的真，同事之间的诚。教师们朝夕相处，难免会有矛盾，闹意见，只要我知道了，我就会抽出时间了解情况，做通工作；某位教师的教学成绩不理想，我会找有关的教师帮他共同分析原因，制订措施；教师们在家庭中遇到了什么不顺心的事，如孩子就业、老人就医等问题，我都会真诚帮助。

【陶继新】作为知识分子，教师尽管也需要钱，可更需要的是学校领导的尊重与关心。当他们感受到校长的真诚关心时，就会更加努力地工作以回报校长。教师的工作，有的可以量化，如教学课时的多少等，但他们工作的热情与态度等是很难量化的。当教师心甘情愿地多干工作、干好工作的时候，即使没有量化指标，也会收到很好的教育教学效果。

【夏桂雪】是的，教育是良心活。如果有教师遇到重大问题时，我就会报请董事会，给予教师们经济上的帮助。有两名教师，近年来身体不好，不能坚持在一线工作，我就给他们安排了收发报纸、整理图书的工作，逢年过节还会带上慰问品，亲自去他们家中探望。庞老师生病住院，学校一次性补贴了一万元。像这样的事例有很多。人心都是肉长的，学校对他们付出了真情，他们也会对学校付出真爱，教师们的心平了，气顺了，就会自我加压，负重奋进，努力工作，不断创新。

【陶继新】目前一些学校教育生态呈现出不断恶化的趋势，究其主要原因，就是教师心里不顺，心中有气。其深层的原因何在？我认为主要还在学校领导，尤其是在校长身上。当校长真正关心教师们的时候，教师们都会看在眼里，记在心里，并积极工作。如果校长高高在上，唯利是图，唯上是从，教师们不但会看不起校长，还会心怀不满，并将这种情绪投射到教育教学中去。你们这么大一所民办学校之所以长年来持续发展，原因尽管非止一端，但与您这个总校长及其他领导对教师们的真诚关怀肯定是分不开的。

【夏桂雪】要想让教师们生成一种自我追求的动力，进而形成一种优质的生命状态，就得求真求实，意见真采纳，优秀做法真推广。专门负责各年级教育教学的校长，每天都在自己负责的年级中工作，我与他们通常是一天都见不着面，交流的机会很少。对此，侯校长提议每天固定时间让中层领导们相互交流工作感受，我采纳了这个建议。当天开始，每天晚上我们都召开中层领导碰头会，雷打不动。这个会并没有什么模式，也不定什么议题和任务，就是聊天。各个校长把自己一天中发现的问题、解决的办法、迸发的灵感、听到的反馈等都拿来分享，互相启发和借鉴。

【陶继新】聊天不但可以聊出问题，解决问题，增进彼此之间的感情，还会让大家对学校更有责任感与归属感。《周易》有言："二人同心，其利断金；同心之言，其臭如兰。"只有教师们同心同德、共创事业的时候，学校才能更好地发展。另外，从中也可以看出您这位总校长具有从善如流的品质，这也是一所学校能够长足发展的重要元素。这何止是从善如流？还昭示了您心系学校的思想！只要对学校有利的事，就坚决去做；不利的事，就坚决禁止。有您这样的好校长，是学校之福，教师之福，也是学生之福！

【夏桂雪】教师工作的积极性，还得靠自身的驱动力。随着我校社会美誉度的不断提高，学校规模越来越大，"80 后""90 后"教师的增多对学校原有的文化场形成了冲击，再加上社会对优质教育的需求也不断提升，为突破意识瓶颈，我们开展了一系列讨论。如专题为"信都发展靠什么，我为信都做什么"的解放思想大讨论，引导教师们认清民办学校面临的严峻形势，并结合实际，下真功夫，下苦功夫，下实功夫，动脑筋，想办法，把自己的工作潜能发挥到极致，促进学校发展；专题为"当我是学生的时候"的讨论，针对教师常说的"现在的孩子真笨，现在的孩子真难管"，召开了"忆自己学生时代的往事，看当时教师"的故事会，每位教师讲一两件学生时代自己印象最深的往事，评判当时教师的观念和做法，以此促使教师换位思考，了解学生。

【陶继新】这两个专题讨论得好！尤其是“当我是学生的时候”这个专题，会让教师们忆起自己的学生时代，更多地从学生的视角思考问题，从而进行有的放矢的教学。现在一些教师总是说学生不听话，脑子笨，可是，在他们做学生的时候，也有过不少类似的经历。这个专题的讨论可以让教师思考自己当下的做法与教学行为是不是符合学生的心理特征。同时，能促使教师更好地研究教育学、心理学，甚至脑科学与生理学。比如，上课的时候有的学生会不专心听课，有的学生甚至还会睡觉。如果从生理学上考虑，就不会觉得这种现象奇怪了。因为学生专注听讲的时间一般不超过15分钟。知道了这个特点，教师就要考虑如何在这个时候让学生进行一下动静转换，使学生的注意力相对集中起来。再如，有的教师常对学生说：“这个重点问题我都讲过三四遍了，你还是记不住，真是笨极了！”如果研究一下脑科学就会知道，教学中的重点与难点等内容，要真正让学生牢牢记住，至少是需要强化七八次的。了解了这些常识，教师在教学的时候，就要通过不同的形式，让学生进行强化记忆。如此一来，不但学生记得牢，而且教师可以不用布置课外作业了。

【夏桂雪】我们的讨论共有五个专题，专题三是“如果是我的孩子”，引导教师把每名学生都当成自己的孩子，让每位教师站在家长的角度去想事，去做事。

专题四是“如果我是孩子”，引导教师进行换位思考，理解当下学生们的学习压力和生活压力，在心理上产生共情，从而更好地开展教育活动，也就是让每位教师都站在孩子的角度重新认识我们的教育是否有效，重新审视我们的课堂是否培养了学生的兴趣。

【陶继新】这两个专题从情感入手，为学生着想，教师就会少一些急躁情绪，多一些真爱。有了爱，有了为学生设身处地的思考，教师在教育教学的时候就不会异想天开，草率地解决学生的问题，而是会从呵护学生的心理出发，想方设法解决他们的问题，为他们取得成绩而骄傲，为他们学习成绩不佳而忧心并对其加以辅导。其实，师生之间如果有了感情，很多问题就可以轻松地解决了。有些学生对某一学科的学习不感兴趣甚至产生反感，自然有其自身的特点，但很多时候，与这一学科任课教师对该学生的态度也有一定的关系，因为学生只有“亲其师”，才能更好地“信其道”。

【夏桂雪】专题五是“学校的发展和我的改变”，引导教师进行回忆和展望：创业时，教师的努力成就了信都学校，使信都学校成了一种品牌；兴业时，学校成就了教师，学校组织的各项培训促进了教师的专业发展，学校的发展使全体教师感到了作为信都人的自豪与骄傲。现在，面对新形势，全体教师应如履薄冰，战战兢兢，这样虽然很累，但有意义，所以应以快乐的心态过一种充实的教育生活。

【陶继新】学校的发展与教师的成长应当是相辅相成的。如果没有学校的发展，就不可能有绝大多数教师的成长；而没有绝大多数教师的成长，也就不可能有学校的发展。教师们明白了二者的内在关系，就会一心一意为了学校的发展而努力；而学校持续发展了，又会为教师更好地成长提供支持。现在学校的声誉越来越高，教师们的自豪感也与日俱增。只有在这种良性的互动之中，才能形成学校与教师共同发展的双赢局面。

【夏桂雪】陶行知说，千教万教教人求真，千学万学学做真人。管理的真，是指任何工作都要实事求是，从实际出发，说真话，办实事，看实效；还是指工作中要真诚对待全体教师，将心比心，使团队的力量更强大。这个真，是严、细、导的最终落脚点。

【陶继新】真与诚是一脉相承的，《孟子》有言：“诚者，天之道也；思诚者，人之道也。”《中庸》说：“君子诚之为贵。”真诚之于教师，尤其是对于学校领导来说有着极其重要的意义，因为“诚心守仁则能化，诚心行义则能变”。因为只有真诚，才能赢得人们的信任，才能让学生也形成真诚的优秀品质。

锻造德艺双馨的教师队伍

【夏桂雪】学校要想持续发展，就要有教师的持续发展。为此，我们在锻造德艺双馨的教师队伍方面开展了一系列的工作。

【陶继新】教师的优秀与否，决定着学生成长的快慢，也决定着一所学校的发展前程。你们为教师的发展而努力，当是抓住了学校发展的关键。

【夏桂雪】首先，我们通过“引、炼、导、考”促进青年教师快速成长。每年，我们都会从各大院校招聘优秀毕业生充实到教师队伍中，青年教师的成长关系到教师团队的整体水平，对他们，我们实行了“引、炼、导、考”的培训方法。引，即幸福教师引领。青年教师主动听幸福教师的课，并结合自己上课的感受提出教学疑问，由幸福教师解答；幸福教师同样要听青年教师的课，指出问题所在，对症下药，促其快速成长。炼，即课堂锤炼。青年教师要上过关课，过关课后要上研究课，研究课后要上展示课，优秀者上示范课，这促使青年教师一级一级螺旋上升，稳步发展。导，即理论指导。新教师要自主自觉读与教学相关的理论书籍，每月做好两次摘记，每次字数不少于1000字。考，即教学技能考核。学期末，针对不同学科对新教师的培养效果进行检验。

这种培训，打破了“学文件、听报告、开大会”的“老三套”做法，内容实际，借鉴性强，看得懂，学得了，用得上，教师们愿学、乐学。

【陶继新】青年教师有着很大的可塑性，也有着极大的激情，可是如果不及时对其加以培养，就有可能让其激情渐渐逝去，让其潜力慢慢深藏。这既是对这些青年教师的不负责任，也是对学生的不负责任。相反，在青年教师入校之初，即对他们进行有效的指导与培养，就会让他们迅速成长起来。“引、炼、导、考”的培训方法，既有对青年教师的引领，也包含促使他们成长的压力和动力。绝大多数教师都有一定的惰性，青年教师亦然。可是，当给他们提出具体要求，甚至是比较重的任务时，就能督促他们去努力。开始的时候，他们也许觉得这样做有些累，可是，随着锻炼的机会越来越多，学到的东西就会越来越多，他们会产生一种成功感、自豪感，这时非但没有了惰性，还会生成一种自我追求的动力，进而达到一种优质的生命状态。这样，他们自己就有了更好地成长的可能，学生也会在他们的课堂上享受到成长的快乐。

【夏桂雪】其次，我们通过“十二修炼”指导教师提升教学水平。知识是学出来的，能力是练出来的，品德是修出来的，我们持续开展教师“十二修炼”活动，引导、指导全体教师提高师德，提升教艺。

七年级的赵老师，教学设计新颖，构思独特，但走进她的课堂总感到气氛沉闷，情绪压抑，学生总是昏昏欲睡。设计得挺好的课却不能达到理想的效果，这是为什么？原因在于她讲话的声音很低，语调很平，偶尔出现高音却尖锐刺耳，就像金属用力摩擦黑板的声音，学生不仅视觉疲劳，连听觉也疲劳了。

了解了原因后，主管教学的王校长开始帮助她修炼声音。首先帮助她树立信心，给她讲撒切尔夫人修炼声音的故事。信心树立起来后，王校长从技巧上给予指导，从发音到吐字，从发声到用气，从语调到语速，逐一训练。经过修炼，她的音质圆润了，音量饱满了，咬字清晰了，发音标准了，音调也抑扬顿挫而富有变化了。如今，她的课堂情意融融、诗意浓浓，成了师生共同经历生命成长、共享教育幸福的场所。这种改变就缘于声音的修炼。

【陶继新】赵老师修炼成功，给了我们一个很大的启示：每一个教师都有发展的空间，都有很大的潜能，可是如何更好地发展，有的时候却是自己力不能及的。在这个时候，学校领导不能单纯地怪罪教师没有这种能力，而是要想办法帮助教师提升能力，让教师更有信心。赵老师的变化，对其本人来说，会产生巨大的自信；对于学生来说，会有更多的收获。所以，最好的教育与管理，不只是发现教师的优点，还是帮助他们改正缺点，甚至变缺点为优点，从而让他们更快地成长起来。

【夏桂雪】再次，读书活动引领教师专业成长。“腹有诗书气自华”，我们还通过读书活动来引领教师们的专业成长。我要求教师们把书读旧、把人读新，把书读薄、把人读厚。我校的读书活动分必读和自选两部分，必读部分是我在平日阅读中发现的好的论文、随笔、书评等，印发给全体教师阅读，当然，教师们推荐的篇目也是可以印发的。选读部分则是每位教师每学期至少自选两本以上的书进行阅读。学校会召开好书介绍会、读书演讲比赛、读书笔记展评等活动来引发教师的阅读兴趣，增强教师的阅读动力，展示教师自主阅读的成果。在读书活动中，教师们的知识结构更新了，文化底蕴深厚了，专业理论素养提高了。读书，如今已成为全体信都人的自觉行为。

【陶继新】读书不但可以让教师们“腹有诗书气自华”，还可以让他们的教学“更上一层楼”。一个只看教材与教辅资料的教师，不管其怎样认真努力，都不可能成为一个特别优秀的教师。即使把教材与教辅资料背诵下来，如果没有读更多的书，在教学时也只能是鹦鹉学舌、邯郸学步。相反，如果读的书多了，就会形成自己的思想，就会让课堂丰盈起来。苏霍姆林斯基说，每天不间断地读书，跟书籍结下终生的友谊，就是一种真正的备课。诚哉斯言！综观全国那些知名的教师，没有一个不是大量阅读好书者。你们启动教师读书工程，不但可以提升教师的思想境界，而且会让他们在备课时具有更加丰厚的底蕴，从而让他们更快地成长起来。

进行高效快乐课堂教学的探索

【夏桂雪】求真在课堂，教师只有真诚地教，学生才能真诚地学。而真不但不能假，也不能让学生学得痛苦。为此，我们在课堂教学上进行了有效的改革。

【陶继新】课堂是学生生命成长的主阵地，如果学生在课堂学习时不快乐，少收获，其生命成长就会变成一句空话。大凡发展得好的学校，几乎都在课堂教学上下了一番大功夫。

【夏桂雪】首先，构建“三三二二”高效课堂框架。我们奉行“让每个学生乐学、会学、学出自信”的教学理念，构建了“三三二二”高效课堂框架。

“三三二二”是指课堂教学要遵从三个标准、扩大三个量、满足两个需要、实现两个动。三个标准是指让每个学生在每节课的每个时间段都有事做，让每个学生在每节课都能解决问题并发现更多的问题，让每个学生在每节课都获得美好的情感体验。三个量是指信息量、思维量、训练量。两个需要是指学生的需要、考试的需要。两个动是指形动、心动。真正把课堂还给学生，使学生充分预习、分组讨论、主动探求，进而思维激荡、智慧飞扬、快乐高效。

【陶继新】“让每个学生乐学、会学、学出自信”的教学理念意义重大。很多学校之所以要改革课堂教学，其中一个重要的原因就是学生学得不快乐，不会学，越学越没有信心。你们构建的“三三二二”高效课堂框架，则有效地解决了这个问题。因为这个框架是从学生的生命需求出发的，是对课堂进行深入研究之后的结果。《学记》中说“学学半”，意思是说，在教学过程中，教师的教和学生的学各占一半。只有师生都有积极性的时候，才能有高效课堂的诞生。

【夏桂雪】“三三二二”仅是一个框架，就像建筑一样，有了主体框架还不够，还要有个性化的装修，才能彰显建筑的宏伟气魄与独特个性。每节课都是一件艺术品，基于这样的认知，我们推行“紧张高效、当堂检测”的目标型、任务型课堂教学模式，基本流程为出示目标→学生自学、对学、群学—学生展示—教师点拨—穿插巩固—当堂测试。在这样的课堂上，教师必须是一名设计师，是学生学习的引导者、主要问题的发现者、课堂的有效驾驭者，无论在哪个环节，都必须让学生紧张思考、有效互动、高效学习、快乐认知。

【陶继新】这些环节是环环相扣的，只有每个环节都高效了，才能实现整体的高效。而且，这些环节不能调换顺序，这里有一个科学推进序列。不在课堂上进行大量的实践与研究，是不可能形成这个框架的。这个框架要求教师在课堂教学中，既要有目标意识，也要有整体意识，还要特别关注个体环节。当每一个环节都有艺术性与科学性，都与其他相关环节紧紧相连的时候，学生就会享受到高效课堂的快乐了。

【夏桂雪】其次，倡导一课九反思教学方略。教学艺术的提升永无止境，让学生不断享受高层次的学习快乐，是我们永恒的追求。我们倡导的一课九反思，分别是反思学习目标、反思学生活动、反思教具使用、反思提问价值、反思课堂调控、反思动态生成、反思课堂水分、反思小测效果、反思改进措施。我们要求教师上完课后，抓住其中的某个方面，把反思用红笔写在备课本上，每学期还举办课堂反思评比，并将优秀的课堂反思集结成册印发给教师们学习，使教师不断地在反思中怀疑自我、突破自我、超越自我，向更高的层次迈进。

【陶继新】孔子说："学而不思则罔。"其实，教而不思也罔。人无完人，教师的课堂教学也不可能完美无缺，教师通过反思，可以找出"缺"在何处，找到"缺"的原因，避免再出现类似的"缺"，或者由"缺"变完整。可是，有的教师未必知晓在哪些方面需要反思，你们明确提出一课九反思，且一一列出应反思什么问题，就会让教师思而后得，从而让自己的课堂教学不断向更高的层次发展。

开展系列活动促进学生健康成长

【夏桂雪】在学生教育问题上，我们同样是想方设法把教育做到学生心里。结合节日特点，我们以班会和大型活动的形式，开展系列活动，让学生去体验、感悟、生成，自然而然地形成良好的习惯和感恩的意识。

【陶继新】目前学生多为独生子女，家长过多的宠爱让他们缺乏良好的习惯与感恩的意识，这些美好品质一旦在学生时代丧失，未来的生命走向就会出现一系列的问题，因为这些美好品质是一个人的立身之本，"本立而道生"。正如明朝大思想家、教育家王阳明所说："种树者必培其根。种德者必养其心。欲树之长，必于始生时删其繁枝。欲德之盛，必于始学时去夫外好。"所以，培养学生的良好习惯和感恩意识，是出于对学生终身成长的考虑，是对学生大爱的具体体现。

【夏桂雪】我们注重培养学生的良好习惯的“二三四五六”：卫生区实行“两个包”——包扫、包净；写字姿势要做到“三个一”——握笔一寸长、看书一尺远、端坐一拳宽；两操要求“四个字”——快、静、齐、全；学习习惯“五养成”——主动预习习惯、积极思考习惯、自主探究习惯、合作学习习惯、认真作业习惯；课堂行为做到“六注意”——物品整齐、坐姿端正、倾听认真、发言踊跃、书写规范、合作有序。这些习惯渗透在每一堂课、每一课间，渗透在学生学校生活的方方面面、时时刻刻。

【陶继新】一个人的修养如何，更多地表现在日常的生活与学习中，而习惯的优劣，则是衡量个人修养的一个重要指标。“二三四五六”几乎囊括了学生在校期间全部习惯的养成内容。在对你们学校进行采访时，我看到了学生上操时快、静、齐，看到了学生上课时认真听讲、积极发言，看到了宿舍中叠放整齐的被褥等。如果不是亲眼所见，是绝对想象不到学生会养成如此好的习惯的。综观中外一些有大成就的人士，大多并非智商极高者，而多是情商极佳者。而习惯，则是情商的核心元素。学生在校形成良好的习惯后，会将这种习惯带到家庭里、社会中以及未来的生活中。看来，你们办学的目的，不仅是为了让学生学到更多知识，考取更好成绩，还是为了他们未来的生命成长啊！

【夏桂雪】中华文化源远流长，中华大地绚烂多姿，我们举办了系列展览，展览内容皆由学生亲自收集并整理。一是将对中国历史各个朝代进行探究的任务分配到各班，每个班级都要广泛收集资料，深入了解本班分配到的朝代，并将其文化精髓展示出来，最后班班相连，组成一幅波澜壮阔的历史长卷。二是将对56个民族进行探究的任务分配到各班，各班展示本班分配到的民族的文化、习俗等，班班相连，呈现出民族大团结的共生共荣。三是将对省份进行探究的任务分配到各班，各班展示本班分配到的省份的名山大川图片，班班相连，勾勒出中华大地的壮美河山。四是将对辛亥革命之后的近代历史阶段进行探究的任务分配到各班，各班展示重大历史事件，班班相连，彰显出中华民族自强不息的民族魂魄。了解历史文化、风土人情，才能增强学生的民族自豪感，使学生形成感恩祖国的意识和报效祖国的责任感。此外，我们还结合3月5日、5月12日、7月1日、8月1日、10月1日、12月13日等节日和纪念日开展爱国主义教育活动。

【陶继新】这一系列的展览、爱国主义活动与考试成绩、升学考试有关吗？关系不大。如果学校只是从应试的角度考虑，就不可能组织这些展览与活动。这些展览与活动和学生的文化素养及爱国情怀有着密切的关系。要评价一所学校，尤其是一所民办学校的教育品质，除了考试成绩这一指标外，更重要的一个指标就是人的品德与素养的培养。这需要校长及所有学校领导具有职业良知，也需要一种高远的眼光。只是为了应试而办学的民办学校，也许能够存活一段时间，甚至有时还会风光一阵子，但要想长久发展，要想厚积薄发，要想培养出真正品学兼优的学生，就不能只关注应试，而应更加关注学生的人格养成、能力提升与习惯养成。你们恰恰在这方面下了一番大功夫。从这个意义上说，你们的学生不但可以考出好成绩，更可以形成好品质，走向好未来。

【夏桂雪】罗崇敏倡导的“三生教育”，我们一直在实践。“三生教育”是种外延很广的教育，不仅要使学生了解基本的生存知识和技能，还要让学生具有较高的生存能力，更要让学生拥有积极的生活态度和健全的人格，从而创造充实、饱满、快乐、幸福的生活。

我们编写了校本教材，构建了课程体系，把“三生教育”渗透到各科教学中去；开设了游泳课，学生通过锻炼身体、参与体育活动，掌握了生存技能；交通安全反思日时，我们邀请交警大队领导出席，共同观看我校小交警的表演；全国中小学安全教育日时，我校围绕“加强防灾减灾，创建和谐校园”的教育主题，开展了形式多样的教育活动；我们通过班级日记和“星光”优点记录本，使每名学生的生命内涵得以丰富，每周至少有一次受到全班关注的机会；我们在“健康第一”思想的指导下，深入开展阳光体育活动，保障学生的生命健康。此外，我们还结合全国爱耳日、爱眼日、爱牙日，世界心脏日、视觉日等主题日开展教育活动，让学生们感恩生命、健康成长。

【陶继新】关心学生，让他们健康成长，不是空喊出来的，而是实实在在做出来的。你们的做，还不是做一个或几个方面，凡是与学生生命健康成长有关的活动与事情你们都做。虽然这要耗费学校领导与教师的大量精力，但这些都是值得的。家长为什么将孩子送到你们学校？就是因为他们看准了你们是为孩子当下与终身健康成长考虑的。当家长看到孩子的成长与变化时，无一不是心怀感激。孩子只有一个学生时代，如果这个关键期受到的教育不够优质，不但会让他们当下感到学习与生活的不愉快，还会影响到他们未来的幸福指数。教育，就是要为学生当下及未来的幸福所做的一份伟业。

【夏桂雪】我们还以“感恩从心开始，让爱温暖彼此”为主题开展活动，培养学生的感恩意识，并将感恩与责任相互连接，“感恩祖国，报效为责；感恩学校，奉献为责；感恩父母，孝敬为责；感恩老师，进步为责；感恩他人，友爱为责；感恩自然，环保为责；感恩生命，健康为责”，让学生感化于心，感恩于行，勇担道义，为实现中华民族伟大复兴的中国梦而努力学习。

【陶继新】尼采说：“感恩即是灵魂上的健康。”为什么如此说呢？因为世间有一个看不见的生命规则，那就是真正懂得感恩者，大都在未来的生命历程中得到了相应的回报；而忘恩负义者多无好下场，即使不呈示于眼前，也会影响其子女。当然，让学生学会感恩，目的并非回报，而是让这种美德照亮学生的生命前程，让学生的生命更有意义，尤其是让学生的生命对他人、对社会、对自然等更有价值。所以，如您所说，感恩有时是与责任、奉献、大爱维系在一起的。人活在世间，应当有更高的追求，有更远大的志向。

【夏桂雪】感恩意识的培养，责任意识的加强，都需要一个循序渐进的过程。感恩活动的开展，不仅提高了学生的成绩，培养了学生的良好品质，还让每名信都教师都感到了教育的幸福，更扩大了学校影响力，提升了学校美誉度，吸引四方学子前来就读。现在，信都学校已成为河北衡水中学、河北冀州中学的“优秀生源基地”、中国青少年研究会的“青少年素质教育研究实践基地”、全国先进民办学校、全国优秀科研学校。

【陶继新】付出努力，取得成果，自然也就赢得了人们的信任。孔子说：“人而无信，不知其可也。”学校亦然。失去了信任，就失去了存在之根；而拥有了信任，也就拥有了存在与发展之根。对于民办学校尤其如此。学校的一切，老百姓都看得一清二楚。做得好，老百姓就会赞赏，就会将孩子送到学校；做得不好，老百姓就会敬而远之，甚至诅而咒之。你们学校之所以获得了这么多的荣誉，就是因为品质之高而道法自然得到的。它同样可以提升学校的知名度与美誉度，对学校的发展产生积极的影响。

【夏桂雪】追求永无止境，奋斗永无穷期，信都学校没有成功，只在成长，我还会坚持以人为本，坚持不断创新，做优秀的教育人，办优秀的学校。愿祖国繁荣昌盛，愿民办教育蓬勃发展，愿学生健康成长，愿老师幸福工作……

【陶继新】你们已经取得了很大的成绩，这为学校的持续发展奠定了很好的基础。相信在您的领导下，信都学校还会有更好的发展，还会取得更大的成绩，从而“更上一层楼”。

书润童年，德铸人生

——山东省威海市文登区第二实验小学“幸福教育”行动解析

校长介绍

邢毅丽，现任山东省威海市文登区第二实验小学校长。曾荣获全国红军小学优秀校长、“国培计划”专家库人选，山东省优秀教师、特级教师、齐鲁名师、首届科研十大名校长、远程研修项目课程专家、教研教学先进工作者、心理健康教育先进个人，威海市有突出贡献的中青年专家、优秀共产党员、优秀教师、“两基”教育先进个人、教育科研先进个人、名校长人选、语文学科带头人、教学能手等称号。

定位：寻找方向，真诚默契

【邢毅丽】2010 年 8 月，我以校长身份回到阔别 6 年的第二实验小学（以下简称“二实小”），反复问自己：要为这所本就优秀的学校留下些什么？要怎样带领这里的伙伴为孩子们这几年小学时光留下更多的美好印记？

【陶继新】这至少说明三个问题：一是您对这所学校有着深厚的感情；二是您有着很强的责任心，想让这所学校“更上一层楼”；三是您希望孩子们有一个美好的童年，并希望学校生活为其终生幸福奠基。

【邢毅丽】是的，身为母亲、教师、校长等多重角色，我热爱校园、敬畏生命。于是，我回味了曾经为之付出 12 年青春的二实小当年的风格，研究了前任校长提出的幸福教育特色，最终确定了把“幸福”做实、做强、做出味道来，让其可见、可触、可感，让校园里的每一个人都“安居乐业”，每一天都“其乐融融”，让更多的人对这所学校心向往之的目标。

【陶继新】您作为新任校长对学校进行改革，没有否定前任校长，而是继承与发扬其可取之处，这不但肯定了前任校长的工作，也反映出您的人品。君不见，有的校长刚一上任，就将前任校长彻底否定。当然，否定前任不好的东西是可以的；可是如果只是为了通过否定前任而显示自己，人格上便出了问题。您能在认可前任校长的基础上，将“幸福”做得更好，这就很让人敬佩了。

【邢毅丽】在学校发展的“幸福圈”中，学生是“核心”，教师在“内圈”，领导在“外圈”，“幸福力”是需要支点支撑的，更是互相传递和感染的。当领导在“外圈”架构起更多的“幸福支点”时，教师就能享受到更多的职业幸福，并将继续架构更具体的“幸福支点”，带领家长和学生共同成长，形成更完满的“幸福圈”。本校教师普遍在此任职多年，在同类学校中平均年龄偏大，但是他们敬业、负责、朴实、勤勉。我坚信，只要用心去管理，让学校实现为人的发展服务的基本职能，全校教师就会用心去教书育人，从而拥有幸福的教育生活，学生就会拥有快乐的童年，学校也会拥有深厚的文化内涵。

【陶继新】一般而言，年龄大的教师缺少进取心，可上次到你们学校采访与讲学的时候，我感到他们身上呈现出一种积极向上的精神。他们的年龄尽管大了些，可是，只要有工作热情，只要努力向上，照样可以不断发展。生命不能只在同一个平面上移动，而应当不断地螺旋上升。您让这些教师感受到了自己生命的成长及其工作的价值，由此他们也拥有了幸福感，而这种幸福感又会在有形与无形中传递给学生，让学生也拥有幸福的童年。

行动一：诗书相伴，文化浸润

【邢毅丽】教育的终极目标是改善和提高人的生命质量、生存质量和生活质量，而这三个质量的高低对人一生的幸福有着重要的影响。我们给孩子的“幸福支点”就是让孩子得到应有的尊重，展示应有的自信，尽情释放生命的精彩！我期待着每天都能看到孩子们纯真的笑脸，渴望能为他们的进步和成长喝彩，于是，明确提出“书润童年，德铸人生”的办学理念，并将重点放在“书”与“德”上，既要润物细无声地陪伴他们度过这几年的童年生活，又要铸就他们人生成长的根基。其中，“书”既包括有字书，也包括无字书；除坚持多年来倡导的“读好书，好读书”做法外，还注重开展各种社会实践活动，在本地率先将非物质文化传承者引入校园，引进课堂。

【陶继新】很欣赏你们“书润童年，德铸人生”的办学理念。好书中不但蕴藏着知识与智慧，也包含着真善美，与好书相伴，就有可能为自己点亮生命的前程。除了读有字书，还要像您所说的读无字书。古人为什么在强调读万卷书的时候，还要行万里路？因为一个人的成长是离不开社会生活实践的。综观世界上的大师，几乎没有一个不是有着丰富的社会阅历甚至苦难经历的。这种生命阅历与读好书结合起来，就能产生巨大的生命能量。

【邢毅丽】一书一世界，博学气自华。在读书方面，我校有着优良的传统，为引导学生与好书相伴，我们竭尽所能：校园空间有限，于是将三座教学楼的中厅全部改造成阅览室；办学经费有限，也要购买《语文经典读本》《中华传统美德警句名言》等书，循环使用；为达到知行合一，特意编制便于携带的《幸福口袋书》《幸福存折》等，免费发放。

【陶继新】尽管经费有限，可是让学生读书的美好心愿是无限的。有了这个心愿，就会想方设法为学生创造更好的读书环境。当学生生活在充满书香的环境中时，就会在自觉不自觉中喜欢上读书。这不但会让学生学到更多的知识，还会让他们养成读书的好习惯。而小时候养成的习惯，往往是可以伴随其终生的。看来，你们还在为学生的未来发展做准备。

【邢毅丽】怀着对“我们究竟要培养什么样的人”的思考，一方面，我们着力引领学生感知现代社会，规划未来的成长；另一方面，我们帮助学生吸纳中华民族的文化精髓，感受俯视大地的幸福。上任之初，我便在校本课程中增大了传统文化的比例，并开设“传统文化大讲堂”，举办民俗文化展暨亲子创意赛等。相同的志愿让我们获得了更多的支持。2010 年 11 月，文登区教育局联合文化馆举办校园巡回演讲，带队的文化馆副馆长发现我校处处有宣讲传统文化的影子，非常激动。于是，经他们牵线，一大批非物质文化的传承者成为学生的社会辅导员，无偿教授学生表演戏曲、蒸花饽饽、剪纸、绣花、打柔力球，举办各类专题讲座，组织实地观摩等。后来，区书法协会也闻讯而来，在赠送大量作品的同时指导学生进行书写。我校成为全区唯一的“非物质文化传统项目实践基地”，也是“王羲之书法学校”。2012 年 3 月，中央电视台戏曲频道的《快乐戏园》栏目还播放了我校的京剧专场。

【陶继新】中国传统文化是一笔极其丰富的精神财富，让其走进校园，不但可以丰富学生的精神文化，还可以让他们走进实践之中，深深地感受传统文化的美妙。当地传统文化的传承者以社会辅导员的身份走进校园，不仅大大弥补了学校这方面师资的不足，还让学生接触到了更多社会上的文化人士。这既增强了学生学习的兴趣，也让他们学到了更多书本上学不到的知识，对开阔学生的视野，激发学生学习传统文化的积极性，具有很大的作用。

行动二：培养良习，丰满人格

【邢毅丽】德为立身之本，但放眼目前的道德教育，效果低下的事实令我们这些教育工作者为之汗颜。为强化德育工作的主体性原则，我们确立了“培养知礼有仪、博才多艺的幸福小主人”的育人宗旨，实施“一二三工程”，即明确一个目标——做一个有道德的人；牢记二项要求——学礼仪、讲文明、重细节、促养成，知荣辱、树新风、成习惯、铸品行；构筑起“三三三”工作框架——以“文明是一种力量”“我说我做话感恩”“民族精神代代传”为三条主线，分别从班级、年级、校级三个层面开展序列行动，全方位培养合格的家庭小主人、学校小主人、社会小主人，培养学生自理自立、自主学习、主动实践的能力与习惯，为他们的成长奠基。

【陶继新】要想让德育真正产生作用，就不能只空喊口号，而要让学生在实践中形成优秀的品质。从古到今，德育都有一个重要的特征，那就是通过实践提升人格。孔子的哲学多是实践哲学，他的教育多是在实践之中进行的。同时，德育还需要一个重要的元素，那就是自主性。他律也起作用，可不会起决定性的作用。只有在自主的前提下，德育才能走进高效的境界。你们在德育中关注了学生的实践与自主，而且实施了行之有效的方略，当然也就有了良好的效益。

【邢毅丽】其中，文明是一种力量，关注学生的日常行为习惯，分年级确立“基础文明习惯导引”，培养学生具有幸福学子气质；“我说我做话感恩”结合全区开展的“五感恩”活动，重点锁定在感恩父母和感恩社会上；“民族精神代代传”除常规性的教育活动之外，还全力拓展了教育资源，一是与驻地部队携手成立幸福少年军校，二是借助红军小学的高端平台开展行动。

【陶继新】习惯养成是小学生成长的关键，这不只关乎其当下是不是幸福的问题，还关乎其一生能否更好发展的问题。感恩教育对于学生尤为重要，因为不少独生子女不知道感恩，而缺失感恩的人，品质方面容易出现问题，品质方面出了问题，就不可能成为一个人格健全的人。你们开展的“民族精神代代传”极有特色，不但有利于培养学生的坚毅品格，还会让他们从小就懂得继承中国革命传统的重要意义。

【邢毅丽】就这样，开放的思想、多彩的课程让我们的校园活跃起来。2011 年 9 月，我们联合解放军某部队成立了幸福少年军校，每年他们都会选派一批优秀战士作为学生的军营辅导员，指导军事训练，组织军营参观，讲授革命故事和国防知识，帮扶贫困学生，一起服务社会等。2013 年 3 月，我们还邀请雷锋生前亲密的战友乔安山来校和大小“战友们”共度雷锋月。这些对进行“民族精神代代传”的教育起到了重要的推动作用。

【陶继新】幸福少年军校成立得好！什么是幸福？很多人并不明白，有的人甚至将有钱有权作为衡量幸福的唯一标准。其实，有利于自己生命成长的，也有利于社会发展的才是幸福。你们的学生在幸福少年军校里，就有了比一般学校学生更有利于成长的特殊环境。因为军人在学生的心里，是一种崇高的职业；军人的一言一行，都昭示出崇高的品质。学生是最能“学而时习之”的，在幸福少年军校里，他们几乎无时不在学习，也无时不在成长。这样，“民族精神代代传”不就有了可能了吗？

行动三：红军小学，红色传承

【邢毅丽】说实话，谈到部队，谈到军人，我本人是非常崇拜的。我出生于 20 世纪 70 年代，爷爷与伯父、姑父均是行伍出身，从小就接受红色熏染，一直对红色文化有着特殊的情愫。后来机缘巧合，我听说有全国红军小学建设工程理事会这个组织，专门为革命老区的孩子办实事、办好事，同时要让红军精神传承下去，所以就全力争取。2011 年 11 月，我校光荣加入到全国百所红军小学的行列，至今仍为胶东半岛唯一一所红军小学。自此，我们的德育工作有了更好的依托，我们的学生也有了更好的发展平台。

【陶继新】这种机缘巧合的背后，有您对红色文化的特殊感情在，所以走进全国百所红军小学的行列，也就成了一种必然。现在，小学生对于红军的历史知之甚少，对于红军精神更是少有感受。你们通过这一平台，为学生补上了这一课。这样的德育虽然有可能让学生经历一些“劳其筋骨”的磨砺，对于他们精神的锻造却起到了重要的作用，这对于一个孩子的成人、成才也会起到很大的作用。好的教育，不应当只是将学生圈在学校里学习知识，还应当让他们走出校园，走进社会，去经风雨，见世面，从而形成良好的品德。

【邢毅丽】是的，作为一所红军小学，我们既无比骄傲，又深感责任重大，因为这里寄托着老一辈革命家和红军亲属、后代的深情厚谊。在校内，我们着力开展凸显红色文化的系列活动，让“红军小学，红色希望”的种子生根发芽，从而“让红色基因代代相传”。例如，在“红色之旅——重走长征路”活动中，倡议学生做到“六个一”和“三了解”：阅读一本关于红军长征的书籍、观看一部长征题材的影视、学唱一首红色歌曲、讲述一个发生在长征路上的故事、背诵一首关于长征的诗词、写一篇“我眼中的长征”读后感或观后感；了解长征路上的重要战役、重要会议和重要人物，以此引领全体学生与家长共同品味红色经典，接受红色熏陶。也许历史会因久远而淡去，教育却可以历久弥新。

【陶继新】您上面所说的这些课程，为小学生打开了一扇了解红军历史的全新的“大书”。在读这本“大书”的过程中，他们了解到的并不止于历史，还伴随着情感的升华与精神的生成。因为这些历史之中，流淌着红军为了整个民族的解放不怕苦、不怕累和不怕死的精神。正是这种精神，才有了我们今天安定幸福的生活。这种精神不应当只是让其存放在历史博物馆里，还应当让它走进当代小学生的心里，并让其生根、发芽、开花与结果。当这种精神成为一个人的主流品质的时候，这个人也就有了知难而进的韧性，也就有了为民族而奋斗的毅力，也就有了终身发展的内在能量。

【邢毅丽】在校外，我们则特别珍惜每一次参加全国红军小学集体活动的机会，带领学生荣幸地走进了全国政协礼堂、钓鱼台国宾馆、天安门武警中队等，使学生触摸潜藏于内心的幸福感，体验不一样的教育。印象最深刻的是2012年六一儿童节，我们应邀带领学生到周恩来的故乡——江苏淮安，参加小红星艺术团“沿着党的足迹前进”大型汇报活动。仪式上，学生接受了外交部前部长李肇星等的亲自授旗、节日祝福，并与其合影留念；舞台上，学生奉献了歌舞《革命歌曲联唱》、原创音乐剧《穿上红军的军装》、舞蹈《红色娘子军》、豫剧《花木兰》，数量之多、质量之高首屈一指；彩排间隙，学生与当地周恩来红军小学、陕西延安精神红军小学等数十所参演学校手拉手联谊；演出之后，学生去瞻仰了周恩来故居和纪念馆，参观了吴承恩纪念馆；再加上全程衣食住行中所得到的自理、自立、自强的锻炼，回校后与全体小伙伴分享收获与体会等，这些都让学生在回望烽火燃烧的革命历史的同时，展望中华复兴的璀璨明天！

【陶继新】你们学生的演出之所以能获得巨大成功，除了他们的艺术素养高，排练得好之外，还有一个重要的因素，那就是他们在之前的一系列活动中，对老一辈革命家充满了感情。在演出的时候，这种感情就会喷薄而出，形成一种特殊的气场，进而产生特别好的效果。因为演出不只需要技艺，也需要内在的情感。只有两者合二为一，才能让演出更加精彩。而演出成功给学生带来的自信心与自豪感，又会反过来促使他们更加喜欢参加全国红军小学的集体活动，从而主动在其他时间去学习这方面的历史知识，甚至有意识地去学习先烈们的精神，去做一些有益于人民的事情。

【邢毅丽】是啊，这些学生大多在十岁左右，那么小的孩子，如果没有深刻的情感体验，是演绎不了具有革命内涵的舞台艺术的。当时，看着他们的精彩表演，我真是心生无限感慨。我在外出参观培训时走过不少地域、不少学校，但对文登教育始终抱有挚爱，文登学子更是自古有名。遗憾的是，由于我们地处胶东半岛的最东端，仅是一所县城，所以很多时候无论学校做出多少努力，学生多么优秀，仍然难以走上省市乃至全国等更大的平台。这是我们当初加入全国红军小学大家庭的另一初衷，就是希望我们的学校、我们的师生有更多的机会去证明自己、提升自己。正如您所说，这种活动所产生的正能量绝对是深刻而长远的。

【陶继新】从文登走出去，特别是走向全国，确实有困难。可是你们做到了。看来，只要一心为学生着想，做有利于学生成长的事情，就有可能“冲”出去。相反，一些大城市的学校，如果安于现状，不思进取，也有可能走不出其所在的城市，学生也不一定能感到幸福。所以，很多事情不是办不到，而是没有竭尽全力地去办，尤其是没有为了学生的生命成长努力地去办。所以，幸福教育绝对不是挂在嘴上的，而是要有持之以恒的行动，即使遭遇困难，也要一往无前，这样才有可能收获真正意义上的幸福。

行动四：享受学习，全员参与

【邢毅丽】学习是学生的天职，也是要伴随学生一生的大事情。如何让他们真正感受到学习的快乐和幸福呢？2011 年 1 月，作为第二届齐鲁名师人选，我参加了省教育厅组织的美国之行，这次活动给了我很多的启示。之前，我一直困惑：学习本是学生自己的事情，可是他们似乎不是很爱学习，这是为什么呢？美国的孩子却普遍喜欢学习，这是因为美国孩子与我们的孩子本身有较大差异吗？考察回来后，我意识到：学习是学生的事情没错，但是学生爱不爱学习与他们自己的关系不大，更多的是受到教师、学校甚至家长、社会的影响。

【陶继新】学生幸福不幸福，与学习快乐与否有着很大的关系。作为校长，研究这个问题，当是一种责任与义务。遗憾的是，很多校长并没有真正关注这个问题，甚至认为学习本身就是一件非常苦的事情，所以学生不喜欢。无疑，有的时候，学习是很苦；可是，好的教育教学应该让学生感到快乐。我与魏书生两个人写了一本书《享受学习——魏书生与陶继新的教育智慧》，认为学习更多是一种精神享受，而不是心力交瘁的苦役。您在美国之行中思考了这个问题，并试图通过中美教育的对比解决学生不爱学习的问题，我很想听听您的高见。

【邢毅丽】高见谈不上，但当时我确实受到了强烈的震撼与冲击：美国孩子真是太幸运了！他们拥有足够优良的学习环境，掌握了科学有效的学习方法，而且在学习探索的过程中总能不断获得多方的肯定与鼓励。他们的确是在享受学习，其乐无穷！比如，在康涅狄格州一所仅 100 多人的小学校，我看到一场全校性纪念演出，这颠覆了我之前对类似活动的所有认知，也让我找到了一条让学生爱上学习、喜欢学校的捷径。那是一场几乎完全原生态的演出，每一个孩子都登台表演，或羞涩，或大方。虽然他们的装扮并不十分精致，编排水平并不高，但是所有的观众（包括全体学生、教师和部分家长），都是满怀真诚地鼓掌、呐喊、欢笑，个个都是一脸陶醉的神情。而我们的舞台呢？仅提供给个别优秀的孩子；我们的掌声呢？总是喜欢送给个别优秀的孩子。难道人员众多、机制受限、资源配置紧缺这些外在因素，就可以成为阻碍每一个孩子享受学习的理由吗？

【陶继新】我们允许学生的学习成绩有优劣之别，但在让他们快乐幸福方面不应该有任何差别。如何让他们都快乐幸福呢？让所有的学生都有展示的机会，不失为一个很好的办法。您在美国所看到的全校性的演出，便是一个很好的例证。每一个孩子都有展示的欲望与需求，可是，在很多时候，学校只给那些所谓表现突出的学生机会，而让那些教师认为表现不佳的学生当看客。试想，如果仅从学习成绩上看，当年的马云绝对不是一个好学生，今天他却创造了让世界惊叹的成就。学生在学习成绩上不好，并不等于在其他方面不好；即使学习成绩不好，教师也不能不尊重学生，也不能让他们坐“冷板凳”，他们同样有学习的权利，同样有展示的权利，同样有受表扬的权利。只有当所有的学生都感到幸福的时候，学校教育才是幸福的教育。

【邢毅丽】我校的幸福教育一直倡导的也是全面的幸福、全员的幸福，但扪心自问：我们做到了吗？我们全力以赴了吗？所以在大家的质疑声中，在种种困难面前，来校仅半年的我强力推行的第一件事情就是“全校全员才艺展”。要求只有一个：让所有的学生都当众登台展示，哪怕仅仅唱几句歌、背几句诗、跳几下绳或说几句英文。可以按年级展开（礼堂只能容纳一个年级的三四百名学生），就从人数最少的二年级开始。事实证明，我们成功了，学校迎来了一个沸腾的四月！二年级教师深感任务艰巨，但展示出乎意料地得到所有师生及家长的好评；接下来，三至五年级越来越趋于本真的展示，一次次引起了强烈反响；最后，连原本提出学生太小，不好组织的一年级教师也心动了。从那以后，每年六一儿童节前夕，都是我校例行的“欢乐周”，人人都来“秀把瘾”，个个都有了自我超越的动力，也都有了互相追赶的目标与勇气。

【陶继新】您在一片质疑声中强力推行的“全校全员才艺展”，出乎人们的意料大获成功，为学生带来了心灵愉悦。在学生整个小学阶段，学校能给其留下的令他终生铭记的不是哪个老师讲的什么知识，而是他自己参与的并令他深感快乐的活动。这种活动愈多，学生的幸福指数就愈高。一个在学校里积淀了很多幸福感的学生，还会在以后存储更多的幸福“存款”。

【邢毅丽】我们不断组织各种形式的才艺展，集中展示的是学生日常学习的显性成果，激发的是他们对于某些特长或是学科中显性项目的浓厚兴趣。而对于基础性学习科目，我们开设了“小达人”竞赛。以数学学科为例，我们设置了用纸笔来体现的“口算小达人”“计算小达人”竞赛，用操作来体现的“测量小达人”“演示小达人”竞赛，以及当众讲清思维方法的“解题小达人”竞赛等。所有的“小达人”只有下限规定，没有上限要求，只要达标，就能得到校园张贴喜报和个人获得证书的奖励。每个学科的奖项设置与竞赛时间，均由学科教师根据需要确定，教导处协调与配合即可。

【陶继新】“小达人”竞赛让更多学生有了展示的机会，也让更多学生享受到学习的快乐。为了参加竞赛，学生必须在其要展示的内容及其形式方面积极主动地下一番功夫，展示出属于自己的“这一个”。这个过程比获得成功更重要，因为它让更多学生有了热情及创造性。每一个学生在展示的时候都不可能是一样的，这些不同恰恰折射出学生创造力的丰富性。而拥有创造力后，学生也就有了取得更大成绩的可能性，尤其是有了主动探索与创新求变的积极能动性。

行动五：回归课堂，重构课程

【邢毅丽】说到学习，必须提到课堂，课堂是师生每天生命相遇、心灵相约的重要场所。学生学习的过程主要是伴随课堂而存在的，学生必须回归课堂，成为课堂的主人。对学生而言，好的课堂就是一个展示场，他们要展示的不仅是自己的收获，更有自己的认知过程、思维过程、情感体验过程……此时，教师应是“目中有人”进而“推己及人”，成为学生的学习伙伴，这样，学生才会更加喜欢课堂，爱上学习。

【陶继新】要想让学生喜欢课堂，固然需要教师的精彩讲授，可更多的则是学生自主学习所带来的积极性与能动性，即您所说的，要让他们成为课堂的主人，这需要更新教师的教育理念。有的教师总是说，我努力备课，认真教课，学生都学不好；如果让他们成为学习的主人，就更不可能学好了。”其实，他们不了解，学生有着巨大的自学与探究的潜能，如果能有效地打开这扇大门，就会给教师带来一个又一个惊喜。

【邢毅丽】所以，幸福课堂需要师生共同创造，我们将其基本特点归纳为“教师乐教、会教，学生善学、好学”。为了达到这一目标，我们对教师提出要实现“目标、教学、评价一致性”，探究以“课前研讨备课—课中观察诊断—课后共同反思”为主线的课例研究模式；对学生，引进

"全纳教育理论下的小学生学习方式"，着重建立"自主、互助"的课堂学习方式。从学习提纲的编写，到组织预习，再到思维的方法和路径，从小组成员的组成，到参与程度，再到讨论和汇报的步骤，教师们一边摸索一边实践。如今，在开放的课堂上，经常可以看到学生的自主探索、真诚质疑，教室里飞扬着充满灵性的思考。

【陶继新】"教师乐教、会教，学生善学、好学"，这个特点总结得很好！好的课堂教学，是师生都要幸福。如何乐教与会教，是很有学问的。教师只有研究教材、研究学生，并广博阅览，接纳先进思想，才能抵达乐教与会教的境界。《学记》这样说："善学者，师逸而功倍，又从而庸之。不善学者，师勤而功半，又从而怨之。"意思是说，善于学习的人，能使教师费力不大而取得事半功倍的学习效果，并能感激教师；不善于学习的人，即使教师很辛苦地教，学习效果却还是事倍功半，还要埋怨教师。那么，如何让学生善学、好学呢？你们引进的"全纳教育理论下的小学生学习方式"将学生引到了善学的道路上。学生在学校里的大部分时间是在课堂上度过的，课堂上收获了快乐与幸福，在学校的生活与学习也就多了快乐与幸福。

【邢毅丽】是的，应该让课堂满足学生的选择需要，让课程成为学校最具核心竞争力的品牌。通过不断的探索，我们初步构建起属于自己的幸福课程体系，既有对国家课程、地方课程、校本课程的整合，又有对其进行的活化与拓展。我们的课程体系共分为五个用不同颜色代表的维度，按层级分别是运动与健康（绿色）——经常运动、强健体魄，心灵阳光、意志坚定；劳动与实践（黄色）——热爱劳动、掌握技能，自主探索、注重实践；读书与学习（蓝色）——酷爱阅读、乐于表达，规整书写、勤奋好学；艺术与梦想（橙色）——喜爱艺术、发展特长，心有梦想、奋发进取；感恩与爱国（红色）——懂得感恩、热心服务，热爱祖国、勇于奉献。这样的课程体系，体现了学生"学习与成长一体化"，背后支撑其发展的则是教师"育人与教学一体化"，教师与学生和谐统一，才能确保幸福教育目标的有效落实。

【陶继新】这五个维度的课程的构建，关注了学生的全面发展，是全方位提升学生幸福指数的一个大工程。在应试教育当道的今天，开设这些课程的意义显得尤为重要。一个人的成长，不仅需要丰富的知识，还需要人格健全、身心健康、饱读诗书、劳动实践、艺术素养与心存感恩。从某种意义上说，这些比学习成绩还要重要。如果没有五个维度的支持，不但不会让学生快乐与幸福，还会让学生无法成为一个真正意义上的现代公民。

期冀：心怀梦想，快乐飞翔

【邢毅丽】我始终觉得当校长就要给所有的教师和学生带来温暖和希望，校长应该在“脚踏实地”的同时“仰望星空”。幸福是一种感觉，这种感觉会因人而异、因时而变、因境而移，但只要用心，我们共同营造出的幸福教育的气场就不会改变，反而会越来越芬芳。我有一个梦想，那就是在现有条件下，努力开辟出一种自然的、原生态的、令心灵自由呼吸的广袤空间，与众多的伙伴和家长携手，共同培植“幸福树”，让学生像“幸福花”一样，在“幸福树”下美丽地开放；多年以后，他们就会像羽翼丰满的“幸福鸟”一样，快乐地飞向广阔的天空，寻找属于他们的新的幸福！

【陶继新】您这段文字，让我的心里也不由得涌动着一股幸福的暖流。其间有您的美好期盼，也蕴含着您与学校教师们的持续努力。相信你们的学生会越来越幸福，相信他们未来一定能够振翅高飞，相信您与学校教师会因学生的幸福而更加幸福！

大气为人，大智谋事，大爱行天下

——浙江省余姚中学教育真谛实录

校长介绍

王胜战，男，1967 年 12 月出生，现为余姚中学校长、党委书记，被评为宁波市名校长，曾获浙江省“春蚕奖”。

师德：大爱、大智、大气

【王胜战】 一流的学校，应该有一流的教师；一流的教师，应该有一流的追求。作为余姚当地最好的一所高中，余姚中学的地位和使命非凡，我觉得余姚中学的教师应该有更高境界的职业追求、更高标准的职业形象。简言之，我们余姚中学的每一位教师都应该拒绝平庸，追求优秀，做大爱、大智、大气的教师。

【陶继新】 一所学校是不是名校，关键在于教师队伍中有没有名师。你们余姚中学之所以拥有很高的美誉度与知名度，核心要素就是有一批优秀甚至卓越的教师。这样的教师，不但教学水平高，心理素质好，而且有着高尚的人格。有了好的教师，也就有了好的学生，也就有了学校的持续发展。

大爱：爱校、爱岗、爱生、爱教育

【王胜战】 打造一支好的教师队伍，一直是我校管理的重心。好教师，首先要有好的职业精神。我校要求教师“心中有大爱”。何谓大爱？就是要求我们的教师真爱教育、真爱学校、真爱岗位、真爱学生，把自己所从事的教育事业与民族、国家和人类的命运联系在一起，把自己所从事的教育工作当成人生的事业来做。心中有大爱，就会将心放下，真正做到静下心来教书、潜下心来育人，努力做一名好老师。心中有大爱，就不会将教师的职业仅仅当作谋生的手段，而是勇挑工作重担，积极做事，乐于奉献。心中有大爱，就会懂得教育是一份良心活，需要教育自觉；就会无须别人多说，主动做好自己的本职工作，在自觉中体会教育事业的崇高、享受教师职业的幸福。

【陶继新】心中有没有大爱，是衡量一个教师优劣的重要标准。一个爱教育、爱学生的教师，即使此时业务水平不太高，可因有这份爱，他就会竭尽全力去教书育人，并会在不久之后将业务水平提升上去。而且，有了这份爱，不管是在课堂上，还是在其他时间，教师向学生传递的都是一种爱的情感，学生在这种充溢着爱的氛围中，也自然而然地生成爱的情感，并由此对教师满含深情，从而出现“亲其师”而“信其道”的教育景观。我在采访全国一些著名的特级教师时发现，他们不仅拥有精湛的教学艺术，还是心中有大爱的人。从某种程度上说，没有大爱，就不可能成为真正意义上的名师。诚如《周易》所言：“善不积，不足以成名。”

【王胜战】是的，爱是教育的基础，也是教育的全部秘密。所以，我们特别重视师爱建设。教师的爱，不仅要体现在口头上，更要落实在具体的教育教学过程中，体现在教师的具体行动里。比如，我们要求教师树立“每一位学生都很优秀”的学生观，平等对待每一位学生，“手中要有分，心中更要有人”，让每一位学生都得到发展。

【陶继新】教师爱学生，要一视同仁：对学习成绩优秀的学生要爱，对学习成绩不好的学生也要爱。爱更多的不是挂在口头，而是常驻在心里，呈现在行动上。同时，爱还需要智慧。教师在爱学生的时候，不但要爱在平时，还要爱在“节骨眼”上，让学生感到教师的爱就像及时雨，可以及时地润泽自己“干涸”的心田。

大智：勤学、苦练、超越自我

【王胜战】“工欲善其事，必先利其器。”要做好教师，还需要大智。何谓大智？就是要求我们的教师秉承“学术至上”的治学理念，不仅掌握过硬的教学技能，而且具备高超的育人艺术，做经师更做人师。大智的教师应该有一双勤劳的双手，知道一分耕耘一分收获；大智的教师应该有一双智慧的眼睛，能够时刻看到学生的真实想法；大智的教师应该有一双超凡的耳朵，能够随时聆听生命舒展的声音。我们余姚中学的教师深知，唯有终身学习，让自己更优秀，才能站上讲台、站稳讲台、站好讲台。

【陶继新】教师不但需要知识，更需要智慧。智慧不等同于知识，它可以化平庸为神奇，让教学升华成一种精神享受，不但可以传道、授业、解惑，还可以让学生走向自学、善学的境界，感受学习的无限乐趣，体验修身做人的妙道。同时，有智慧的教师，即使取得了很大的成绩，依然会有一种“学不可以已”的精神，因为他们心中有一种挥之不去的责任担当意识，就是要让学生享受更优质的教育，从而让他们成为未来社会的有用人才。看来，智慧与人格具有内在的联系，二者有机结合才能生成大智大慧，才有大仁大义。

【王胜战】说得好，教师需要知识，更需要智慧。教师的专业智慧从哪里来呢？关键在于学习。教师的专业成长方式有两种：一是磨道式成长，一是螺旋式成长。前者“年年岁岁花相似”，后者“岁岁年年人不同”。实践证明，促进教师专业成长的根本途径在于不断地学习。近几年来，我校给教师搭建了许多学习平台，特别是高端的学习平台。例如，每年寒假、暑假，学校都要组织教师开展读书活动；又如，在半月一次的教师会议上，举行10分钟“教育一得”交流活动，时间虽短，但效果很好。除了在校内开展多种形式的教研活动外，学校还定期邀请省内外教育专家来校讲学、“零距离”指导；利用暑假分批组织全校任课教师到华东师范大学开展为期一周的专题理论学习；支持骨干教师赴国外名校考察学习，开阔视野。我相信，学习力是教师的核心发展力。

【陶继新】您说到了关键点，那就是学习。其实，每一个教师都有巨大的发展潜力，都可以抵达较高的境界。但为什么有的教师工作许多年后，依然在原地徘徊复徘徊，有的教师则成为名师甚至专家了呢？原因是前者很少学习，后者则是持之以恒的学习者，他们经常进行高端学习，这就是成为名师的密码。有的教师也在不断地学习，可是为什么进展不快呢？问题就出在他们的学习不是高端学习，而是一般学习甚至是低端学习。我一直主张读书要“取法乎上”，因为只有这样，才能“得乎其中”。如果读一般的书呢，就等于“取法乎中”，那只能“得乎其下”了。当下绝大多数教师所读的书在中层，甚至有的教师读的书还在下层。只有少数教师是“取法乎上”地在读书，所以，真正成为名师的教师也就少之又少了。读书如求师，名师、大师出高徒。高端之读，就等于听大师上课，成长自然就快。培训亦然，也不应当是“取法乎中”，更不能是“取法乎下”。你们所组织的活动，则让教师们“取法乎上”地进行了学习。

【王胜战】习近平同志说过“改革是由问题倒逼而产生”，我想教育改革也一样。我校重视教师学习，特别是高端学习，也是因为学校当前面临着发展的瓶颈，问题倒逼而致。成绩代表过去，在激烈的教育竞争中，唯有吐故纳新，才能超越自我，不断高位发展。近几年来，我们从教育问题出发，推进教育改革，促进教师的专业发展，从而丰富教育的内涵。

【陶继新】“倒逼而致”是迫不得已，非做不可，同时反映出一种责任感与使命感。因为不想慢发展，想“苟日新，日日新，又日新”，想不断地超越，所以才有了新的思考，有了教育改革，有了高位发展。

课堂：高效率、高水平、高质量

【王胜战】是的，办学如逆水行舟，不进则退。近几年来，我们发挥全体教师的聪明才智，大胆改革，努力办人民满意的教育。工作问题就是工作主题。围绕学校发展中的核心问题，我们每年确立一个工作主题，积极实施，努力破解。2013 年，我们举行“高效课堂建设年”活动。为什么要举行这项活动呢？教学的质量在课堂，教育的魅力在课堂，教师的舞台在课堂，上好课是教师的天职。我们每一位教师都要经常追问自己：我上好课了吗？上不好课的原因主要有两点：一是课堂教学方法老套，气氛沉闷，效率低下；二是课前准备不足，无的放矢，废话连篇，浪费时间。这样的课堂，三天可以容忍，如果是三个月、三年，谁能够容忍？这也就难怪学生不满了。随着教育形势的发展和学校的不断壮大，我校的每一位教师都面临着站上讲台—站稳讲台—站好讲台的职业考验。学校倡导“学术至上，教育自觉”的工作境界，“学术至上”的第一要求就是上好课。学高为师，我们要求教师都是“课堂高手”。

【陶继新】学生的成长快慢、幸福与否，与课堂上的生命状态有着直接的关系，因为他们在学校里的时间更多是在课堂上。可在不少课堂上，学生感觉不到快乐与幸福。其中原因非止一端，但有两点是肯定的：一是教师独霸课堂而所讲又非常平泛。他们不研究学生的心理，也不丰富自己的知识，只知道按照教参上的内容照本宣科地讲下去。学生没有办法，只能忍受，忍受一天两天尚且可以，可一连忍受好几年，就真的太痛苦了。痛苦状态下的学习，自然是低效的，更重要的是，还会由此使学生形成一种消极的思维：上课就是受苦受罪，学习就是一场又一场的心力交瘁的苦役。二是教师不相信学生有自我学习的能力，认为我努力备课，认真上课，学生尚且不会，他们自学就更学不会了，所以从不给学生自学的机会。其实，如果引导得法，让学生学会学习并不困难。学生学会学习，课堂上就会有相对充裕时间，学习就变得相对轻松，自然就会取得不错的教学效果。其实，有的教师不明白这样一个道理——教会与会学的效果是大不一样的。前者是被动之学，后者是主动之学；前者效率低下又令人痛苦，后者高效又令人快乐。

【王胜战】课堂是学生生命成长的重要平台，从某种意义上讲，课堂的教学质量就是学生的生命质量。曾有一位资深的教研员对我讲：当下中小学课堂，三分之一为有效，三分之一为低效，另外三分之一为无效甚或负效，这个教学现象值得我们深思。最大的浪费是时间的浪费，教师的失职首先在于上不好课，浪费了学生宝贵的时间。每一位教师，都应该研究课堂，把课上好。所以我们要求教师先站上讲台，再站稳讲台，最终站好讲台。

【陶继新】让课堂绝大多数时间有效甚至高效，不仅能提高教学质量，还能折射出一个教师的良知指数。学生只有一个中小学时代，这也是他们生命的黄金时代。如果有三分之二的课堂低效、无效甚至负效，不仅严重影响了学生的学习质量，还是对其生命的一种肆意践踏。看来，站稳讲台，以至站好讲台，当是所有优秀教师必须具备的一种素养。

模式：以学定教，精讲多学

【王胜战】为此，我们学校每年开展不同形式的“我最满意的一堂课”赛课活动。本学年，我们要求每位教师自主开设一堂公开课，对课堂进行录像后相互研讨，从而提高教师的课堂教学水平。

【陶继新】这种赛课活动与公开课，无疑是提高教师课堂教学水平的有效方式。通过赛课活动，能让更多的教师“见贤思齐焉，见不贤而内自省”；通过公开课，能督促每一个教师都认真研究如何提高课堂教学的效率。

【王胜战】轰轰烈烈的教学改革是否真正到位，我认为最后的落脚点还要看课堂改革。课堂不变，教学改革就不会有根本的改变。课堂改革的主体不是政府，是我们的学校，是我们的教师。因此，每一位教师都是教学改革的力量，是推动教育发展的动力。学校和教师只有意识到自己身上的责任，才能自觉进行教学改革，追求至善的教育境界。近几年来，我们探索“以学定教，精讲多学”的课堂教学模式，调整课时结构，将每节课由45分钟改为40分钟，每天下午开设自主学习课，晚自习实施答疑制度等。这一系列的教学改革，都基于一种教育的责任感与使命感。

【陶继新】课堂教学改革为什么推展得那么难？除了教师的思维惯性与思想观念有问题外，还有一个责任问题。如果一个家长知道原有的家庭教育对孩子的生命成长不好，就一定会尽快寻找适合孩子成长的另一条路。这就是一个家长的责任所系。那么，我们的教师是不是也应当有这种舍我其谁的责任感，而不眷恋于传统的教学方式呢？所以，我认为，课堂教学改革从表面上看是教学方式的问题，而从深层次说，还有教育观念特别是有没有责任感与使命感的问题。

大气：淡泊名利，本色做人

【王胜战】是的，教师的责任感和使命感特别重要。如果教师没有责任感和使命感，肯定做不好教育工作，当然，也体会不到教师职业的幸福。所以，我特别重视教师的精神追求，提出姚中教师不仅要“大爱”“大智”，还要“大气”。何谓大气？就是要求我们的教师既能脚踏实地，又能仰望星空，在这个物欲横流的社会中，要保持知识分子的优秀特质，多一点儿人生理想的追求，做一个精神的富有者；要求我们的教师懂得尊重，尊重个性，尊重差异，用欣赏的眼光看待同事和学生，用理解的心情对待家长；要求我们的教师懂得感恩，用美的眼睛、积极的心态看世界，每天吸收、传递正能量；要求我们的教师善于合作，懂得分享，并在合作与分享中双赢共进；要求我们的教师善于放下，真正拥有淡泊名利、宁静致远的心境，本色做人，诗意生活。

【陶继新】真正的大气，必须有精神的富有做保障，有一个知识分子的文化底蕴做支撑不然就会被喧嚣的社会所吞噬。为此，教师在做人做事的时候，还应有一点儿超尘脱俗的不同凡响处。真正的大气，除了自己要有独具的优势外，还要看到人人都是独特的“这一个”，都有出类拔萃的长处，都有值得欣赏与学习之处。真正的大气，一定可以做到凡事皆能感恩。不但要感恩有恩于我们的人，还要感恩曾经反对甚至诽谤过我们的人；不但要感恩自然，还要感恩社会；不但要感恩父母，还要感恩老师。有了这种大气，心中就没有了敌人；心中没有了敌人，才能实现生命的自我飞跃。真正的大气，不只是自己去争取成功，还要帮助他人共同前进，与人共享成功的喜悦。孔子所说的“己欲立而立人，己欲达而达人”，不应只挂在口上，更应成为一种行动。真正的大气者，一定懂得“轻则失根，躁则失君”与“不义而富且贵，于我如浮云”的道理，不断地体验“宁静以致远，淡泊以明志”的内在之美。

师魂：长衫精神，高尚人格

【王胜战】其实，要教好书，关键还是先做好人。由于教师职业的特殊性，为人师表是教师的灵魂。没有好的人格，没有好的师德，就难以成为好的教师。在当下物质生活高度发达的社会里，人们的精神生活却在萎缩，知识分子的“长衫”精神在消失。“长衫”代称优秀的知识分子。这类知识分子是什么样的人？我想，应该是那种胸怀天下、心系苍生、崇尚知识、追求真理、淡泊名利、情趣高雅、道德高尚、人格独立的人。古人云，国有“四维”——礼、仪、廉、耻，“四维”张则国兴；“四维”不备，国将不国，倾危覆灭。我认为，师有“两维”——学、德，即学识和道德。“两维”张则师尊；“两维”不备，师将非师，受人诟病，贻害下代。我们在教师中倡导“长衫”精神，得到了广大教师的积极响应。

【陶继新】“长衫”精神倡导得太好了！是的，受市场经济等因素的影响，有的教师丧失了一个为人师者的基本尊严，不再具备这种“长衫”精神了。教师如果没有了独立的人格，没有了“士不可以不弘毅”的精神，受人诟病也就在所难免了。想想当年孔子的教育，更多是关于做人的教育。就连《周易》也说：“立人之道，曰仁与义。”如果没有仁义之心，人是难以立起来的。儒家经典《大学》特别强调修身的重要性，并说：“自天子以至于庶人，壹是皆以修身为本。”是啊！本立才能道生。“苟无至德，至道不凝”啊！

【王胜战】应该看到，当前中小学教育中最受社会非议的有两个问题：应试教育和有偿家教。反对有偿家教已经成为人们共同的呐喊，也成为教师自救的呼声。近几年来，全国许多地方政府包括我市相继颁发了有偿家教禁令。在家教问题上，我们学校的态度一向是鲜明的：提倡“义教”，反对有偿家教。学校希望教师遵守“五不要求”（亦称“五条红线”）：不明码标价、不收取现金、不有意暗示、不成群结队、不影响本职工作。在家教问题上，我校教师做得比较好，把握有度，不“跪着”教书，保持着“长衫”精神，能坚守教师平凡而崇高的职业底线，维护学校的良好形象。作为校长，我真心希望，姚中的教师人人都喜欢穿“长衫”，有点儿“先生范儿”，身上多点“长衫”精神。“长衫”在身，使命在肩，幸福在心！

【陶继新】有偿家教，当是目前难解的一个“方程”，你们的“五条红线”却有效地解决了这个问题。这一方面显示了你们的决心与智慧，另一方面也说明你们的教师真的具备了“长衫”精神。有偿家教不但在社会上形成了很坏的影响，也在学校里对学生造成了精神污染。如果教师在课堂上侃侃而谈什么理想，什么人格，在行为上却做着与这些高调言论相背的有偿家教，就会在学生的心里失去应有的尊严。而且，这种言行不一的行为，还会在有形与无形中影响学生，影响学生健康人格的形成。你们的教师拒绝有偿家教，在教育学生的时候，就有了底气，就有了说服力，同时，也塑造了为师者的崇高人格，进而享受了精神高贵的心灵愉悦。

境界：选择奉献，调整心态

【王胜战】我经常对教师们讲：选择教育，就是选择崇高；选择教师职业，就是选择奉献；选择姚中，就是选择优秀。我们姚中的教师应该大气为人、大智谋事、大爱行天下，应该生活在阳光下、春风里、诗意中。只有这样，我们才能教好书，做好人，真正享受职业的幸福。决定人生幸福的核心因素是什么？是钱吗？世界上有多少有钱人都不开心，甚至走上自杀绝境！有一位哲人说得好，财富是一种拥有，幸福是一种感觉。拥有财富，不一定幸福。幸福取决于心态，需要用心去体验，去感觉。感受幸福，才能享受幸福，这一点很重要。

【陶继新】教师的幸福应当是持久的因具有高尚人格而带来的快乐。因为幸福更多地折射在心理层面，这种幸福不是转瞬即逝的，而是长久的，甚至是持续一生的。同时，幸福从本质上是与高尚联系在一起的，你有高官厚禄，如果贪污腐化，那不叫幸福；你有万贯资产，如果吃喝嫖赌，也称不上幸福。所以，我非常欣赏您说的一句话：选择教育，就是选择高尚。人的生命是有限的，可有了培养学生成才的教育经历，生命就有了无限的长度，还有了一定的厚度。这种长度与厚度，让教师拥有了超越常人的心灵愉悦，也就是拥有着特殊的幸福感。

【王胜战】的确如此，教师的幸福一定要与高尚联系在一起。高尚怎么来？需要培养与修炼。现代人包括我们教师容易犯一种毛病——“埋怨病”。埋怨什么？整天埋怨工作累、奖金少、领导同事学生家长不好、这个社会很糟糕等。其实，世界并没有你想象得那么糟。一切存在可能都有问题，但最大的问题其实是你自己。

如何看待事物、看待人生、看待世界，的确值得我们教师好好地想一想。每个人都拥有心灵的摄像机镜头，这个镜头对准什么我们就感受到什么。世界上有鲜花、小鸟、白云、溪流等美丽的景物，也有苍蝇、蚊子、蟑螂、垃圾等不美的东西，如果你心灵的摄像机镜头整天对准的是美丽的景物，你看到的就是美丽的世界、幸福的人生；反之，则是糟糕的世界、痛苦的人生。埋怨环境无用，改变他人困难，最好的办法是改变自己，调整自己的心态。

【陶继新】一个终日抱怨的教师，不但不可能很好地研究业务和提高教学水平，还会在无意间向学生传递一种负能量。学生的心灵是敏感的，也是可塑造的。如果教师不让阳光普照他们，而是整天阴云密布，学生的心理也会变得阴郁起来，这不但会影响学生的心理，还会影响他们的学习，乃至影响其终生的发展。所以，教师尤其要远离抱怨，要拥有阳光心态。远离抱怨，首先要热爱教育工作。一个视教育工作为无奈选择的教师，不可能不抱怨；而一个以教师职业为荣耀的人，就会克服很多困难，并把这种对事业的热爱化作一道阳光普照他所教的学生。不过，仅有热爱还是不够的，还要修心。世间永远都有真善美与假恶丑，教师不是不能鞭笞假恶丑，关键是以什么样的心态对待它。相信真善美永远是最美好的东西，相信真善美就在我们身边，我们自己就有真善美。那么，教师就要及时地发现这些真善美，尽量地放大这些真善美，并让学生也发现与放大这种真善美。这样，学生就会形成一种积极的心理暗示：真善美是到处都有的，对于我们的眼睛与心灵，不是缺少真善美，而是缺少发现与感受。

追求：真水无香，幸福无限

【王胜战】教师，应该是真善美的化身。教师虽是凡人，但他应该追求成为“完人”。“完人”主要体现在师德上、精神上。毛泽东说得好，人是要有一点精神的。人，思想认识达到了一定层面后就生活在精神的指引之中，而真正的幸福也存在于精神之中。周国平说，人生在世，无论做什么事，都注重做事的精神意义，通过做事来提升自己的精神世界，始终走在自己的精神旅程上，只要这样，无论做什么事都是有意义的，而所做之事的成败则变得不重要了。从某种意义上讲，选择某种职业就是选择某种生活方式、生命方式。选择教师这个职业，最大的特点就是拥有幸福的精神生活。因此，我时常要求我们教师不要小看我们的教育事业，不要小看我们的教师职业，不要小看自己的工作岗位，我们要用阳光之心、感恩之心对待自己的工作。我们应该倡导这样的价值追求：工作是美丽的，劳动是快乐的，奉献是幸福的。

【陶继新】有的教师当初当教师的时候，未必是其原本的意愿。人都有权利选择自己的职业，可是，当别无选择只能做教师的时候，你就要终生去爱它。因为你不爱它，它也不会爱你；你如果爱它，它也会毫不犹豫地去爱你。人都希望自己走向成功，那么，怎样才能走向成功呢？乔布斯说得好："要想取得成功，你只能去爱它。"这是一个生命规则。遵循这个规则，你就会感受到爱与被爱。当你真的爱上教育的时候，你就会发现其中无限美好的风光，就会看到一个又一个振奋人心的精神景点。于是，你找到了属于自己的精神栖息地，在那里不但可以将自己文而化之，还可以构建一座精神高贵的丰碑，从而让生命富有特殊意义。

【王胜战】您说得很对，"当你真的爱上教育的时候，你就会发现其中无限美好的风光，就会看到一个又一个振奋人心的精神景点"。

我到姚中任职已经四年了。经常有人问我：王校长，你到余姚中学感觉怎么样？我总是说：很幸福！幸福在哪里？一是与一批聪明上进的学生相聚。得天下英才而教之，为人生一大乐事也！二是与一批拥有梦想的教师共事。姚中的教师很平凡，但他们在平凡之中保持着自己的特质：本色、自觉。本色即本色做人，真水无香，人人腹有诗书；自觉即教育自觉，发自内心地对本职工作追求完美。"办学校就是办一种氛围，办教育就是办一种文化。""大爱、大智、大气"的教师形象，"本色做人、学术至上、教育自觉"的办学氛围，是一所学校兴旺的标志，是千金难买的精神财富。置身其中，人生真是幸福无限！

【陶继新】您之所以感到很幸福，除了与你们的学生和教师确实优秀有关之外，还有一个内在的原因，那就是您太爱教育了，太爱你们的学生与教师了！那么，我是不是可以这样理解，也因为他们太爱您了？如果您感受不到这种爱，是不可能有幸福感的。如果说“大爱、大智、大气”是对你们学校教师形象的高度概括的话，我觉得，“大爱、大智、大气”也是您精神生命的真实写照。有了这种精神本色，就能当好教师，当好校长，就能做好人，就能走向卓越。可以说，您的幸福感会在无形中传递给教师与学生，他们的幸福感也会在无形中传递给您，这种爱的交融，让你们学校拥有了和谐之美，形成了蒸蒸日上的气象。

“文质彬彬，然后君子”

——湖北省孝感市实验小学“雅真教育”探析

校长介绍

李安心，现任湖北省孝感市实验小学党委书记、校长，中学高级教师。他先后被评为全国优秀中学地理教育工作者，全国教育科研先进个人，湖北省优秀中学地理教师，湖北省学校卫生工作先进工作者，湖北省“楚天中小学教师校长卓越工程”培养人才，湖北省“国培计划”中小学校长项目培训首席导师，孝感市首届“孝感英才”有突出贡献专家，孝感市121高层次专业技术人才（二类），孝感市优秀教师，孝感市骨干教师，孝感市综治工作先进个人，孝感市教学研究学会优秀会员，学校甲等先进工作者、廉洁从教先进个人等。有1项国家级和2项省级科研课题结题并获奖，40余篇论文在国家级、省级或市级刊物上发表，专著1本。

雅真教育文化的根源与发展

【李安心】2009年，我提出“雅真教育”思想与校园文化建设理念，主要包括以下四点：一是教育的真正目的，就是培养具有良好习惯的对社会、对国家、对他人有用的人；二是学校要真正发挥促进师生健康成长的强势功能，走内涵发展道路，提升品质，必须弘扬民族精神，抵御不规范的市场经济的冲击和垃圾文化、低俗文化、非主流文化的侵蚀；三是目前教育中存在着一些弄虚作假现象，如学生改分数现象，教师假汇报现象，领导来校迎检时搞卫生、喊广播、搞展示等作秀现象，考试时学生互相抄袭现象等；四是我国自古至今，从孔子的教育思想开始，一直崇尚雅真教育。

【陶继新】学校是文化的圣地，师生应当是文雅之人，可是，当今一些师生的言行举止并不文雅。同时，社会在逐步发展，学校应当是引领社会文化发展的地方，这对师生的文雅言行就有了更高的要求。孔子提出的“文质彬彬，然后君子”，就强调了“雅”的重要性。“真”亦重要。陶行知说：“千教万教，教人求真；千学万学，学做真人。”在他看来，教育的本质要义，就在这个“真”字上。而当今社会甚至学校弄虚作假的现象层出不穷，与教育的本质要求渐行渐远。在这个时候，要求师生求真，就有了意义与价值。

【李安心】在我的心中，有一个理想的文化标杆，那就是以“以人为本、内涵发展”为核心的办学思想：推崇高尚雅志，明德知行；追索教育真谛，启智达睿。

雅的含义：优雅、高雅、正确；合乎规范的；美好的、高尚的、不粗俗的；正直、典雅方正。

德的本义是道德或品行。“德”指内心的情感或者信念，用于人伦范畴则指人的本性、品德。儒家认为，“德”包括忠、孝、仁、义、温良、恭敬、谦让等。还有一种解释是，“德”为顺应自然、社会和人类的客观需要去做事，不违背自然规律发展自然、发展社会、发展自己的事业。与“德”呼应的是“道”，道在昭示着一切，大道无言无形，看不见听不到摸不着，只有通过我们的思维意识才能认识和感知它；而德，是道的载体，是道的体现，是我们能看到的心行，是我们感知后的行为。如果没有德，我们就不能如此形象地了解道的理念，这就是德与道的关系。

行：行者，践行之，心性外化之，言行举止合一也。

真的含义：真实；本性、本原；与客观事实相符；与假、伪相对。如真人、修真、真诚、真假、真实、真理。

真谛：真切的理论和精义，奥妙所在。

睿：深明、通达、明志、看得深远。

综合上述解释，我的雅真文化办学思想的内涵就是，推举崇尚高尚、优雅、正直的志向，明白顺应自然、社会和人类客观规律的道理，懂得言行举止合一；寻求教育规律，遵循教育规律，追寻教育的真谛，按教育规律实施教育教学，开启学生的智慧，激发学生的潜能，让学生聪颖深明、通达深远。

【陶继新】您将雅志与高尚连在一起是很有道理的。因为雅不只有外在表现形态，更有内在的高尚情结。孔子说："人而不仁，如礼何？人而不仁，如乐何?"如果只关注外在形态之礼，只懂得欣赏音乐之美，可是没有仁德之心，都是没有任何意义的。雅也如此，外在之雅，要与内在的高尚合二为一，才能呈现出雅的高品质与高品位。

对于德，孔子与老子的看法是不一样的，古代人与现代人的观点也有不同。而我们当下所谈的德，更多是指人的品质、德行。这方面，孔子是极其重视的，他的教育更多的是做人的教育，是以德为先、为主的教育。所以，他的教学总纲归纳起来只有十二个字："志于道，据于德，依于仁，游于艺。"他还说："弟子入则孝，出则弟，谨而信，泛爱众，而亲仁，行有余力，则以学文。"这种做人重于学文的教育，现在已经很少见了。而您如此重视德，真的令人钦佩。

"行"太重要了！孔子甚至说："力行近乎仁。"因为只说不行，或说多行少，不但行不好，还会让人怀疑其人格也存在问题。王阳明和陶行知都强调行的重要性，所以要知行合一。

睿者，智也。它有知识的含量，但又超越了知识。遍观世界上各个领域的大师，都不是单纯以知识取胜，而是以智慧见其高格的。我们培养学生，虽然是要让他们学到知识，但最终是要让他们拥有智慧。

【李安心】正如您说的那样，我们倡导的雅真文化是对以儒家思想为核心的中国传统文化的继承。雅真教育就是以人为本的教育，是为了每个孩子、每位教师终身发展奠基的教育，是提高人的整体素质的教育，是倡导外表优雅、内涵博雅、谈吐文雅、举止典雅、气质高雅的教育。雅真教育是多元整合的教育，它不只是停留在传统文化教育上，而是一种集传统、现代于一体，中西结合的教育。

【陶继新】您说得对，这里还有中西结合的教育。发达国家之所以发达，除了经济发达之外，其国民在素质上也多具有高雅的情调、良好的品德。被誉为新加坡"国父"的李光耀曾说过："文化价值观与经济发展密切相关，国家的成功不光靠政府的能力，还要靠人民的良好品质。"对于新加坡的教育发展，李光耀投入了毕生的精力，而其中最为关键的是公民道德与品格的培养。目前，我们国家高度重视公民道德建设，这也是与我国经济发达、社会文明和谐统一的。

雅真教育文化引领学校科学管理

【李安心】一所学校的良好发展，需要科学的管理，这一点非常重要。我们学校确立的“垂直管理与扁平化管理相结合，宏观管理与精细化管理相结合，规范管理与人性化管理相结合”的管理模式，让学校成为精细化管理的学校，让每个人都有事做，而且能把事情做正确、做好。

我校有六个年级，采取年级主任负责制，分管校长蹲点到各年级，分别指导各年级组的工作，加强了学校行政部门的管理力度，有效实行了科学化管理。学校将管理的重心放在年级、处室，这种管理机制做到层层有人负责，环环有人把关，上行下达，政令畅通。

【陶继新】你们的管理方式很科学，同时也体现了您的大胸怀。扁平化管理要求放权。放权会让更多的人有积极性，可校长的权力就相应减少了。但我在采访您与你们学校的教师时发现，这非但没有降低您的威信，反而提升了您的权威。因为您相信大家，大家也都相信您。同时，您一身正气，处理问题的时候，是以学校利益为中心的，于是就有了“其身正，不令而行”的管理妙效。

【李安心】要创办特色学校，打造雅真文化，就必须坚持依法治校，必须完善各项管理制度，促进学校管理规范化、制度化、法制化，同时，也不失人文化。学校坚持了“五会”制度，即每周一次校长办公会、每周一次教职工大会、每月一次中层干部会、每季度一次民主生活会、每年一次教职工代表大会。每年对年级、处室管理工作进行综合考评，评选“雅真年级”“雅真处室”并进行表彰。

【陶继新】任何学校管理都离不开制度。可是，制度好与不好，大家认可与不认可，是大不一样的。制度的制订如果没有经由更多教师以及学生的参与，就会出现顾此失彼的现象，甚至让制度缺乏科学性。即使是好的制度，如果没有内化于师生的心里，也只能是制度，而不是制度文化。因为文化是需要文而化之的。你们的制度已经上升到了文化的层次，不但“雅”，而且使大家愿意甚至是自觉地去执行，于是就有了“文”味，就成了制度文化。

【李安心】是的，在雅真管理模式下，我校全体教师发挥了每个人的潜能，形成了人人干事、人人舒心的局面，表现出了“雅”的一面，凸显了雅真管理模式下欣欣向荣的景象。学校先后荣获“全国课题研究先进单位”“全国先进关工委组织”“湖北省示范家长学校”“湖北省最佳文明单位”“孝感市最佳人民满意学校”“孝感市示范学校”等荣誉称号。

【陶继新】干事者不一定累，不干者也不一定不累，关键是干的时候的心情与精神状态。有一个成语叫“乐此不疲”，说的就是这个道理。不仅要人人干事，还要人人心情舒畅，这样才能产生高效率，才能产生高效益。你们的这些好成绩，就是在您的带领下，教师们“乐此不疲”地干出来的。

雅真教育文化促进教师内涵发展

【李安心】教师是学校发展的核心要素，学校的教育教学实施要依靠全校师生共同完成。雅者才是君子。在美国，教师是最优秀的三大职业（教师、医生、律师）之一，教师本身是最有文化品格的人。做雅真教师就是做明白事理、明辨是非、修养自身品行的教师。雅真教师应该言谈文雅、举止优雅、情趣高雅、气质儒雅；应该文雅而有修养，博学而有品位；应该言行举止、为人处世皆有道，不雅之事不为，不雅之言不语；应该追求真理，崇尚正义，学做真人；应该对人真诚，善待万物，务实求真；应该反对形式主义，反对虚假浮夸，反对追求虚名。

【陶继新】教师之雅真，首先要有雅真的言行。《周易》有言：“言行，君子之枢机。枢机之发，荣辱之主也。”以“枢机”说“言行”，意指言行为君子立身、行事最紧要的步骤。一个人一生的荣辱、成败，就取决于其平时的言行。所以，《周易》还说：“言行，君子之所以动天地也，可不慎乎！”言行做到雅真，加之不断地提升文化品位，一路走来，就可以成为雅真教师了。

【李安心】您说得很好。我校倡导“自然、朴实、纯真、向上”的文化内涵，这是对教师外在形象、内在气质的培养要求，包括仪表风度、谈吐举止、服饰、穿戴、气质、意志、道德品质、知识修养、价值观、人文观、世界观等。我校先后制订了《雅真教师礼仪规范》《师德师风规范》等，来规范教师的言行，使教师明确雅真教育的内涵及具体要求，即塑雅容、行雅言、养雅德、树雅思、培雅趣。

我认为，身教胜于言传，我们既强调教师的雅言，更注重教师的雅行，通过自身的言传身教，贯彻雅真教育思想，培养雅真学生，教会学生雅真的生活方式。

【陶继新】说得好！身教胜于言传。一个夸夸其谈而懒于行动的人，绝对不是一个好的教师。孔子主张要“讷于言而敏于行”，即说话少一些、慢一些，做事快一些、多一些，因为学生不但要“听其言”，更要“观其行”。如果言大于行，或有言无行，就会在学生中丧失威信。只有言行一致，甚至行大于言者，才能在学生中树立威信。更重要的是，学生有着很强的向师性，小学生尤甚。教师的一言一行，无不对学生产生着影响。学生在向优秀教师学习的时候，就会自觉不自觉地言行一致起来，以至也学会“讷于言而敏于行”。

【李安心】学校通过开设“雅真讲堂”“师德师风论坛”，举办雅真教师经验交流会等活动，把雅真教师多年积累的教育教学经验挖掘出来，把雅真教师为人师表、默默耕耘、无私奉献的精神挖掘出来，把雅真教师有特色的教学风格挖掘出来，把雅真教师具有的一切高雅文化思想凝聚起来，进行提升，形成了学校独有的雅真教师团队文化。

【陶继新】绝大多数教师都有向真、向善、向美的需要，关键是学校如何让这种需求变得更强烈，以至成为一种自我追求。你们所开展的一系列活动，弘扬了真善美，展现了雅真教师的风采，让他们感受到拥有雅真品质后的快乐与自豪。这种雅真风气还会成为一种力量，在校园里不断地蔓延，让原本并不雅真的教师也“学而时习之”，从而形成一种属于你们学校的雅真校风。

【李安心】为了培育雅真教师，用雅真思想、雅真精神、雅真文化引领教师健康成长，促进教师内涵的提升，我们实施了“青蓝工程”，促进新教师专业成长，发挥雅真教师的示范和辐射作用，增进教师间的业务交流。教师写雅真教育故事、写教学随笔、记录身边的好人好事等已成为工作的新常态。我每周参加年级的集体备课，每天随班听先行课，亲自检查教师的教案、听课笔记、课后反思等并为每位教师撰写中肯的评语，促进教师在学习中反思，在反思中成长。例如，我在检查教师教案和听课笔记后给一位教师批语：“追求教育真谛，启智达睿。教师是最辛苦的职业，教育追求‘真教育’、行‘真教育’、做‘真教师’、育‘真人才’。从你的教案中，可以看出你对‘真教育’的理解与践行，真正在行‘真教育’，做‘真教师’。坚持‘真教育’，珍藏教案等物质与精神财富，相信你将会成为一名像霍懋征、李镇西那样优秀的‘真教师’。”

【陶继新】发扬雅真教师的精神，让更多的教师，尤其是青年教师心向往之，并践而行之，就会涌现出更多的雅真教师。而您写的批语，情真意切，鼓励中含着期待。我相信，教师看到评语后，会感到特别激动并会付诸行动的。看来，每一个教师都有发展的潜能，只要学校为其提供发展的平台，就会有更多雅真教师脱颖而出。

【李安心】学校在对教师进行评价时，力求既重鼓励，又显特点，同时也指出教师需改进的问题。每学期，学校都进行一次考评，通过个人自评、学生评价、同行评价和领导评价，评选学校“雅真班主任”“雅真教师”等，并进行隆重表彰。这种在肯定中给予指导、在鼓励中给予促进的激励性评价，大大激发了教师的内在动力。在追求“雅真”思想的引导下，学校注重用激励、评价捕捉教师的优点，打造优秀教师。

近五年来，我校教师在各类竞赛中获国家级一等奖 17 人次，省级奖 138 人次，市级奖 150 人次。

【陶继新】评价具有导向性，好的评价会让积极的教师更积极，不积极的教师变得积极起来。同为教师，有的取得了巨大的成绩，并得到了相应的鼓励与表彰，其他教师看到了，就会“择其善者而从之”。当更多的教师都努力向上的时候，优秀教师就会越来越多，各类竞赛中获奖者也会越来越多。这种正确导向，不只是提高了学校的知名度，也为教师的持续发展提供了契机。

雅真教育文化培养学生文质彬彬

【李安心】从学生层面来说，教育是什么？著名教育家叶圣陶曾说，教育就是要养成良好的习惯。可见，好习惯的养成对学生的健康成长和终身幸福尤为重要，而小学是形成好习惯的关键时期。学校开展雅真文化教育的终极目标就是要培养雅真学生，让学生衣着整洁、语言文明、举止文雅、仪态儒雅、为人率真……修雅真之心，做情趣高雅之人，努力将学生培养成拥有好思想、好语言、好行为、传承优秀传统文化的好学生和未来的好公民，真正实现学校的办学理念——为学生的幸福和终身发展奠定基础。

【陶继新】良好的习惯是雅真学生必备的品质，有了好的习惯，不但会让学生受益于当下，也会让他们受益于未来。一些成就大事业的人，未必是高智商者，但一定是高情商者。习惯，则是情商的核心元素。所以，让学生养成好的习惯，就等于为其未来储存了一笔走向成功的资产。当然，好习惯是多方面的，不是一朝一夕就可以养成的。所以，要有耐心，还要细心。小学生可塑性强，只要持之以恒地做下去，就会有更多的雅真学生，将来也就会有更多的好公民。

【李安心】学校通过“以行正形，以形正声，以声正心，以心正志，志存高远”的教育方式实现对雅真学生的培养，从雅姿、雅声、雅心、雅韵四个方面实施雅真教育，力图使学生成为雅真之人。

雅姿（坐、立、行）是学生学习、生活的根基，是保证素质教育的前提，也是树立健康人格的基础，是一个学生道德水准的外在体现、健康成长的臂膀。学校通过主题班、队会教育开展“雅真礼仪知识竞赛”“坐立行走比拼”等活动，从认知抓起，让学生在体验中培养习惯，以榜样为范来矫正习惯，在反复训练中形成优雅的言行举止，让学生做到行为文雅，不追逐、不打闹、不喧哗，会礼让、会问好、会游戏。

雅声（言、诵、歌）让语言散发出哲理的馥郁和心灵的芳香。一个学识渊博的人，谈吐不仅文雅，内容也一定丰富。雅真教育要求学生的语言美，常用“十字”文明礼貌用语（请、您好、谢谢、对不起、再见）。学校举办经典诵读活动、演讲比赛、诗歌朗诵比赛，以提高学生的朗读、诵读能力。学校成立“雅苑天使”合唱团，用美妙的歌声传递语言魅力。

雅心（爱心、感恩、诚信）让优秀的传统文化浸润学生心灵，让学生逐步从中领会做人、修身、行事的道理。通过献爱心捐赠图书、感恩父母师长、诚信书画比赛、廉政文化辩论赛以及“艰苦朴素就是美德”演讲比赛等，让学生争做真心爱每一个人、感恩受赐的一切和言行举止不失本真的雅真学生。

雅韵（真、善、美）是人的理想追求。古人以“君子一日三省吾身”来强调自己对道德的修炼，而其最高境界就是“至真、至善、至美”。学校通过“我手绘我心”达到知行合一，求真，悟知，做本真之人；“我行表我性”达到修身行善，积善，扬善，做善良之人；“我言行求臻”达到真善一体，行雅，言雅，做高雅之人。

【陶继新】从雅姿、雅声、雅心、雅韵四个方面培养雅真学生，可谓内外兼修。只有将外在之姿与声和内在之心与韵合而为一的时候，才能培养出真正意义上的雅真学生。我们之所以重视外在，是因为“质胜文则野”。一个没有外在文明修养的人，并不一定是一个品质坏的人，可是他所呈现出来的“野”的形态，让人感到这是一个不文明的人。之所以重视内在，是因为只是注重外在文明修养，而并无真善美之心的人，则会“文胜质则史”。

【李安心】同时，学校坚持举办一年一度的“童心和祖国一起飞”校园文化艺术节、“童心向党”“中国梦，我的梦”“雅真学生评选”等系列活动，将雅真教育与校园文化、特长教育有机结合，让学生语言文雅，为人率真，脱浮躁之气，修雅真之心，性情高雅。

近五年来，我校学生在各类竞赛中获国家级奖项80余人次，省级奖项130余人次。

【陶继新】这一系列的活动，让学生越来越懂得了什么是雅真学生，如何才能成为雅真学生，进而积极地成为雅真学生。当雅真学生越来越多的时候，就会形成其独特的文化品格，不但会在学校里展示自己的风采，也会在各类竞赛中有突出的表现。获奖，也就在情理之中了。

雅真教育文化发挥班级育人功能

【李安心】再说雅真班级，我们以雅真校园文化为载体构建雅真班级，把最优雅的教育送给学生，让每一个学生都成为语言文雅、行为优雅、情趣高雅的“小雅士”。

各班级有两种常规性工作：一是各班学生自己商定雅真班级公约。入学时，以学生讨论、班委会修改、全班学生投票的方式来确定雅真班级公约，让每一位学生了解并重视行为规范的落实，彰显公约的生命力和实效性。二是组建雅真班级团队。通过班会民主协商，每个雅真班级都要组建五个团队：学习委员会、文艺委员会、体育委员会、组织委员会、科技委员会。每个团队每周值日一天，全方位负责班级的学习、卫生、礼仪、交往、纪律等。

【陶继新】非常欣赏你们的雅真班级，因为它培养了学生的自主精神和能动意识。每一个学生都希望自己变得越来越好，可有的时候，教师的过度包办，让学生本来就拥有的自主意识消失了。当构建雅真班级，成为雅真学生变成学生自己的事情时，他们的积极性自然也就被调动起来了。不要小看小学生的创造力，在很多时候，完全有可能出现“青出于蓝而胜于蓝”的情况。看来，内需与外力都有作用，而内需的力量更大，也更有价值。

【李安心】各班创建雅真班级文化，美化教室环境，让班级充满“儒雅”气息。在班级的教室门外醒目处悬挂班主任照片及其事迹简介；教室内张贴雅真标语，雅真标语的内容考虑学生年段特点，注重从中国传统文化中选材，让中国传统雅真文化浸润学生心灵；建立图书角，引导学生“好读书，读好书”，用经典名著滋养学生的心田；确定班名、班牌、班训、班级奋斗目标，如“笋芽班”“小脚丫班”“向日葵班”等，以儒雅的名字为各班定下雅的基调；设立爱心小屋，聘请心理辅导教师为爱心志愿者，定期给学生做心理疏导，给那些需要帮助的学生的心灵寻找一个家。

【陶继新】前几天曾参观过你们学校的班级，我为孩子们的雅真与童趣而感动。他们对文化的有些诠释是大人想不到的，其中有童稚之气，更有一种蓬勃向上的朝气。班级，不只是学生学习与交往的地方，也成了他们心灵的栖息地。当心灵安顿且有文雅之气时，雅真班风不就形成了吗？

【李安心】是的，还有重要的一点，就是在建立雅真班级的基础上拓展雅真班级活动。通过形式多样、内容丰富的雅真班级系列活动，让学生感受在处事中求真、向善的重要性。以班队会为中心对学生进行雅真教育，一月一主题，活动设计着眼全体学生，体现时代特征。构建以“理解沟通”为主题的雅真亲子系列课程，开展“亲子共读”“故事妈妈进课堂”“集体生日会”“我老爸最棒”等系列活动，促进亲子关系，助力雅真教育。将雅真教育理念渗透到日常教育教学之中，用活动增进师生之间、生生之间、家长和孩子之间的真诚、友善、尊重、感恩等情感。学生在充满温情的雅真班级中，在饶有兴趣的活动中，在处处洋溢着文化气息的环境里，行为举止变得更加儒雅。

【陶继新】这些活动，不但是学生最喜欢的，而且能使他们在“润物细无声”中受到雅真教育。这些活动还融洽了师生、生生以及家长与孩子的关系，形成了一个更广阔的雅真教育场。教育在场与不在场是不一样的，在场的教育意义不但大，而且更加有效率。

雅真教育文化倡导家庭和谐文明

【李安心】在学校学习并不是学生接受教育的全部途径。家庭与社会的教育影响力决不逊于学校，甚至影响着学校教育的发展。对于出了家门进校门的学生来说，社会的大门尚半掩着，而且对社会教育我们也不能左右，但学校教育与家庭教育可以互相渗透，互相促进，协调一致，形成统一的教育网络。培养雅真学生需要培育雅真家长，学校鼓励广大家长结合学校雅真教育目标，用“雅真”思想引领孩子，在日常行为各方面给孩子做出示范，教育孩子争做“雅真学生”，自己也要做一名“雅真家长”，即做“具有高尚品德、美好心灵、规范言谈、优雅行为且知行一致、言行合一”的家长。

【陶继新】孩子成长过程中，学校教育自然作用巨大，可如果没有家庭教育的支持，学校教育就会出现事倍功半的尴尬。尤其是对雅真学生的培养，更需要家长的共同努力。因为要使学生成为雅真学生，与其所在的环境有着密切的关系。一个不雅真的家长，会在有形与无形中破坏甚至毁掉孩子已有的优秀品质。学生在校的很多问题，追根溯源，都可以从家庭中找到根源。你们的聪明之处在于，让家长也成为雅真家长，并让他们与学校共同为使孩子更加优秀而努力。这样，就有可能出现事半功倍的效果。

【李安心】从1985年学校创办孝感市第一所家长学校，至今已开办了29届，家长学校以“雅真教育，深化内涵，提升品牌，创办优质和谐教育”为办学总目标，确立“为每一位学生终身学习和幸福一生奠基”的家校教育理念，针对各年级学生的特点，开展了丰富多彩的家长课堂活动，家长们积极参加、认真学习、共同提高。

首先，家长学校培育知法守规的雅真家长。学校制订了一系列完备的家长学校运行制度，通过家长课堂带领家长学习了教育孩子的义务和权利，学习了《中华人民共和国义务教育法》《中华人民共和国未成年人保护法》的相关重点内容，向家长宣讲了学校的办学理念、培养目标、班纪班规、雅真家庭规范、雅真家长评选标准等。

【陶继新】向家长宣讲雅真家庭规范与雅真家长评选标准，当是一个很好的创意，具有雅真的特点，这会促进一些家长自觉地追求高品位、高境界。因为家长都希望自己在学校里赢得领导及教师的认可与尊重，从而让自己的孩子获得尊严与好评。为此，他们就要根据雅真家长的要求，规范自己的言行，让自己变得越来越优秀。家长的雅真不但有助于学生的雅真，也会在某种程度上影响社会大环境。家庭是社会的细胞，每个家长都是社会的一分子。更多的家长优秀了，社会也就更加文明了。

【李安心】其次，家长学校培育知识丰富的雅真家长。从一年级新生入校开始，我们便统一发放《小学生家长读本》及系列学习资料，如低年级发放《培养孩子的良好学习习惯》，高年级发放《如何面对孩子的叛逆》，考试前发放《如何消除考试焦虑》，等等，并要求家长每次学习时都要做好学习摘抄，撰写学习心得，争做雅真家长，创建雅真育人家庭。我们还成立了雅真家长课堂教学研究小组，共同研讨家庭教育课程。每学期，分班级对家长集中进行授课，为家长搭建成长平台。

再次，家长学校培育好学文明的雅真家长。学校力图通过引导，让家长更加文明儒雅、身正行端。我们结合各年级学生实际，从选书、购书、阅读、写读书笔记等方面着手，耐心细致地指导家长，把创建“书香校园”延伸到“书香家庭”。如举办亲子读书活动、家长读书心得交流会、读书知识竞赛等。通过共同参加活动，部分家长离开了酒桌，来到了书桌，放下了游戏，拿起了书本，和孩子一起读书，使书香家庭的创建真正落到实处。

【陶继新】不少家长都特别关注学生的学习成绩，却忽略了孩子良好习惯的养成与健康心理的培养，而这恰恰是学生生命成长必需的品质。没有不关心孩子的家长，可有的不知道从何下手，有的误将错爱当真爱。下发《小学生家长读本》等材料，对家长进行培训，让他们知道了什么是真正地爱孩子，如何才能让孩子更好地成长。这样，孩子成长中的问题少了，进步快了，家长高兴了，教师的教育也就更加容易了。

创建书香校园的意义重大，它是让家长走向雅真的必由之路。因为好书是打开智慧大门的钥匙，也是形成良好品质的有效途径。好书中不但有丰富的智慧，也有美好的思想。读得多了，人就会更加智慧，更加有思想。而家长的智慧与思想，自然也会辐射到孩子身上。尤其是亲子共读，能使孩子和家长共同发展进步。

【李安心】“问渠那得清如许，为有源头活水来。”学校一直致力于对家长的引领，一直致力于与家长的沟通合作。在家长的大力支持下，家长学校成效卓越，先后获得“全国家庭教育工作先进单位”“全国示范家长学校”“湖北省优秀家长学校”“湖北省示范家长学校”“孝感市示范家长学校”等荣誉称号。从微观上说，培育雅真家长让学校的教育更轻松有效；从宏观上说，家庭是社会的细胞，有了千万个雅真家庭，我们的社会将会更加和谐文明。

【陶继新】这些荣誉的获得，与你们持续不断的努力有关，也与你们的教育有方有关，还与你们的社会责任感与使命感有关。你们不仅关注学生的成长，也关注整个社会的发展。只有让更多孩子、更多家长越来越雅真了，社会才能更加和谐文明。

雅真教育文化开发校本课程资源

【李安心】学校实施雅真综合实践活动课程资源开发与研究，力图探寻一切校本资源，促进雅真文化内涵建设，达到雅真课程育人的目的。全体教师积极探索，逐渐积累起一批有参考价值的课程案例，如编撰《雅真健康教育读本》《国学经典诵读手册》系列教材，内容涵盖了经典古诗词选、经典现代文精选、经典儿童启蒙读物等。举办走进田园综合实践活动、雅真文化写作指导讲座等雅真系列综合实践活动。

【陶继新】课程是彰显一所学校特色的重要载体，也是丰富学生智慧、开阔学生视野的必行之事。如您所说的《国学经典诵读手册》等教材，能为学生走向未来积淀下一大笔精神财富。一个孩子读什么样的书，与其未来发展的关系重大。这正如种下一颗种子，有的可能长成参天大树，有的可能长成野草。读的书不同，未来的发展也迥然不同。让孩子多学中国古代经典文化，就是为他们种下了一颗长成参天大树的种子，它不可能立即枝繁叶茂，却会不断地积蓄能量，到了一定的生命节点上，就会显现出不同凡响的力量。

【李安心】自雅真课程开发以来，我校开展了“每日一诗”活动，让经典诗文在潜移默化中滋润学生。每学期分学段举行“诵读、书写国学经典”竞赛活动，让经典与师生同行，在活动中通过“知之为知之，不知为不知，是知也”的态度促真知，通过“敏而好学，不耻下问”的精神求真理，通过“博学之，慎思之，审问之，明辨之，笃行之”的方法育真人，让学生在真情和经典的双重熏陶中，形成不断求真知、做真人的雅真品质。

【陶继新】小学生诵读经典不同于大人之处在于，他们的逻辑思维能力不强，所以不要求太多对文本的理解与诠释。可是他们也有超越大人之处，那就是记得快，忘得慢。为此，就要让他们“素读”经典，种下种子。随着年龄的增长，这些经典就会在他们的心里扎根、发芽、开花与结果，最终长成参天大树。中国国学大师几乎都是因有背诵经典这种“童子功”才厚积薄发的。教育，不能急功近利，而应瞩目未来；不能只看学生考试成绩，而应当丰富其智慧。你们所做的，不正是为了学生未来更好地发展吗？

【李安心】您说得很好。我校开发的追求雅真活动课程包含经典国学诵读、经典国学书法和品德、形体、交际、情感等内容，旨在促进学生雅真情感的社会化；追求真情、真知、真理的做人活动课程包括科学、小实验、小制作、探究课、自理能力展示等，旨在引导学生追求、体验真实感受，探究真知，追求真理做真人，促进学生的情感态度与价值观形成；雅真交融升华课程涉及孝文化探寻、孝感剪纸艺术探究、健体、学科应用、国学经典书法竞赛等领域，旨在培养学生追求高尚雅志、求真向善、志存高远的情感态度与价值观，促进学生道德修养和勇于追求真理的优秀品质的发展。

【陶继新】中国古代文人墨客之所以雅，就是有琴棋书画之功。好多年来，这些技艺已经被学校教育忽略了。其实，这些看似与考试成绩无关之"艺"，恰恰能提供促进学生成长的丰富营养。孔子为什么说"游于艺"，为什么在齐地闻《韶》之后感慨"三月不知肉味"，其实谈的就是"艺"的巨大能量。当学生有了一定的艺术爱好之后，就能够打开形象思维的大门，进而激发学习的热情，让学习变得快乐起来。

【李安心】在校本雅真综合实践活动课程的开发和课程模式的改革层面，我校取得了一定的成效。如中央电视台《新闻联播》报道了我校的"探寻孝子足迹，弘扬孝感文化"系列活动；"小主人露一手"系列活动受到全国少工委的高度评价；学校少先队被评为"全国雏鹰红旗大队"等。这些成绩是对雅真综合实践活动课程研究的有效评价和肯定。

【陶继新】在孝感开展实施孝文化教育，有着得天独厚的条件。况且，孝也是衡量一个人品质高下的重要标准。孔子的弟子有若说："孝悌也者，其为仁之本与！"还说："本立而道生。"一个孝敬父母的孩子，也就有了道德的底色，有了做人的根本。人做好了，其他事情也好做了。

雅真教育文化提升课堂教学品质

【李安心】课堂教学改革提出了新课程的三维目标，情感态度与价值观便是其中之一。在课堂上，每个环节其实都是学生的一次情感体验，是他们借助课堂这一途径以知识为载体对生活的直接或间接的认识，是他们在人生起步阶段所接受的最纯净的道德教育。当课堂教学真正落实了情感态度与价值观教学目标时，学生就会确立起对真善美的价值追求以及自然和谐可持续发展的理念。

【陶继新】优质的课堂，不只有一个将知识教给学生的老师，也不只有一群知识学得好的学生，还应当是充溢着生命活力的智慧场，还应当是师生、生生情感体验的感情场。没有了真善美，何谈课堂？从这个意义上说，在课堂上追求雅与真，当是教学的至高境界。

【李安心】雅真课堂中的真强调的是真实。课堂上，教师的真实不仅表现在课前备教材、备学生，课中循循善诱、解答疑惑，课后查漏补缺、培优辅差，更表现在课堂上真实地再现每一个教学环节。著名作家许地山在《落花生》一文中回忆了父亲对他说的话：“所以你们要像花生一样，它虽然不好看，可是很有用。”这一段做人的启示同样也是上好一节课、构建一个真实课堂的启示，所以，“宁可要有缺陷的真实也不要完美的虚假”，便是构建的雅真课堂准则之一。在课堂上，我们的学生敢于展示真实的自己，教师会公正、中肯地评价学生——不因盲目鼓励学生而说善意的谎言，也不因要刻意打击学生而说恶意的假话，这便是雅真课堂为学生创建的一个真实的学习氛围。每个学生都会受到教师的重视，每一个学生都能为真实的自己而努力、喝彩！

【陶继新】说得好！评定一节课为好课的首要标准就是真。这个真有科学上的求真，也有做人上的求真。教师要教得准确，就要下一番功夫；教师想让学生心存敬仰，就要为人师表。学生也应当是真实的。求知求智的过程，就是一个求真的过程；与教师、学生交流的过程，就是一个做人的过程，比如，是不是“敬业乐群”了？是不是“博习亲师”了？同时，真与诚是一脉相承的。《周易》有言：“诚者，天之道也；思诚者，人之道也。”还说：“不诚无物。”所以，“君子诚之为贵”。雅真之真，也要求教师与学生做真诚之人。

【李安心】雅真课堂上常会出现这样的画面：学生戴上头饰，表演英语童话剧；老师打开 PPT，带大家走进神奇的大自然；学生挥起彩笔，尽情描绘梦想……带着和蔼微笑的教师，先进的教学设备，孩子求知若渴的眼睛、灿烂的笑脸，无一不优化了雅真课堂的教学环境，使学生乐学、善学、勤学。此时的课堂活动便成为一种游戏，一种“同龄人”之间的互帮互助、不断学习的游戏，于是我们一直倡导的寓教于乐的乐学氛围便在雅真课堂上生成了！这才是为学生衍生的雅真课堂！

【陶继新】这样的课堂，不但真，而且雅，还特别精彩，它成了学生学习的天堂。学生学习有几种不同的形态：有的学得很苦，有的学得没有尊严；有的学得快乐，有的学得很有尊严。雅真课堂所追求的不是苦学了多少知识，更不是没有尊严地“被”学习，而是乐在其中地学，很有尊严地学。这样，学生不但学得多，而且学得愉悦，不但当下幸福，还会为未来幸福奠基。

【李安心】我于 1987 年从华中师范大学毕业，在初中、高中当过地理老师，担任过班主任、年级主任、政教处主任，直到副校长，从 2009 年开始担任孝感市实验小学校长。这所学校历史悠久，已经积累了很多办学的经验，我在思考：学校该如何继续发展？我要办怎样的学校？

【陶继新】您的这段经历就是一笔精神财富，它不但让您经历了教学的过程，也让您经历了管理的过程。每走一步，都留下了一个扎实的脚印，不然，就不可能“步步高升”地走到今天。更加可贵的是，当了校长之后，您思考的重心是学校的发展，并有了雅真的追求，且成了一位真正的雅真校长。

【李安心】恩格斯说“思想是行动的先导”。一个好校长就是一所好学校。校长是学校的管理者、领导者，在学校教育和改革中具有重要的作用。校长应该有自己的教育思想，应该有正确的教育思想。校长的教育思想是学校的灵魂。要办人民满意的学校，就要敢于担当，要有规范的办学行为，要尊重和不断探索教育规律。这里有四个关键词：思想、责任、规范、规律。这四个方面履行得怎样，决定于校长的价值取向。

价值引领校长领导力。作为校长，要让人人都知道为什么教，为什么学。那就是为了人的全面发展，为了社会的全面进步。为了人的全面发展，就是要培养身体健康，具有非智力素养，具有全面发展的能力和良好的社会适应能力的人。校长要兴办现代教育，培养现代人，建设现代国家。校长要具有现代精神，那就是科学精神、民主精神、法治精神和民族精神。

【陶继新】思想是教育之魂，也是衡量一名校长是不是优秀的试金石。您关注教师知识之教，也关注学生知识之学，可是，您更关注师德建设，关注教师的生命成长，关注学生综合素养的提升，关注学生未来发展的走向，还提出了雅真教育的教育理念以及与之相适应的一系列方略与措施，并取得了可喜的成绩。这是全校教师之福，也是全校学生之福，也是您自己之福。因为有了师生的发展，您的思想才落了地，您才有了更大的幸福。

【李安心】深受教育家们的影响，我的校长价值取向定位是：为了学生的全面发展（职业技能、民主素养、尊重他人、敬畏自然、国际竞争力），让学生一生更幸福（可持续发展）；为了社会的全面发展（物质文明、精神文明、政治文明），让社会更加进步（人文主义、生态文明）；为了国家的繁荣富强（现代国家），让国家更加具有国际竞争力（培养人才）。

明确了校长的责任和使命，明确了校长的价值取向，明确了校长应该具备的素养，明确了校长的职业定位后，我产生了一个愿景：希望从我校走出去的每一个人都是幸福的；希望在我校学习的每一个人都有发展。

【陶继新】有思想，又有高度；有责任，又有理想，这才是真正意义上的雅真校长。而且，我也欣喜地发现，在促进师生发展、关注国家命运的同时，您自己也成长起来了。也许您没有关注这个问题，甚至没有时间关注自己的成长。可是凡事都有一个规则：当您一心一意关注学校发展，心怀希望关注国家发展的时候，您自己也在这个过程中更好、更快地成长起来了。相反，那些只关注自己荣辱升降而忽视学校发展的校长，非但办不好学校，自己也不可能发展起来。

【李安心】非常感谢您的夸奖。我认为，雅真校园文化是学校发展的灵魂，是凝聚人心、展示学校形象、提高学校文明程度的重要体现，对学生的人生观、价值观产生着潜移默化的深远影响，这就需要一位雅真校长，运用雅真管理模式，带领一个雅真教师团队，开发雅真课程资源，构建雅真课堂，发挥雅真班级教育功能，与雅真家长形成合力，培养一代又一代雅真学生。于是，我确立了学校近五年的发展思路：一个创办——创办最佳人民满意学校。二个为本——以学生发展为本，以教师发展为本。三个中心——以学生为中心，以教学为中心，以课堂为中心；四个强化——强化学校常规管理意识，提高学校管理水平；强化素质教育质量意识，提高教育教学质量；强化办学特色意识，提高人民满意程度；强化安全教育和管理意识，提高平安校园水平。五个狠抓——狠抓备课促教风，狠抓课堂促学风，狠抓检测促考风，狠抓批改促提高，狠抓教研促发展。六个育人——教书育人，管理育人，服务育人，环境育人，文化育人，活动育人。

【陶继新】一名优秀的校长，必然要关注学校的文化建设。学校文化主要有物质文化、制度文化与精神文化等不同方面。物质文化是外显的，却因为有了文化的符号而产生了教育的功能；制度文化因内化于师生之心，外化出来就有了教育的美好风景；精神文化是学校文化的核心，一个学校能不能真正发展起来，更多靠的是精神文化的构建。您在这方面下了很大功夫，也有了很大的收获。看来，您这个校长还真“雅真”。

五年的发展规划让我们看到了您的明确目标、清晰思路，您为学校构建的儒雅、和谐、开拓、创新的蓝图，当是一种全新的理念和设想。

【李安心】感谢您的赞誉。要做一名雅真校长，就必须做一个踏实的人，不虚化的人。做一名雅真校长，就要有办大教育的思想。通过几年来的探索和实践，全校教师更加坚定了对于雅真校园文化的研究和探索，形成了人心得到凝聚、学校形象得到展示、师生文明程度得到提高的良好局面。雅真文化对学生的人生观、价值观、世界观和道德观产生着潜移默化的深远影响，而这种影响是任何课堂教学都无法比拟的。

【陶继新】校长是学校的一面旗帜，正如孔子所说：“君子之德风，小人之德草，草上之风必偃。”雅真校长之雅真的妙道，在于带领更多的教师、学生及家长走向雅真，从而为学校的长足发展奠定良好的基础。在您的感召、倡导和引领下，学校一定会成为雅真、文明的乐园。

【李安心】空谈误学，实干兴校，我们将自我加压，敢于担当，为社会、国家尽自己的责任，决心围绕“雅真文化引领学校内涵发展”，为基础教育工作做点贡献，开创出一条适合我校实际的教育新天地。

【陶继新】不满足于既有的成就，而是有担当、有责任地走向未来，从而让学校更好更快地发展，这是您的希望，也是全校师生的希望。相信这个希望在你们的共同努力下，一定会变成现实。

学校快速、高质发展之道

——内蒙古赤峰市宁城县第四中学三年三大步的跨越

校长介绍

赵连峰，中学高级教师，先后任中学教导主任、副校长、校长、总校副校长、总校校长等职，2012年9月任宁城县第四中学校长。赵校长针对新组建的大规模学校的现实情况，围绕社会主义核心价值观，制订并稳步实施“身正则本固，风正则校兴”的管理理念，围绕“砥砺品格，启迪智慧，润泽生命，走进崇高，培养有责任感的中国公民”的办学宗旨，落实“用心做人的教育”的办学思想，创新管理模式，优化学校管理结构，聚焦课堂教学改革，引领全校师生认真读书学习，回归教育本真，让每位师生都享受完整幸福的教育生活，实现了学生、教师和学校的同步发展。用不到三年的时间，奠定了一所4000多人的新建学校健康发展的基础，在社会上赢得了良好的口碑。

扬帆起航，人心聚学校兴

【赵连峰】我校是一所新学校，建立于2012年9月，由六所农村中学合并而成。教师是经过考试从六所学校统一选用的。现有72个教学班，学生3841名，其中住宿生2500名，教师292人，是赤峰市规模最大的一所初中，学生大多来自县城周边农村。面对这样一所新建学校，我倍感责任重大，如何凝聚人心，让学校进入快速健康发展的轨道，是摆在我面前急需破解的一个重大难题。

【陶继新】让您担任这样一所初中学校的校长，其中包含了领导的信任与百姓的期待，因为非责任与能力兼具者是不可能让这所学校迅速起步并实现跨越式发展的。事实给了领导与百姓一个满意的答卷，您用不太长的时间，凝聚了人心，让学校步入了健康发展的轨道。请问您是怎样做到的呢？

【赵连峰】管理一所新学校最重要的是凝聚人心，“人心齐，泰山移”，人心散了，学校是没有办法经营好的。对于一所4000多人的新建学校，近300位来自6所不同学校的教师，凝聚不好，很容易形成一盘散沙。为此，我采取了一系列措施为学校树立正气，激发正面能量，调动教师的工作积极性。

【陶继新】孟子认为良知之于人是生而有之的，其实，积极向上也应当是教师本来就有的生命样态，只不过出于各种原因，这种积极向上的心气涣散了而已。您通过树立正气，激发正能量，让内蕴于教师心中的积极能量勃发出来，于是就有了“人心齐，泰山移”的壮观景象。

【赵连峰】是的，树立正气是一个艰难的过程。首先，我提出了“身正则本固，风正则校兴”的管理文化建设理念。《尚书·五子之歌》云：“民惟邦本，本固邦宁。”百姓是国家的根本，教师是学校的根本，领导干部身体力行，率先垂范，方能激发教师热情，使其奉献爱心，践行责任。教师严于律己，为人师表，方能引领学生修德尚美，止于至善。因此，我要求学校领导班子成员做教师的表率，要求教师应做到的，领导班子成员必须先做到，要求学生应做到的，教师必须先做到。比如，校园路上有废纸，我们要求学生要弯腰捡拾，我们教师就要先做到；要求教师读书，领导班子成员必须先读书，带头聊书。

【陶继新】孔子说：“君子之德风，小人之德草，草上之风必偃。”这一哲理直到今天依然光华四射。学校领导的率先垂范，对教师来说必然会产生“其身正，不令而行”的作用；教师为人师表，学生自然也就会“学而时习之”。当正气越来越浓的时候，好的校风也就形成了。这个时候，即使个别教师或学生的表现还不尽如人意，也会逐渐向好的方面转化；而那些表现好的教师与学生，也会更加积极向上。有了这样的风气，就没有办不好的学校。

阳光分班，公开、公平、公正

【赵连峰】学校运行之初就面对一个倍受关注的焦点问题——学生择班问题。例如，想进入一名来自明德学校的优秀教师班级的学生就达300多人，校长和领导班子成员手上“打招呼”的条子有很多。怎么办？我们面对的学生大多来自农村，他们没有任何门路。这时，我的良心提醒我，必须公正地对待每一个学生，这既是一种教育公平，也是对学校能否真正能树立正气的考验。我横下一条心，必须“阳光分班”。

【陶继新】教育公平不能只喊口号，而是应当落实到实际行动中。不过，这样会得罪一些人，甚至会得罪一些有权有势有钱的人。可是，不这样，就会得罪更多的平民百姓，就会违背自己的良心。同时，“阳光分班”做好了，也会向全校师生传递一个信号：学校的管理工作是公正、公平、公开的。这才是一个有担当、有正气的校长的所作所为，也只有这样的校长，才能得到全校师生的信任与支持。

【赵连峰】我顶住来自各方面的压力，亲自主持“阳光分班”。学校按照新老教师均衡、骨干教师和普通教师均衡、男女教师均衡等原则，确定班主任和任课教师组合名单，并在分班前现场公布。然后，使用先进的分班软件对入学的新生按照学科成绩、性别、住宿生人数、生源地人数比例等均衡搭配的原则，现场分班，当众产生各班级学生名单。接着，由班主任依据提前抽取的顺序号抽取所教班级号，领取学生名单，核对无误后签字确认。整个分班过程均在学生家长代表、新生代表、科任教师和学校领导的共同监督下完成，阳光透明，公开公正。各班各学科的平均分差距都在0.5分之内，各分数段学生比例也基本相当，这就保证了所有学科教师都站在了同一起跑线上，为教师搭建了一个公平竞争的平台。“阳光分班”有效遏制了学生不公平择班，营造了有利于学校健康发展的公平公正的教育环境和舆论氛围。这一做法我已坚持了三年，虽然伤了一些人的面子，得罪了一些人，但我在学校树立起了正气，教师、家长拍手称快。

【陶继新】做任何好事正事，在得到绝大多数人赞赏的同时，也会触及个别人的利益。可是，没有这个触及，就不可能得到更多教师、学生及其家长的认可与支持。一个校长，不管背景多么大，能力多么强，如果所作所为与民心相背，迟早会折戟沉沙。“水能载舟，亦能覆舟”这一古训虽是针对国君说的，但同样适合于校长。校长怎样才能让师生们自愿地

"载舟"？就是要有正气，做正事。久而久之，校长的威望也就树立起来了。显然，校长的威望不是靠权势树立的，而是靠人格魅力树立起来的。孔子所说的"君子不重则不威"，当是一个不变的生命规则。

关爱师生，搭建成长平台

【赵连峰】我尽量做一个温情的校长，不用权威管理人和工作，让管理更充满人性。教师病了，我亲自去探望；教师的孩子得了重病，我组织师生捐款救助；老教师退休了，我亲自组织召开欢送会，并送上一份有纪念意义的礼物，让教师们感到校长会在他们最需要的时候出现，感到学校就是一个温暖的家。我鼓励教师积极锻炼身体，工作期间，每天下午可锻炼一小时，并经常组织教师体育竞赛活动；假期开放体育馆和所有体育设施。这些举措，都是希望教师"健康工作五十年，幸福生活一辈子"，不要让身体成为自身发展和生活幸福的短板。

【陶继新】温情之于校长意义重大，因为里面内含着人性与人文。真正在教师及学生中享有权威的校长，是那种让教师亲近、敬重，而不是怕的校长。校长之言，未必强势，却有可能生成巨大的生命能量，这就是温情的无穷魅力。相反，唯我独尊、说一不二的校长，尽管他说的话教师必须去执行，可教师会从心里害怕他，甚至诅咒他。恰如老子所言："其次，畏之；其次，侮之。"于是，学校里少了人文气息，而多了官气，以及唯上是举的世俗气。从这个意义上来说，您的温情是学校之福、教师之福，也是学生之福。

【赵连峰】您过奖了，我做得还不够好。学校有一批好教师才是学生之福、学校之福，没有教师的成长就没有学校的发展，就不会有高品质的教育。我始终把促进教师的成长作为学校工作的第一要务。2013 年 3 月至今，我先后邀请全国著名班主任丁榕老师，著名教育专家、北京师范大学的肖川教授，中国人民大学客座教授徐才老师，著名作家鲍尔吉·原野，著名特级教师高万祥，河北名校长张斌利，河北唐山"岔河教育现象"的两位亲历教师，赤峰市教研中心曲龙老师等来校讲学指导。您也亲临我校做过精彩的学术报告。专家学者们以渊博的学识、崇高的师德、深刻的思想、丰富的经验深深地影响了我校教师的精神面貌、教育观念和行为方式，激发了教师读书学习、丰富教育智慧的热情。许多教师在听完讲座后给我发短信，倾吐心声，言语之中充满工作激情。我也从中感受到了教师心灵的变化和成长的渴望。

【陶继新】您太谦虚了！《周易》有言：“劳谦君子，有终，吉。”看来，有谦虚美德的人，做事结果一定会好的。当然，您说得也有道理，一所学校的发展，校长重要，教师也重要。一个好校长，可以带领一批教师持续不断地发展；一个好教师，则可以让他所教的学生享受教育的幸福。如何让教师更好地发展呢？邀请全国名师为教师们开设讲座无疑是一个好办法。绝大多数教师都希望自己能发展得更好更快，都希望自己成为名师。从名师讲座中，教师们可以丰富自己的知识乃至智慧，也从品德高尚的名师那里学到为人之道。如此持续而为，教师发展也就在情理中了。那么，学生不也就身在福中了吗？

【赵连峰】每个人都有成长的欲望，对教师来说，培训是最好的“福利”。建校三年来，我选派骨干教师赴杭州、苏州、盘锦、承德、唐山、青岛、深圳等地名校考察、培训，赴全国课改名校——河南沁阳永威学校学习达100余人次，并与永威学校的骨干教师结对子，开展“影子培训”，求取“真经”。三年来，全校60%的教师都外出学习过，教师们开阔了眼界，增长了见识，加快了专业成长进程，也为学校深化课改积累了可资借鉴的经验。

【陶继新】“他山之石，可以攻玉。”学习好的经验，从中取得“真经”，且能联系学校实际进行教育教学改革，教师就能够比较快速地成长。同时，教师的心里还会逐渐形成一个信念，那就是，在“择其善者而从之”的过程中，自己成长了，幸福了。久而久之，教师就会生成一种主动发展的意识。这种意识会持续不断地促进教师们去做新的努力与探索。这种良好的发展氛围，恰恰是学校蒸蒸日上的内在动力。

增补“营养”，培养阅读兴趣

【赵连峰】说到教师的成长，其实一个普遍的共识是成长离不开学习，而读书是学习的最重要的途径。读书关乎底蕴，关乎眼光，关乎心灵。但现实中，教书人不读书却是一个较为普遍的现象。如何引导教师以书为伴，做一个真正的读书人，是我始终在思考的问题。我认为首先要解决的是兴趣问题，要让教师喜欢读。我校年轻教师居多，教师进行家庭教育需要书籍的引领。于是，我把《好妈妈就是好老师》《家有男孩怎么养》等优秀的家教书籍推荐给教师，然后组织教师开展交流活动，让教师获得成功的家教经验，尝到了读书的“甜头”。在此基础上，我还把李镇西的《爱心与教育》《做最好的班主任》等书籍赠送给教师，经常组织聊书会、读书沙龙等活动，为教师展示读书成果搭建广阔平台，激发广大教师的读书热情。

【陶继新】现在，不少学校都在关注教师读书的问题，可是这其中也遇到一些问题，比如，现在的书太多了，有的品位并不高，甚至有的品位还比较低下，于是就出现了虽然读了很多书但并没有获得成长的尴尬。我有一个主张，上次在你们学校讲课的时候也谈了，那就是“取法乎上，得乎其中；取法乎中，仅得其下”。即如果读世界大师级的人物的经典著作，即使很难达到大师的水平，也可到达中层的境界；如果读中层的书，只能在下层徘徊；如果读下层的书，那就只能在下下层转圈了。由此观之，读书是一定要有选择的。选择经典之作，教师就会成长得快；选择了一般的书，教师就会成长得慢；选择了不好的书，教师甚至有可能掉到读书的陷阱里。

【赵连峰】您说得对，读书是应该“取法乎上”的，对此我也深有同感。最近，我在重读苏霍姆林斯基的经典著作《给教师的建议》时，欣喜地发现，当下遇到的许多教育问题都可以在这部著作里找到答案。这就是经典的价值，这也印证了意大利著名作家科尔维诺的名言：“一部经典作品是一本每一次重读都好像初读那样带来发现的书。”2014 年，赤峰市教育局下发了《关于实施中小学校长、教师读书工程的指导意见》，推荐了 30 部基础阅读书目和 70 部拓展阅读书目，都是很有品位的经典著作，目前学校图书室都已配齐这些书籍。有些经典书籍并不好“啃”，需要好“牙口”，这是一个磨性子的过程，也是思想逐渐丰盈的过程。

【陶继新】是的，有些经典并不是好“啃”的，如《论语》，我 30 多岁就开始读它，而且读了好多遍；49 岁背诵了其中 80%以上的内容。近 18 年，我又看了至少 50 遍，才对《论语》的内容有了基本的了解，才敢讲《向孔子学做老师》《〈论语〉解读》。因为经典有着永恒的价值，可以让你百读不厌，一次又一次享受“温故而知新”的幸福。所以，我很少问某个人读了多少书，而多问其认真读了多少经典著作，有的时候干脆问他背了几本经典。苏霍姆林斯基的《给教师的建议》是教育经典，您读得就比我好，我以后会下大功夫去读它。有的时候我还在想，自己读经典读得太少，读得太晚，总有一种时不我待的感觉。

【赵连峰】“读书欲精不欲博，用心欲专不欲杂”，这是读书的经验之谈。其实，我得向您学习，努力多背些书。我以为，教育的本质是促进成长。而任何成长都是自个儿的事，谁都不能代替。成长的基础是什么？是扎根。把根扎在贫瘠的沙漠里还是扎在肥沃的土壤上，其成长的速度和品质是截然不同的。对于儿童的精神成长而言，优秀的书籍是最肥沃的土壤，富含各种促进儿童精神发育的营养元素，我们教育者一定要引领孩子把根扎在这上面，让他们自己汲取营养，自己主动成长。因此，营建书香校园，让孩子多读书、好读书、读好书、读整本的书是学校教育的不二选择。在推进学生读书方面，我们下了许多功夫。根据《义务教育语文课程标准（2011年版）》，在参考“新教育实验”师生阅读推荐书目的基础上，我们分年级制订了“学生必读书目”，每年级各15本，以此指引学生的阅读方向，让学生读经典的书、高品位的书。

我们将每天最后一节课定为阅读课，学生自主阅读，或教师到教室与学生一起阅读。同时我们还坚持每天晨诵、晚读。晨诵内容为校本教材《晨风晚露》，涵盖古典诗文、名人名言、对韵、精美语段、优秀白话文作品。晚读鼓励学生自由读书，读自己喜欢的书，让读书成为每晚的必修课。在住宿生中推行“读书、洗脚”课程化，让学生进入宿舍后一边洗脚一边读书，培养学生“利用零散时间做有意义的事”的好习惯。另外，我们会开展假期阅读经典名著活动，把学生课外阅读列为重要作业内容。同时学校举办了丰富多彩的读书比赛，开展相应展示活动，为学生展示读书成效搭建平台。

【陶继新】培养学生“利用零散时间做有意义的事”的好习惯做得太好了！时间之于每个人都是公平的，有的人充分利用了时间，有的人则遗憾地浪费了时间。为什么呢？其中原因不是一方面的，而您所说的“零散时间”则是一个关键。有的人认为零散时间无所谓，可有的人每天将这些零散时间充分利用了起来，时间一长，时间就多了。所以，一年如此，两年如此，年年如此，一生如此，人与人的差别也就出来了。有人做过一个计算，如果将其之前所学的东西定位为1的话，每天进步0.01，一年（365天）就成了37.8；如果每天退步0.01，一年（365天）就成了0.003。而如果每天将零散时间都利用起来的话，进步就不只是0.01了。三年初中生活天天如此呢？所以，要让学生充分意识到零散时间的重要性，并将利用零散时间读书学习变成习惯。当然，并不是说所有的零散时间一定要读书，还要注意锻炼身体，要参加其他活动，要注意劳逸结合。只有如此，利用零散时间读书，才能真正具有意义。

【赵连峰】其实，我们这样做是在给学生“补课”。我们的学生大部分来自农村，留守儿童很多，父母文化层次比较低，家庭文化氛围差，生活习惯、学习习惯也不好。我是农村走出来的，现在经常回农村，知道这是一个非常严酷的现实。农村教育缺失太多了。孩子放假回家，几乎很少有自觉专心读书学习的，他们的课余生活大多被电视、手机、电脑占据了，大好的时光被挥霍着，令人痛心。让孩子学会管理自己的时间，过有意义的生活，适应未来社会的发展需要，是教育者的责任。

【陶继新】正常“补课”与加重学生负担不是一回事，前者是对学生负责，后者是损害学生身心健康。课外尤其是假期，农村孩子及其家长很难规划学习与活动时间，如果将时光浪费在做不恰当的事情上，是非常可怕的。所以，“补课”就成了有责任感的学校的必行之事。这也许会引起一些误解，可绝对不能为此而放弃对学生成长所应担负的责任，这就是学校品质，这就是校长眼光。那种以“减负”为幌子而对农村孩子不管不问的校长与教师，不但是不称职的，甚至可以说是失职的。

“学本高效”，“十个主张”促教改

【赵连峰】为了让学生学会学习，我们进行了课堂教学改革，经历了从借鉴、模仿到融合、创新的过程。开始时是推行蔡林森的“先学后教，当堂训练”，后来感觉有些“水土不服”。我们意识到，课改不是简单的移植、嫁接，而需因地制宜。在借鉴先进课改经验的基础上，我们结全学校特点，提出了“学本高效”课堂教学理念，迈开了课堂教学改革的第一步。

【陶继新】学习他人经验，如果只是移花接木，几乎无一例外会失败。有句经典的话说：“甲之良药，乙之砒霜。”如果不结合本校实际，不但学不到别人的先进经验，甚至连自己原有的成功经验也丢弃了。你们的聪明之处在于，在借鉴他人经验的基础上，认真地研究了如何做才适应你们学校的教情与学情，提出了“学本高效”课堂教学理念，并进行了脚踏实地的改革。

【赵连峰】我们所理解的“学本高效”课堂，是以学生为主体、以学习为本位，在教师的组织引导下，学生全员参与、全程参与、有效参与，充分发挥潜能，解放学习力，逐步学会自主合作探究学习。课堂紧张有序、多维互动、全程反馈，力求当堂学会、当堂测评，从而提高效率。

在“学本高效”课堂基本理念的基础上，我们提出了课堂教学十个主张。

（1）要调动学生全员参与、全程参与、有效参与，这样课堂才能成为学生生命成长的最重要舞台。

（2）课堂首先是“学”堂，要以学为本，一定要基于学、指导学、互相学、展示学，最终目的是让学生学会学。

（3）课程标准是学科课程实施的依据，学科教学不能脱离学科本位。教师要善于站在学科的高度俯视每册教材、每个单元、每节课、每个知识点。

（4）教学时模式运用要灵活，一切从实际出发，怎么教效果好就怎么教。

（5）课堂教学好比旅行，一定要知道要去哪儿，有清晰的路线图，并且做好充分的准备。只有目标明确，流程清晰，准备充分，学生才会有更大的收获。

（6）每个学生都蕴藏着无比巨大的潜能，教师要相信每一个学生都能学得好，要真心实意地尊重、爱护每个学生，更要鼓励、赏识后进生，发现闪光点就表扬他们。

（7）课堂需要智慧也需要激情，教师丰富的生命能量、蓬勃的生命状态是最重要甚至必不可少的教育条件。

（8）课堂需要资源的有机整合，教师应该不断地向资源本身的广度和深度延展，向师生生活、社会生活延伸，使课堂经历成为学生基于自身经验、结合课堂情境，形成观点、建立概念、发现关联、实现成长的过程。

（9）知识的结论永远不能轻易出于教师之口，这是全部教学艺术之所在。

（10）每个学生都是教师的助手，要运用好“兵查兵”“兵教兵”的策略。

【陶继新】我完全赞同这十大主张。结合您所说的某些内容，我谈点自己的看法。

先说有效参与。目前一些所谓的课堂教学改革，甚至某些已经成为改革典型的课堂改革，在学生有效参与上还是需要进一步研究的。并不是说所有的学生都说话了，就是都参与了。其实，课堂上要有说、有读、有思，甚至静心倾听也是参与，而且是重要的参与形式之一。关键是如何让学生的学习效率高起来，产生比较好的学习效果。所以，参与不是表面的热闹，而是符合学生内在学习规律的呈示。比如，小组合作学习，难道就只有一种异组同质、同组异质形式吗？就没有随机分组以及小组、大组与超大组之别吗？在不同的教学环境中，采取不同的形式，才能让高效教学成为现实，那种看似改革、实则僵化的教学，是不可能抵达高效的教育境界的。

其次，谈谈您所说的“教师丰富的生命能量、蓬勃的生命状态”，这被您称之为“最重要甚至必不可少的教育条件”。这是极有见地的。那种认为只要课堂改革，教师就可有可无的主张，其实是非常可笑甚至是无知的。改革越是进行到深水区，越是需要教师的智慧与激情，这不但可以点燃学生学习的激情，更重要的是还会引领学生走上正确与高效的学习之路。我听过一些进行改革的教师的课，他们从教师一讲到底转变成让学生一讲到底，甚至学生的错误之讲在课堂上发生教师竟然浑然不知。真是太可悲了！很难想象，一个没有深厚文化底蕴的语文教师，能引领学生走进美妙的文化世界里。一个进行改革很多年的语文教师，竟然没有读过几本经典，竟然连篇像样的文章都写不出来，这岂不是天大的笑话？

最后谈谈您说的运用好“兵查兵”“兵教兵”的策略。目前教师批改作业成了一个难解的“方程”。其实，好多作业是可以让学生来查阅的，尤其那些纯然知识性的作业，教师一遍又一遍地批阅，其实是在做着无味的重复性的劳动，疲劳而无意义。而让学生查则不一样了，一是这个群体多，一个人查一个人，时间不会太长，全班作业很快就查完了；二是让学生在查别人的时候，还强化了所学的知识。“兵教兵”当是教学上的重点战术之一，因为学生与学生之间心灵相通，让学生教学生，教者心理放松，学者心理也放松。而且，学生之间的一个眼神、一个手势，都可以传递一种易于理解的信息。如此一来，不仅教与学的效率都特别高，还加深了学生之间的沟通与友谊。

【赵连峰】陶老师，您说得太有见地了，令人有茅塞顿开之感。当初提出这十个主张，意在引领教师不走弯路，不偏离课改的正确方向。其中有的主张也并非我的见解，而是新教育实验的课堂教学理念，只是觉得深刻、有内涵，就拿来用了。

【陶继新】说得好！不能让教师“走弯路”。现在不少教育工作者到所谓的教学改革典范那里学习，不加分析地采取了“拿来主义”的态度，可仔细考查一下，到底有几个克隆经验者能成功？更可怕的是，没有人研究过这其中的负面效应。作为校长，一定要有改革意识，但绝对不能跟风。没有自己的思想，只是不假思索地跟着别人走，结果呢？就像黎巴嫩著名诗人纪伯伦曾经所慨叹的：“我们已经走得太远，以至于忘记了为什么而出发。”

【赵连峰】为了在课改中促进教师发展，我们选拔乐业进取、功底深厚的青年数学教师作为重点培养对象，把他们打造成树得起、立得住的学科标杆。然后通过做示范课、承担课题、师徒结对等方式，发挥他们的示范引领作用，从而带动全体教师课堂教学水平的提高。我们以问题为驱动、以课例为载体、以学科教研组为单位组织开展主题教研活动。自2014年初至今，我们重点对“如何组织学生有序讨论”“如何指导学生阅读数学教材”“学路建议的要领”“课堂练习的设计”等进行了主题研讨，均取得很好的研究成果。此外，我们坚持常年赛课，完善与赛课相适应的课堂教学评价细则，把主要的关注点从教师的“教”转向学生的“学”，引导教师转变角色，改进教学方法。

【陶继新】这些主题研讨，有教法研究，也有学法研究。但其指向是一致的，那就是由教师之教向学生之学转化。其实，学生本身就具备很强的自我学习能力，只不过因为教师的“满堂灌”而让这种能力逐渐地失去了而已。你们让教师转变角色，改革教学方式与学习方式，便激发了学生自我学习的欲望。当他们有了这种能动需求，以及学会了自我学习与探究方法之后，教学就变得相对容易。不过，这里一定不要走进误区，就是教师由此放弃研究教学了。恰恰相反，随着学生会学习、善学习之后，教师就更要研究如何让他们“更上一层楼”，走进高效学习的境地。

科学管理，“三权四部”育新人

【赵连峰】在进行课堂教学改革的同时，我们还加强学生品德教育。我要求全校教师“用心做人的教育”，用爱心和责任心培养大写的人；从孝敬父母抓起，结合时代特点，吸取传统文化的精髓，启迪教育学生；要求学生诵读并践行《弟子规》，举办多场传统文化讲座，向传统文化“寻根”；加强学生良好行为习惯教育，从点滴做起，从小事做起；实施德育学分制，进行量化管理，做错事扣分，做好事加分，班级、学部、年级分层考核，综合评比；开展“认星争优，做美德少年”活动，从感恩、友爱、节俭、文明、学习、健康等多个方面进行评比，让评价标准多元化，引领学生崇德向善，做最好的自己。通过这些举措，真正将“育人”放在首位，落在实处。

【陶继新】将做人教育放在首位，并落到实处，才是真正意义的学校教育。中国传统教育就特别强调做人的教育，孔子在这方面既是先师，也是引领者。他的弟子子夏甚至说：“贤贤易色；事父母，能竭其力；事君，能致其身；与友交，言而有信。虽曰未学，吾必谓之学矣。”在孔子之教中，做人教育永远是第一位的。现在，做人教育已经越来越引起人们的关注。而你们不但是先行者，还在实践中创造了许多宝贵的经验。这不但有益于你们教师、学生的成长，也为更多的学校提供了可资学习的经验。

【赵连峰】怎样让这所规模较大的学校实现管理的精细化和科学化，是我们学校领导班子一直在努力破解的难题。我们根据学校管理实际，提出并实施了“三权四部育人教书责任制”管理模式。“三权”指决策权、执行权、监督权，决策权属教职工代表大会，执行权下放到年级，监督权归学校督查委员会。“四部”指将每个年级 24 个班均分为四个学部，每部设一位兼职部主任管理本部教育教学，从而细化了管理区间，避免了管理盲区，有效地提升了执行力。“育人教书责任制”是指将育人放在首位，教书是第二位的，每位教师都是德育工作者，每位教师都负责 10～15 名学生的思想教育工作。同时学校领导主管学部，协助年级和学部主任抓好育人工作。

【陶继新】这是一种大智慧的管理，校长不再事必躬亲，而是谋划一些学校发展的大事情。孔子早就说过：“不在其位，不谋其政。”可是有的校长大权在握，甚至连副校长与主任的权也谋了。结果，权是有了，可是大家的积极性却没有了。所以，真正优秀的校长，就要会放权与分权。当然，这也需要胸怀。因为这样一来，校长的权力相对削弱了，甚至自身还会被不同层面的管理部门所制约。不过这样做管理畅通了，管理中出现的“肠梗阻”没有了，而且各个层面的人都有了自己的权力，也有了自己的责任。当人人有权、人人有责的时候，学校也就有了生生不息的发展动力。

【赵连峰】陶老师，说实在的，管理这样一所学校，我感觉到很有压力，每天都在读书、思考，好在有您这样的贤者的指导和帮助，让我也少走了弯路，我真诚地感激您和所有帮助我的人。

【陶继新】之所以有压力，是因为有责任。况且，您每天都在学习与实践，也每天都在进步着。现在，您与学校领导班子及教师们用智慧提升了管理水平，不但走出了困境，还开创了一条教育教学改革的新路子，并且取得了可喜的成绩。这是多么令人高兴的事啊！同时，从您的感激里，我读出了您人格之美，也看到了学校更加美好的前景。

让"我们的故事"成为德育突破口

——重庆市江北区五里店小学的精神风景

校长介绍

周卫宁，1980 年 12 月参加教育工作，现任重庆市江北区五里店小学校长兼党支部书记。她曾参加重庆市思想品德赛课，并多次荣获一等奖，连续三届被区团委评为"优秀辅导员"，被评为重庆市首届"优秀辅导员"，所领导的少先队被评为全国红旗大队，担任过江北区语文学科骨干教师赛课评委，还被评为"优秀党务工作者"、江北区"优秀教育工作者""优秀德育工作者"。

2003 年，周卫宁走上校长岗位。在钢锋小学担任校长期间，她根据学校的实际情况，将剪纸艺术作为学校的发展方向，并在国画院举行了大型剪纸艺术展，得到市区领导的认可。2008 年 8 月，她调任江北区五里店小学校长，立足学校已有的办学基础，确立了"打造故事校园"的发展方向，深入开展德育创新活动。在她的带领下，学校被评为"全国未成年人思想道德建设先进单位"；2012 年被重庆市命名为"重庆市故事创作基地学校"；2015 年学校又成功被命名为"重庆市曲艺基地"，并由著名相声演员、中国曲艺家协会主席姜昆到校授牌。学校还曾多次接待中宣部、市区级领导的调研及其他友邻单位的考察。

"我们的故事"成为学校的突出特色

【周卫宁】 我从 2008 年调入五里店小学，当时发现学校做的特色活动较多，但都不精，也没能得到家长和教职工的认可，学校在本地区的认可度也不高。我看在眼里急在心里，要办好一所学校真的不容易。我用了一年的时间走访、调查、摸底，觉得讲故事与教育教学能够紧密结合，可以凸显学校的特色。现在，“我们的故事”已经成为五里店小学的一道精神风景。

【陶继新】好的故事是学生的最爱，甚至可以成为永久的记忆。这不但可以激发学生的想象力与创造力，还能引起学生的兴趣，提升教育教学质量。看来，您将讲故事与教育教学结合起来，可谓智慧之举！

【周卫宁】我是母亲，知道孩子一般都是听着故事长大的。孩子们不光是听故事，还要讲故事，更重要的是还要书写自己的人生故事。通过听、讲、写，发现生活中美好的事与人，向他们学习，培养自己的好品质。我们还把故事引入课堂，把难的数学题形象化，编成故事，使学生更愿意学。我校每周每班都有一节故事课，让学生讲小伙伴的故事、父母美德的故事、老师爱生的故事。学校每年还会举行“故事大王”比赛，评委是全校学生。还有评比“故事小明星”等活动。

【陶继新】故事与孩子有着天然的联系，几乎没有一个孩子不喜欢听故事，有的孩子还非常会讲故事、写故事。同时，故事还有一个重要的功能，那就是增强记忆。在教学中，一些比较难的问题如果只是用抽象的语言让学生记忆的话，他们不但感到枯燥无味，而且记起来也比较困难。但如果把这些知识融入故事中学习，往往比三番五次有意强化还记得牢。看来，将故事引入课堂，对于促进教学还能起到事半功倍的作用。

“三个融入”让故事活动的开展落到实处

【周卫宁】“三个融入”指的是融入教育教学、融入校园文化建设、融入日常养成教育，这样的举措让故事活动的开展落到实处。

我们借特色教育这个平台抓好学生行为习惯的养成教育，注重未成年人的思想品德教育，同时抓好素质教育。近几年来，我校各方面工作都取得了好成绩，被评为“全国未成年人思想道德建设先进单位”，同时被我市文联授予重庆市首家曲艺基地，中国曲艺家协会主席姜昆亲自来校授牌。

【陶继新】叶圣陶先生说：“教育是什么？往简单方面说，只要一句话，那就是养成良好的习惯。”借助故事这个载体，对学生进行养成教育，当是一个很好的方法。因为养成教育不但需要重复，而且有“随风潜入夜，润物细无声”的特点。教师为小学生讲故事，让他们自己讲故事与写故事，不但让他们感到快乐，还可以起到浸润的效用。

【周卫宁】2011 年 11 月 3 日，11 岁的经莎莎被评为首届重庆市十佳美德少年，她是朴实的农民工子女，能取得如此出色的成绩，得益于我们的用故事发展德育的活动。我认为仅是学生表现出色，老师不带头、不身体力行地做表率的话，这项活动的成效是不会长久的！所以我们提出了全体教师争当“讲故事抓德育创新”的践行者，做志存高远、爱岗敬业的模范；关爱学生，做教书育人的模范；严谨笃学，做终身学习的模范；自尊自律，做廉洁从教的模范。另外，我们开展了教职工故事大赛和故事课优秀教案的评比，还鼓励班主任老师创编教学中的育人小故事。

【陶继新】小学生有着很强的向师性，所以，教师的表率作用非常大。一方面，教师要讲好故事，起到带头作用；另一方面，教师还要做好榜样，因为学生不但要“听其言”，还要“观其行”。言行之于教师，正如孔子所言，系“君子之枢机”，而“枢机之发，荣辱之主也”。所以，从古到今的好教师，几乎都是在言行一致上引领学生成长的。

【周卫宁】在常规活动中，我们一改学校的升旗仪式由学校行政领导讲话主持的方式，让学生在国旗下讲中国梦的故事；每周二的午会课，是全校学生收听学校红领巾广播的“大家讲故事”栏目的时间，这个时间由学校故事组成员为全校师生讲爱国、敬业、励志等践行社会主义核心价值观的故事。每周四的午会课是班级开展讲故事的时间。学校开展好每年一次的“故事大王”擂台赛，让学生在生活中认真书写自己的故事，讲社会中美好的故事，践行了我们的故事校园口号“故事从这里开始……”

为了让学生更好地记住社会主义核心价值观，我们把其编为朗朗上口的拍手歌，让学生熟记并用以指导自己的言行。同时我们还出了《梦想飞扬》校园故事读本。

【陶继新】小学生不太喜欢学校领导与教师满是大道理的讲话，如果用有趣的故事来说明道理，学生就会乐在其中，听在其中，讲在其中，记在其中，以至于行在其中。这样做既让学生成了听、讲、记、写故事的主人，也让他们成了自我教育的主人。经常性、持久性、适应性的自主教育，才能让德育内容在学生的心里扎根，才能让他们去做学校的小主人。

【周卫宁】我们坚持开展“五星耀五小，我是小明星”的评比活动。

“五星”即爱国星、诚信星、友善星、进步星、故事小明星。每个学生根据自身的特点和长处，制订创星计划。教师则根据学生的表现，及时在其创星卡相应的栏目上贴星，鼓励他们积极争当学校的小明星。

学生只要在上述某一方面表现突出，就可以当上校园小明星。为了能够当上小明星，学生就会在平时努力争取每一个星，以便在学期结束时，积累足够的星，当上某方面或某几方面的小明星，成为同学羡慕的对象。心理学研究表明，21 天以上重复某种行为会形成习惯；90 天的重复会形成稳定的习惯。同一个动作，重复 21 天就会变成习惯性的动作；任何一个想法，重复 21 天，或者重复验证 21 次，就会变成习惯性想法。

按上述研究结论所说，我校引导学生在相当长的时期内，重复同样的行为或想法，让他们逐渐养成良好的行为习惯和道德品质，从而受益终身。

【陶继新】几乎没有一个小学生不想成为小明星，而且希望得到的“星”越多越好。这样，就会形成一种争“星”的学校文化。久而久之，学生越来越文明，习惯越来越好。同时，那些有了更多“星”的学生，还会在心理积淀一种自信心与自豪感。这些会在无形中转化为学生成长的内在动力。那些得“星”较少的学生也会奋起直追，争取摘取更多的“星”。孔子说：“性相近也，习相远也。”学生争星的过程，是“习”的过程，也是趋真向善的过程。

【周卫宁】我们深知提高教育教学质量是学校发展的永恒主题，做好学校特色，最主要的是为了借助特色这个平台努力地提高教育教学质量，全面实施素质教育，办人民满意的学校。因此，故事文化氛围除了在校园环境中处处得到呈现外，更应成为我们的教学中不可或缺的“点睛”之笔。我们把故事特色融入语文教学中，通过收集故事、改编故事、创作故事来提高学生的语文综合能力；把故事特色融入品德课中，让道德教育更加生动；把故事特色融入数学课中，使抽象的概念公式更加形象化……

【陶继新】丰富的想象力让学生乐于探索，善于解决问题。学生从收集故事、改编故事到创作故事，是一次又一次语文水平提升的过程。正是在这个过程中，语文有了让他们心向往之的美好，也正是这些妙趣横生的故事内含的高尚情趣与品格，逐渐地内化到了学生的心里，进而外化出来一道道德育的风景。将形象的故事与数学链接起来，则会让抽象之理变得通俗易懂、生动有趣。孔子说：“知之者不如好之者，好之者不如乐之者。”当学生乐在其中的时候，学习的效率也就自然而然地提高了。

【周卫宁】我们还注重课改的深化，教学质量的提升。我校坚持以新课程理论为指导，更新教学观念，实现教学方式和学习方式的根本转变，形成学校独特的课堂教学模式。教师把学习主动权和课堂还给学生，教会学生学习。我们关注学生的生命成长，关注学生的生活质量改善，关注学生的素养提高，让每一位学生都体会到新课堂带给他的幸福，同时关注教师专业化发展，实现学校立德树人的本质目标。

【陶继新】学生学习方式的变革与教师教学方式的变革同样重要，因为有了这种变革，才能确立学生在课堂上的重要学习地位。本来，所有的学生都具有自我学习的能力，可是，平时一些教师的满堂灌，让学生成了听客，以致自我学习能力被渐渐消解。而你们将学习的主动权交给学生之后，他们就不只是听客，还成了课堂的主人，有的时候还会出现“弟子不必不如师，师不必贤于弟子”的特殊教育景观。这个时候，学生的自信心以及学习能动性，都会大大提升。在这种状态下的学生，学习不可能不快乐，也不可能不高效。

曲艺基地建设让学生课余生活丰富多彩

【周卫宁】我们抓讲故事也就是创新德育形式，本质是在抓未成年人的思想道德建设，全面落实素质教育。现在学校已成为曲艺基地了，我们会从单一的讲故事扩展到曲艺表演，抓好少儿故事的同时还要抓好少儿相声、少儿小品、少儿戏曲，让学生多接触传统文化，在继承的基础上传承创新，着重培养高尚的情操，践行社会主义核心价值观，做爱国、守纪、诚信、文明的小公民。

【陶继新】从抓故事到形成曲艺基地，你们为学生打开了一个更大、更有趣味的天地。独特的“口眼操”“声气神”，产生了独特的学习效果，使中国优秀传统文化在学生中得到了很好的传承与创新。于是，做爱国、守纪、诚信、文明的小公民也就有了更为丰富的精神载体。

【周卫宁】是的，抓好曲艺基地的建设是我们当前的任务，如何把曲艺与教育教学相结合是我们思考的重点，全面贯彻素质教育是学校的首要任务。曲艺基地的建设必须服务于学生，在丰富学生课余生活的同时对他们进行文明礼仪养成教育。现在我校利用社团活动时间，开展了讲故事、演小品、说相声活动，之后我们还要学唱戏，借抗战70周年庆之际在我区步行街“古树屏风”故事基地举办五里店小学故事专场。

【陶继新】学生是一个个具有生命的个体，需要不断地学习知识，同时也需要丰富的课余生活，从而让生命多彩起来。此外，小学也是学生养成习惯的最佳时段，在小学生中进行文明礼仪教育，不但能让他们当下讲文明、懂礼貌，还会为他们的未来成长积淀下一笔精神资本。你们对学生进行的文明礼仪养成教育，是一个利在当下、功在千秋的大事情。

学校与家庭、社区共创德育氛围

【周卫宁】学生品德养成教育非常重要，学校是学生品德修养的重要培养园地，家庭是学生品行养成的首要阵地，社区是学生品质陶冶的基础环境。所以，学生品德的养成是全社会的大事。三者要各司其职，共同努力创设好的环境，形成良好的氛围，给我们的孩子一个积极向上的空间，使其健康成长！

【陶继新】品德教育是所有工作的重中之重。你们不但在学校里关注了学生良好品德的养成教育，而且延伸到了家庭与社会之中。学校、家庭与社会具有连接、延续、递进、互补的功能。“场所”和“身份”的变换，会让学生获得完整性、实践性、综合性的养成教育。只有学校、家庭与社会形成了“三位一体”的教育网络，才能产生强大的合力，为孩子的品德养成提供一个全方位的发展空间。这是对孩子负责的教育，也是真正意义上的素质教育。

让生命在“体验”中产生飞跃

——山西省太原市小店区育杰小学的快速崛起之道

校长介绍

殷全亮，山西省太原市小店区育杰小学校长、党支部书记。本科学历，市、区德育先进工作者，太原市“金桥家校联系研究会”秘书长，《中华棋坛三巨头》丛书编委。从教以来，致力于学校管理和校园文化实践研究，多次在省、市获奖，多次参加北京师范大学校长培训班。曾应邀到《现代教育报》校长论坛、太原市校园足球校长会议做报告。《中国教育报》《现代教育报》《生活晨报》等媒体曾对他和他的学校管理经验做过大篇幅报道，其论文在《教育创新》《语言文字报》《德育报》刊登。

他的办学理念是“以儿童的思维行动”，校园文化以“百花齐放”为建设方向。

儿童思维，小学味道

【殷全亮】我觉得办好一所学校首先要有切合本校实际的办学理念，我们学校是由三所厂企学校和一所农村学校合并而成的，教师队伍年龄老化，教学水平参差不齐。我校地处城乡结合部，学生大多是外来人口，这就决定了我校必须从学情实际入手办学。多年的教学实践告诉我们，教师在平时的教育教学中必须站在学生的角度考虑问题，设身处地地为学生着想，才能更接地气，真正实现“俯下身子”教学的愿望。所以我们确定了“以儿童的思维行动”的办学理念，以“体验教育，提升学生幸福感”为追求目标。

【陶继新】合并之初的学校存在着很多问题，可以说百废待举。从何处而“举”？这是一个大问题。你们确定的“以儿童的思维行动”的办学理念可谓寻到了“纲”，纲举而目张。儿童的思维与大人的思维有很大不同，只有站在他们的角度思考问题与开展工作，才能更好地让他们成长起来。以“体验教育，提升学生幸福感”为追求目标，让学生在体验中感悟幸福，拥有健康积极的人生态度。

【殷全亮】首先，我们在环境建设方面下大力气，在校园里进行了美化绿化改造，栽植了40多种树木，设置了凉亭、长廊、假山、鱼池、沙池，配以兔子笼、鸽子笼、鸡鸭笼、鸟笼、水车等。这些都是儿童喜欢的，旨在让儿童感受自然，感受四季的变化，感受动物的灵性，从而产生和植物、动物的亲近感，让他们从小融入自然，热爱自然，产生环保意识，具有爱心。

【陶继新】学校不应当只有教学楼，还应当有儿童喜欢的与其心灵相契的优美环境。儿童对动物、植物有着浓郁的兴趣，同时，正是在与植物、动物的接触中，学生才有了乐趣、感到幸福、学会分享。于是，爱自然、爱动物、爱环境的意识就不知不觉地就走进了他们的心里。

【殷全亮】我们还盖起了“农耕文化馆”，从农村收集了大量的农耕工具，让孩子们认识、体验农村的生产、生活。我在墙上写了“中华民族在漫长的农耕文明时代产生了两次大的文化繁荣，于是有了诸子百家，有了唐诗宋词，这是中华文化的根，所以我们应该从农耕文化中汲取营养”这句话，让学生深切体会农耕的重要性。

【陶继新】在参观“农耕文化馆”的时候，我感慨不已。小时候日常接触的农耕工具突然展现在我的眼前，有一种久违的感觉。而现在小孩子对这些东西很陌生，所以他们看后觉得新鲜。当他们走近这些农耕工具的时候，用手摸一下，用心体验一下，会产生很大的兴趣。从这些农耕工具里，可以读出中国数千年的文明史，感受中国传统文化的灿烂辉煌，从中汲取精神的营养。

【殷全亮】我们在楼道里布置了大量的软木扎板，这是学生展示才艺的平台，他们可以随时把自己的作品展示在上面。我觉得每一个孩子至少要有一幅作品展示在楼道里，在公众的视野下展示自己的作品他会很高兴。教育家罗素说：“教师最好的教学艺术是让学生喜欢他教的课。”所以我们要把这个平台充分地利用起来，这是教师鼓励学生展现自己的重要手段。

【陶继新】学生有了成果，喜欢这样去展示，因为这能得到更多人的认可。当他们的作品被展示出来并有人观看且赞赏的时候，他们就会生成一种自信心。而自信心是一个人持续发展的内在动力，长久的自信，还会固化为一种品质，不但会对当下学习产生正面的影响，还会在学生未来的生命行程中延伸。

【殷全亮】我们把自然标本和学生的手工作品展示在楼道的墙上，并特意做了两个大鱼缸，里面放上鲜活的金鱼，还把蛇和乌龟放在玻璃格里面，让学生和动物零距离接触，去观察、体验、喜爱动物，快乐成长。

【陶继新】孩子在学校里不但要学得知识，还要享受童年的快乐。学校环境的布置，应当从儿童的思维出发。所以，教师要研究儿童，要走进他们的心灵世界里，并让他们的世界丰富而精彩。你们的做法具有实验性、开创性，不但让本校孩子在体验中受到教育，还为其他学校树立了风向标。

【殷全亮】我觉得，学校要把更多的文化元素植入到教育内容中。我们搭建了一个代表山西大院文化的门楼，在通往地下室的两个拐弯处一面用松木树皮做装修，一面用竹子做装修，松可以代表北方的植物，竹子可以代表南方的植物，它们都是中国文化的代表植物。我们还在五楼挂了一墙的风筝，在一楼的走廊里挂了一把南方的油纸伞。我觉得学校要让孩子处处感受到美，并将这种美在潜移默化、耳濡目染中内化为一种素质，这也是我们在“体验教育”中打造“美育童年”的一项举措。

【陶继新】我已经领略到了这种多元素文化的魅力。从这个大院文化中，我感到这里不是一般意义上的小学，而是有着宽广文化视野的文化育人之地。以不同的文化符号建设，为学生创造健康成长的空间，让学生眼观四方，思绪飞转，感受不同文化的美景，尽情地享受“诗意童年”之美。这是你们的特色，更是教育进步的方向。

【殷全亮】我们还在每层楼道里放置了一台电脑，里面有学生行为规范考核系统，学生和教师随时可以看到每班、每人的得分，实现了信息公开化，省去了人工操作的麻烦，这是我们把教育现代化和信息化联系起来的一个尝试。

【陶继新】信息公开，不但保证了公平，还促进了学生的自我管理。有了这种举措，就会相对提高学生自我约束的能力。每个班的师生也会成为监管者，自己管、别人管合二为一，将抽象的管理内化到学生的心灵深处，得到学生认可，就会让学生渐渐地改掉不良行为，进而养成良好的习惯。

高效阅读，书香校园

【殷全亮】我校从 2011 年加入了中国教育协会高效阅读项目团体，旨在大力推广学校阅读。我们认为，阅读是学生最主要的事情，它可以拓宽一个人的知识面，提高个人修养；可以把语文的“练字词句篇章，会听说读写背”的作用基本体现出来，解决语文课“少慢差废”的问题，使语文课真正成为学校各科目的“火车头”。我们提倡把课堂真正还给学生，教师只是起评价、点拨、引导的作用，促使学生从“要我学”变为“我要学”。

【陶继新】阅读对于孩子成长具有重大意义，大凡小时候有了阅读兴趣的孩子，长大之后也多是阅读爱好者。当阅读贯穿于一个人的整个人生历程的时候，就提升了生命的价值。因为书中，特别是经典文本中，不但闪现着智慧的光华，而且蕴含着思想的要义。

【殷全亮】经过几年的阅读训练，学生受益颇多，到小学毕业时阅读量已达到了新课标所要求的几倍甚至十几倍，不仅提高了阅读速度，而且培养了阅读习惯，对语文课产生了兴趣，个人修养有了明显的提升。重要的是，经过训练以后，他们掌握了速读的“绝活儿”，在以后的求学途中、工作中，这种“绝活儿”不会因为时间的推移而慢慢消失，而会成为学习强有力的助推器。这也凸显了我校传承文明、奠基人生的办学宗旨，我们庆幸找到了一条语文课堂改革的路子，建设书香校园的有力支点。

【陶继新】“绝活儿”在握，且不断阅读，阅读量越大，在大脑中积蓄的知识及智慧也就越多。这就等于为自己终生发展积蓄了一笔精神财富，时间越长，财富越多；财富越多，越有发展潜力；越有发展潜力，就越有成就；越有成就，也就越有幸福感。

【殷全亮】学校要关注教师的读书情况，教师读书量的多少，教师喜欢不喜欢读书，直接关系到学生喜不喜欢读书，所以我经常购买一些教育类的书籍，和教师共同阅读。一方面是做个表率，另一方面从书中获取更多的教育方法、管理方法，还可以开阔眼界，更新观念，以便“掌好舵”。教师在读书的时候可以聆听名师大家的声音，获得新鲜的教育知识。教师爱读书，学生也爱读书，共同创建书香校园。

我们在教学主楼墙上写上“今天你阅读了吗”“孩子们爱上阅读吧，生命因阅读而精彩”，促使孩子们把阅读当作一种生活方式。

【陶继新】前天去学校的时候，见您买了那么多的书，当时很感动。作为校长，工作之忙可想而知，可是您还在买书与看书，并且乐在其中，成长在其中。一位经常读好书的校长会更有文化品位，也会更有管理的智慧；一位爱好读书的教师会远离浮躁，让心灵安静下来，进而形成“淡泊以明志，宁静而致远”的品格；学生喜欢上读书，会从中汲取知识与智慧，并用于平时的学习中，从而让学习变得丰富多彩。从某种程度上说，有了好书相伴，也就等于有了精神导师的指导，有了智慧大家的引领，从而让生命精彩起来。

开发课程，诗意童年

【殷全亮】从 2013 年秋季开始，随着太原市小店区政府和北京师范大学签署的“小店区义务教育优质均衡发展促进工程”的实施，我们学校这两年在办学理念、课程开发、课堂改革、社团建设等方面取得了很好的发展。目前，我们已经开发出足球、书法、古诗文阅读、高效阅读四科校本教材。在 2014－2015 赛季的太原市校园足球联赛中获得乙组冠军，在“2014 年追梦圣保罗—鲁能杯”全国少儿足球邀请赛中获得 U9 组第二名，成为全国足球特色学校。中国棋院副院长、中国国际象棋国家队总教练叶江川大师莅临我校授牌“全国国际象棋特色学校”，我们就是要让学生在各个方面的才能得到“体验”和展示，培养他们各方面的兴趣，使他们的校园生活丰富多彩，从而实现我们“百花齐放”的文化建设目的，打造“诗意童年”。

【陶继新】校本教材的开发，为学生提供了更加丰富的学习与活动内容。这四科校本教材，几乎都与目前的考试科目无关，却与学生的生命成长紧密相连。开发这些教材，不但要动用大量的人力和时间，还要付出物力与财力，所以这种“赔本”的事情有的学校就不再问津了。你们之所以如此认真地开发这些教材，还收获了累累硕果，就是因为你们心系学生，不仅是为他们的当下负责，更是为他们的未来负责。教育，是需要良知的。

【殷全亮】新的课程观应该是学生一进学校就进入了课程，学校的每一次活动、每一次展示、每一次集会、每一次参观等都应该是课程，因为在这些活动中都有学生和教师参与、体验。教师要设定活动目的、活动程序，学生要依照教师的要求参与活动，并得到相应的教育。

今年我校对节庆课程和活动课程做了一些探索，比如，清明扫墓和踏青，既对学生进行了“祭祀”教育，又让他们到大自然中感受了春天的气息。

【陶继新】您的课程观不是狭义上的课程观，而是大课程观。正是在这种课程观的指引下，才有了你们学校几乎无处不在的课程。这些课程的开发满足了学生不同层次的需求，实施德育也就有了着陆点，也就有了不着痕迹的教育效果。足球课程的开发，为强健学生的体魄，使之拥有体育方面的一技之长提供了可能。如今，足球已经成为你们学校的特色，得到了大家的广泛认可与赞赏。这不但提升了学校的知名度与美誉度，也增强了学生的自信心与自豪感。

体验活动，快乐心灵

【殷全亮】在广义的课程基础上，在很多活动中我们植入了“个个体验，人人教育”的做法，即让每一个学生都参与，一个也不能少，人人体验，人人有收获。我们认为，人人参与就是人人获得教育，这是一种教育的权利。不放弃任何一个学生，做到最大程度的普及，这才是基础教育。小学时代播下的种子，会在学生长大了以后生根发芽，长成参天大树——对于小学时参与过的活动，他们长大后或者专业从事这个项目，或者成为爱好者。

【陶继新】个个体验、人人参与体现了教育的公平，因为人人都有受教育的权利。当然，这并不是说某个学生如何努力也做不好的事情非让他做好不可。这样做只不过是让他们感受通过努力获得成功的快乐，也能让他们感受通过努力当下未必成功的痛苦，这也是一种磨炼。学生亲身经历这些，就会形成一种勇于战胜困难的意志品质，并对学生的终身发展产生良好的影响。

【殷全亮】在学校里，每一个学生都应该生活在鼓励与赞美之中，人人有参与的机会，人人有获奖的机会，人人有展示作品的机会，人人有参与节目演出的机会。我对教师讲，要把奖状“铺天盖地”地往下发，让阳光撒遍学校的每一个角落。人人获赞，人人快乐，学校就会洋溢着一种和谐、快乐的气息，每个人都会感受到温暖，这是我们应该给学生提供的生活环境。

【陶继新】一张奖状只是一张纸，可是对于小学生来说是莫大的鼓励与荣耀，所以教师不能太过吝啬，而应当如您所说的把奖状“铺天盖地”地往下发，要尽可能让每个学生都能获得奖状。奖状发得越多，学生受到的鼓励就会越多，这样就会让每个学生感到自己有获得奖励的闪光点，并会继续放大自己的闪光点。发现自己的优点并能得到师生的认可，会让学生形成一种积极的思维，进而形成一种积极的心态。有了这种思维与心态后，学生也就有了更好发展的基础。

【殷全亮】我总结这两年的实践，规划出学校的发展目标，并在会上、在活动中、在学生中、在家长中广泛宣传这个发展目标。我们的目标是把学校打造成真正有影响力、有“体验”特色的学校，成为城市一个片区的文化重地。六一儿童节的展演，我们选择晚上在操场进行，并准备了最好的灯光设备、音响设备，当夜幕降临，节目效果非常好。学生虽然专业水平不高，但是极具创意，准备了各种各样的节目，而且演得特别认真、投入，学生家长、校区的住户、已毕业的学生纷纷前来看节目，场面十分火爆。

【陶继新】你们自己的“春晚”精彩而又感人。为什么精彩？因为那是学校师生共同努力演奏出来的一曲动人心弦的乐章，成了社区与学校的一个美妙的文化艺术景点，这其中不只是艺术美，还有在场演出者与观众感情的涌动，以及形成的一种集体凝聚力，这些甚至可以称得上是一首生命的合唱曲。

从这里我们还看到，教师与学生蕴藏着巨大的潜能，包括艺术潜能，如果给他们展示的机会，这种潜能就会喷薄而出，进而激活参与者的内在激情。同时，学校也不只是一个教育场所，它还应是当地一个文化育人之地，在某种程度上起到了“化民成俗”的积极作用。

【殷全亮】我们除了举办多种多样的活动以外，还把学生带到别的学校进行交流。2014 年，我们学校派出 8 位教师、5 位学生去珠海市香洲区第二十一小学进行交流、游学。教师跟随该校教师上课、备课、教研、活动，学生随同龄的5个孩子一起上学下学、一起回家，共同生活了一周。我们要让学生、教师更好地开阔眼界，和兄弟学校进行深度的交流。教育作为一种文化活动必须交流，越交流经验会越丰富，我们才可以取长补短，在此基础上生成更新鲜的文化产品，赋予教育一种更加灵动的特征。

【陶继新】游学对学生的成长太有价值了！因为他们在新的学校有了新的感受，并与当地学生建立了深厚的感情。这些往往比在课堂上学到的知识更有意义。现在学习的观念需要变化，学生不一定非在本校的课堂上学习，还可以到外地学校去学习，这会让师生获得在本校不曾有过的生命体验。

校长责任，思想引领

【殷全亮】在一所学校中，校长起着至关重要的作用。校长首先是思想的引领者，也是学术方面的引领者，更应该是道德修养的典范。同时，校长还要协调好学校管理者之间的关系，协调好学校与周围邻里的关系，协调好学校与上级单位的关系，还要把握好政策、法规在学校的实施，可以说，一位好校长就是一所好学校。我觉得我们学校首先要确定办学思想——以儿童的思维行动，确立三个策略——读经典书、踢快乐球、育杰出人，工作中抓住几个点——高效阅读、足球、棋类、德育评价、课程开发等，让教师都融入其中，让他们唱主角，让他们展现自我，让他们有责任感、有尊严，让他们的专业得到发展，在这种体验中他们会工作得开心而觉得有意义。

【陶继新】优秀校长的一个重要标志就是有思想，因为有思想才能引领好教育行动。比如，您所提出来的“读经典书、踢快乐球、育杰出人”，就很有思想品位，并据此形成了属于育杰小学的特色与品牌。同时，校长还应当是教育学术与实践的引路人，这是校长在学校里拥有话语权的关键所在。校长只有持续不断地研究教育教学，才能引领教师们进行教育教学改革。您所说的道德典范尤其重要，孔子说：“君子不重则不威。”一位校长如果没有厚重的思想积淀，是不可能形成真正的权威的。所以，校长的品德当是学校的发展之魂。

【殷全亮】尊重教师，校长该做些什么呢？教师作为学校的主要力量，既是课程的实施者，也扮演着学生的向导、朋友、父母等角色，所以要调动每位教师的积极性，让他们每个人都发挥最大的作用，尽全力教导好学生。因此，调动教师的积极性就成为摆在校长面前最大的一个难题。校长要设身处地地为教师着想，寻找教师的闪光点、特长，把他们的特长发挥出来，带领学生朝着教师指引的路径前行。在实施的过程中，校长要不断地鼓励，不断地予以支持。

【陶继新】学生怎样才能感到幸福呢？关键是教师应该将让学生感到幸福视为自己的职责，也就是要成为让学生感到幸福的教师。因为所有的高效学习，心灵放松与愉悦都是必要条件。同时，在与学生同心、同乐、同行的时候，教师也是幸福的。

【殷全亮】我们学校是以“体验教育”为特色和建设方向的，现在还有很多的工作等待我们去做，我们相信育杰小学的明天会更好！

【陶继新】您用“体验教育”把一个“小我”逐渐完善为“大爱”，真了不起！加上您与教师为学生的终身幸福而努力向上的精神追索，育杰小学的明天必将更加美好！

传承国学经典，培育儒雅少年

——黑龙江省黑河市实验小学的“国学立人”教育

校长介绍

孙艳红，1972年8月出生，中学高级教师，黑河市骨干校长，黑河市知名校长培养人选。她从教25年，一直用心做教育，勤于学习，开拓进取，从一名普通教师逐步成长为一位有深厚文化底蕴和创新思想的学校管理者。她先后担任黑河市幼儿园园长、黑河市第三小学校长、黑河市第六小学校长、黑河市实验小学校长等，现任黑河市实验教育集团总校长。一路走来，无论在哪所学校，她都以学校发展为己任，不断更新管理思想，以自己独特的人格魅力影响着身边的每一位教师。她依靠和信任广大师生，从儿童立场出发，办学生喜欢的学校，形成“务实、高效、精细化”的管理风格，构建出适合学校发展的管理模式和办学特色，实现了每一所学校发展的新跨越。

国学教育，润泽心灵

【孙艳红】每一个生命都是灵动的，每一个生命都是充满诗意的。作为教育工作者，每天和孩子们在一起，可以让自己永葆青春和热情。作为校长，我始终在思考：家长们把一个个可爱的孩子交给了学校，我们将给他们怎样的童年？将帮助他们开创怎样的人生？

【陶继新】作为校长，能有这样的教育情怀，真是学校之福、教师之福、学生之福。为了让孩子拥有诗意的人生，就要考虑用怎样的教育内容与形式让他们学到最好的东西，形成优秀的品质，从而让他们的童年更加美好。

【孙艳红】在传承文化和播种经典方面，我们一直坚守着、践行着、思考着。结合学校实情，我们提出以“开实验之风　育多元人才”为办学理念，以“多彩实验　多元成长”为德育活动和课程建设的总目标，努力创办一所有儿童立场、中国味道、边城特质的学生喜欢的学校。学校以国学教育为特色，亲近母语，开设国学课、书法课、阅读欣赏课，让优秀传统文化进校园，润泽学生心灵，给他们一把开启心智的钥匙。

【陶继新】您说得对，国学教育是可以润泽心灵与开启心智的，因为优秀的国学文化不但蕴含着真善美的要义，而且也闪现着智慧的光华。学生初读国学经典的时候，不一定能感受到其中的内涵，可是它已经点点滴滴地洒落到了他们的心田。

【孙艳红】童蒙、少年时期是人格形成和身心发展的奠基时期，在学生心灵最纯净、记忆力最好的时候让他们接触独具智慧和价值的经典，在诵读吟咏中培养其人文精神。我们的学生经过近两年的国学知识学习，积淀了丰厚的文化底蕴，在作文中、课堂上时不时地引经据典。学生不仅语文学习能力提高了，举手投足中也渐渐展现出了优雅气质。

【陶继新】这只是经典能量的初步呈现，也只是自然外化的部分景象，如果再过几年或者十几年，这种外化的精神风景就会更加灿烂。所以，在小学阶段对学生进行经典诵读教育，不但是有利于当下，还是功在未来的大事；不但可以丰盈其智慧，还可以升华其人格。

乐读经典，丰富生命

【孙艳红】经典诵读，重在积累，意在传承，乐在应用。学校开展国学特色教育两年多来，我们感受到文化的力量让师生们的气质悄然发生着变化。为了给学生的诵读积累搭建展示的平台，我们开展了很多活动。例如，每周二和周四早读是我校的“国学小讲堂”的特定时间。“国学小讲堂”的小讲师们是由从各班抽调的优秀学生组成的。他们利用早读的10分钟时间，为全校学生展示经典诵读、讲解历史典故、传播传统文化，从唐太宗讲到清太祖，从清明祭祖讲到重阳敬老，小讲师们侃侃而谈，在丰富了全校学生知识积累的同时，也提升了自己的综合素质。

【陶继新】“乐在应用”说得好！孔子便是一位“乐感文化”践行者，即使在遭遇困境的时候，他依然保持一种乐而忘忧的情怀。他说自己是“发愤忘食，乐以忘忧，不知老之将至云尔”。为什么？因为他本身就是一位实践哲学家，正是在一次又一次的“应用”中，他体验到了生命的快乐。你们的学生的应用与孔子当然还不在一个层面上，可是他们从中体会到了应用的快乐，以至产生了自豪感与自信心。从小乐读、乐用经典，长大之后，不就能够更好地体验“游于艺”的幸福感了吗？

【孙艳红】孩子的记忆潜能确实不可小视，大量经典的积累还需要更多反馈和展示的机会。开学初，学校根据学生的年龄特点制订标准，组织了国学考级活动。参加考级的学生以年级组为单位，共分国学一级——“国学小新星”、国学二级——“国学小明星”、国学三级——“国学小达人”、国学四级——“国学小博士”四个等级。考级现场，学生跃跃欲试，信心满满，大人们觉得难懂、拗口的古文，学生流利、自然、熟练地背诵出来，让验收小组的教师感慨不已。低年级的学生一边流利地背诵《弟子规》《百家姓》《千字文》，一边给自己打着节拍，可爱至极。高年级学生将《论语》《大学》《中庸》中的名篇佳句娓娓道来，让人心生佩服。

【陶继新】小孩子背诵经典有一个重要的特点，那就是记得快、忘得慢，如果到了 14 岁以后，尤其到成年之后，就背得慢、忘得快了。所以，中国第一篇教育学论著《学记》说：“时过然后学，则虽勤苦而难成。”如果过了记忆的黄金期，即使用上几倍甚至十几倍、几十倍的时间，也背不好了。所以，必须抓住小学这个时段，让学生大量背诵经典，从而让这些经典成为其终生的记忆。

【孙艳红】2015 年 4 月，我校举办了“国学经典展示周”活动，每个班级根据学生的年龄特点和积累情况，精心编排一个 5 分钟左右的小节目，分别在三个下午进行展示。各班级或歌或舞，或吟或诵，创意独特，古韵悠扬，学生举手投足间显露出儒雅的风范，令人沉醉其中，深受感染！

在 2015 年黑河市实验教育集团“首届体育狂欢节”的开幕式上，由三、四、五年级的 460 名女生身着国学范儿小裙装表演的国学大型操《唐诗古韵》，让与会嘉宾和现场观众眼前一亮、赞叹不已。该节目后来入选了 2015 年区运动会开幕式表演。无论是参与哪一项活动，也无论是在排练的过程中还是展示的现场，学生始终保持高涨的热情。学生在活动中寻找古典文化的乐趣，快乐着、充实着、成长着……

【陶继新】学生展示的不只是学习经典的成果，还有其心灵的收获。有了成果，就会希望展示并得到人们的认可。抓住这一心理特点，通过大型展示活动，会让他们兴奋不已。展示结束了，学生继续诵读经典的热情并没有中止，甚至还有可能产生更高的诵读兴趣。看来，学习经典不但不会让学生趋于僵化，还会让他们的生命更加活跃。更重要的是，经典积累越多，其内在的生命感悟、体验也就更加丰富，尤其是对学生未来的成长会具有更大的意义。

【孙艳红】目前，我们学校是以国学课为中心，由专职的国学老师带着学生熟读成诵，积累经典诗文，积淀民族文化知识。在此基础上，学校通过晨读、午诵、暮省来延长诵读时间，巩固诵读的成果，并开展一些展示性或反馈性的活动，来增强学生背诵的成功感和荣誉感。

【陶继新】当今，一些学生的课堂学习效率与质量低下，已经到了让人心痛的地步，这样一来，浪费的不止是课堂学习时间，还有其本应拥有的丰沛的经典文化支撑。看到你们学校既有国学课程和专职教师，还有晨读、午诵、暮省，就有一种喜不自胜的感觉。在这种教育下成长起来的学生，该是何等幸福啊!

师生共读，照亮前程

【孙艳红】我们今天开展经典教育，是要从老祖宗那里获得文化的力量、民族的精神。但是，教育之路应该是宽阔的，要有海纳百川之势。因此，在传承古代经典的基础上，我们还会带领学生去读一些现代经典、外国经典。我一直有个梦想，就是要在学校建一座大型的图书馆，让学生有足够的书读。在实现这个梦想之前，我们先在各楼层因地制宜设计了多个“图书吧”摆放图书，还在走廊里配备了小长凳。下课后，这里就成了孩子们读书的乐园。他们不仅爱读书，还懂得分享。孩子们会把自己读过的好书摆放到“图书吧”里，推荐给其他小伙伴阅读。

【陶继新】中国现代经典还有外国经典犹如浩瀚的大海，走进其中，汲取其生命的精华，对于学生来说真是一件美妙无比的事情。我在《当代小学生》当过9年主编，近几年又与诵读经典的小学生有了不少接触，我惊奇地发现，很多小学高年级甚至中年级的学生已经阅读了不少外国经典名著，如泰戈尔、川端康成、莎士比亚、列夫·托尔斯泰等人的著作。昨天，一位五年级的小学生对我谈泰戈尔的诗作，还谈其意境如何美。现在，一些实施教学改革的学校已经开始了整本阅读中外名著的尝试，收获很大。相信你们也会在这方面进行探索并取得更大成绩的。

【孙艳红】在经典阅读拓展中，我们确实做了许多尝试。我们从本届的六年级开始开设了每周一节的“阅读欣赏课”，目前由张微微老师授课。张老师原来是一名出色的中学语文教师，因为工作调动从外地来到我校，我想语文学科的小初衔接由她来做比较合适，所以就因人才而开设了这门校本课程。张老师凭借自己深厚的语文功底独立备课，对学生进行中外“名著导读”和“名家导读”，带着学生畅游在文学海洋之中，激发了学生的阅读兴趣。

【陶继新】张微微老师为什么带领学生进行了如此好的阅读呢？因为她本人就是一位对中外名著情有独钟的教师，她从中感受到名著的伟大力量，希望通过自己的引领让学生也喜欢上名著，并从中汲取更多的生命能量。

【孙艳红】受您上次讲学的鼓舞，我这一段时间也在努力研读国学经典，现在在看老子的《道德经》，挑选喜欢的背会了十几篇，发现真的是字字珠玑，言简意赅，道理深刻，受益良多。

【陶继新】《道德经》系千古经典，其中有大智慧。您背诵之后，受益何其大也！我也是如此，老子的“上善若水”“道法自然”“君子后其身而身先，外其身而身存”“无为而治”“天下难事，必做于易；天下大事，必做于细”等，都对我产生了深远的影响。当我们终生铭记这些经典的时候，自己不也就有了更多的智慧吗？

【孙艳红】在践行国学经典教育的过程中我们渐渐感受到，习诵国学经典不仅仅是国学老师的事，也不仅仅是学生的事，而应该是全校师生共同的目标。学生学经典树德立根，教师更应该诵经典修身养性，提高个人素养。我们学校每年都会拿出专项资金用来购买教育类书刊，像您与王登峰司长合著的《经典教育让生命有根》这样的好书，教师都爱不释手，受益匪浅。现在，教师的学习意识越来越强了，全校师生共读、亲子共读的氛围日渐浓郁。

【陶继新】教师诵读经典至少有两个好处：一是提升自己的人格修养与智慧指数，二是为指导学生学习经典起到了表率作用。教师背诵经典与学生相比，显然不是略逊一筹的问题，而是差距太大了，尤其是忘得比较快，可是，不能以此作为少诵经典的理由。其实，忘得快不可怕，可怕的是不坚持，如果坚持下来，忘了再背，反复十几次甚至几十次后，所背经典就会成为一种永久的记忆，就会成为终生须臾不离的人生导师。

【孙艳红】开展国学特色教育后，学校教师背诵国学经典的热情日渐高涨。今年寒假，我们不仅给学生准备了国学背诵的推荐篇目，同时也号召教师参与进来。我校教五年级的关波老师为了激发学生的背诵热情，跟学生比着背经典，在本学期的教师国学考级中，关波老师果然成为教师诵读的“状元”。我正悄悄努力，试图挑战她呢。张晓宇老师平素就特别喜欢文学，这学期赴杭州参加了陈琴老师的“素读”培训后，更是如痴如醉，申请成立国学实验班，带着班级的50多个学生利用每天早晨半小时的时间进行“吟诵”。这种美妙的方式让学生乐在其中、乐此不疲，半个学期就牢固地记住了大量的古诗文经典，张晓宇老师也很享受与学生共同诵读经典的美好时光。

【陶继新】诵读经典，不但对学生大有助益，教师自身也是受益者。人们常说，教师是蜡烛，燃烧了自己，照亮了别人。可当与学生一起诵读经典的时候，不是既在照亮学生，也在照亮自己吗？不是在照亮当下的同时，也在照亮生命的前程吗？

熏陶引领，静待花开

【孙艳红】优美的校园环境，“无声胜有声”。好的环境不仅可以熏陶、感染师生，还可以丰富和净化人的灵魂。我校校园文化建设的主题是“传承传统文化　培育儒雅少年”，楼内布置突出中国元素、中国味道、经典传承、书香满溢，营造出“文雅　高雅　儒雅”的校园氛围。

【陶继新】好的环境文化，会让学生在“润物细无声”中受到优质的教育。你们的学校环境文化的设计就特别注重经典文化的元素，因此也就有了“文雅　高雅　儒雅”的指向。

【孙艳红】在学校新建的主教学楼大厅中，陈列了流传千古的、被誉为读书人最高境界的“四为句”，我们在下面的竹简上刻上了释义。大厅上方四盏灯上分别是我们的校训“和”“雅”“勤”“诚”四个大字，学生一抬头就能看到，这也是从国学经典中提炼出来的。

【陶继新】你们学校将这些中国儒家文化的经典名句提炼成学校精神文化的重要内容之后，会在有意无意间引领师生向着更好的方向前行。而精神文化一旦内化到师生的心里，就会外化成一道又一道绚丽的风景。

【孙艳红】我校国学教育刚刚起步时，曾有一些家长反对，他们认为让孩子背诵连大人都弄不懂的文言文，没有什么意义。我认为中华民族有着五千年灿烂的历史，一个民族能够绵延数千年的历史而不朽，这难道不是我们悠久的文化在起作用吗？有人说，如果一个国家“文化”变了，“国”也不复存在。作为中华儿女，我们有义务“为往圣继绝学”，不能让中华文化在我们这一代流失。

【陶继新】有的家长也许用大人的思维来框定孩子的思维，其实，在大人看来十分难懂的古诗文，孩子背诵起来并不感到困难。“素读”经典是古已有之的学习方法，即不要过多地让他们理解文意，先背诵下来，随着其年龄的增长，这些经典就会内化到他们的心里，进而生成巨大的生命能量。这就是小孩子背诵经典的奥妙所在，当这些经典镌刻在孩子的脑海中，成为一种生命基因的时候，美好的未来也就在其中了。

【孙艳红】“为天地立心，为生民立命，为往圣继绝学，为万世开太平”，简称“四为句”，是北宋理学家、大儒张载为后世留下的宝贵的精神财富，千百年来广为传颂，历久弥新。有人问我：在一所小学的大厅里陈列“四为句”，对于学生来说是不是太深奥了？

经过多方查找资料，我们对“四为句”的释义是，读书人要树立正确的世界观、人生观，为人民大众而树立自己的使命，为往圣先贤传承并发扬即将消失的优秀思想，为开拓万世太平的基业而奉献自己的力量。此“四为句”充分表达出了读书人的襟怀、责任与宏愿，可以说是对“为何而读书”这一问题的终极完美答案，故被誉为读书人应达到的最高境界。

我觉得，通过教师的讲解，学生会懂“四为句”的意思的。虽然开始时可能似懂非懂，但随着年级的升高和平时课堂上的国学知识积淀，他们一定会明白其中的道理。我们把“四为句”陈列于此，是希望能给勤奋读书的学生一种引领、一种激励……

【陶继新】很多经典名句都比较深奥，可能学生背诵之后，不一定能立刻消化，那就让它储存在其生命的记忆里，在未来的行程中逐渐地自我消化，进而就会产生超乎寻常的作用。这就是经典的特殊意义。任何经典，小学生对它的理解与中学生肯定不一样，到了大学又有差别，而到了三十岁或者五六十岁的时候，有了生命的阅历甚至特殊的磨难之后，就会对其中的意蕴产生更深的体悟。这就是经典的无穷奥妙与魅力所在。

【孙艳红】2015 年 6 月 24 日，“中华少年强——首届黑龙江省‘最强国学少年'挑战赛”黑河站的海选在我们学校进行，这次活动能够选择我们学校作为赛场，也是看中了学校的国学特色教育。我们学校的参赛小选手们也不负众望，在各市、县、区300多名参赛选手中脱颖而出，争夺到了四强中的三个名额，将代表黑河市赴省参赛，这结果真令我们骄傲，可以说是国学教育蓓蕾初绽。在备战过程中，孩子们很累，但是他们觉得很充实，因为大量的国学知识充实进他们的大脑，让他们觉得自己越来越强大。这也是文化的力量吧！

【陶继新】我在这里先表示祝贺！在这次大赛中，你们的学生不只取得了佳绩，还会因为能够参加这样大的赛事而感到自豪。从本质上讲，比赛不是目的，可是通过这种形式可以更好地促进经典教育的开展，因而比赛也就有了更大的意义。所有的付出都会有相应的收获，有了平日的经典诵读，学生收获的不仅是比赛的奖项，更是丰盈其内心的生命能量。

【孙艳红】“少成若天性，习惯如自然。”国学经典学习处处皆课堂，贵在坚持，聚沙成塔，久而久之，学生背诵的经典就会越来越多。作为教育者，我们能做的，就是把文化的种子播种在学生精神的土壤上，静待花开。

【陶继新】“静待花开”，说得好！教育不能急功近利，而应当着眼未来。这些经典虽然未必在当下显现出效用，却能在学生的心里种下一颗经典文化的种子，到了一定的生命节点上，它会破土而出，长成参天大树。

【孙艳红】是啊，我们学校正在筹建校史馆，在挖掘校史的过程中，我们更深刻地感受到了学校所承载的与人民同呼吸、共命运的伟大历史使命，感受到了教育无处不在的力量，这些激励我们铭记历史，薪火相传；开实验之风，致知于行；育多元人才，德业兼尚。创实验集团品牌，办人民满意教育，我们一直在努力！

【陶继新】期待校史馆的“诞生”，它不但会记录下你们传承经典的历程，还会激励师生更加努力地诵读经典。当国学经典持续不断地滋养师生精神的时候，你们学校也就有了持续发展的生命能量。

要做就做最好

——河南省商丘市第一实验小学的优质持续发展之路

校长介绍

高阿莉，河南省商丘市第一实验小学党总支书记、校长，全国先进工作者、全国优秀教师，全国“五一劳动奖章”、全国一级“星星火炬奖章”获得者，享受政府特殊津贴。她还是河南省省管优秀专家、中国西部教育顾问、特级教师、中学高级教师、河南省学术技术带头人、商丘市首届名校长。多年来，她致力于学校的内涵建设与跨越发展，商丘市第一实验小学成为首批全国教育系统先进集体、全国现代化教育技术实验学校、国家青少年体育俱乐部、国家艺术教育先进单位、全国青少年思想道德建设先进单位。

“为儿童一生幸福奠基”“引领教师职业成长”“培养特长，全面发展”，高阿莉在新课改中的一系列办学理念、治校经验和策略，引领学校快速提升，探索出了现代化学校发展之路。

近年来，她主编了《教师教育文集》《小学教育探索者的足迹》等6本教育著作，多篇教育论文发表于《语文建设》《中国健康教育》《河南教育》等期刊。同时，她领衔承担了10余项国家及省、市的重点教育科研课题，并多次获得河南省教育科研奖励。

她以创新发展理念积极实践民办教育改革，创办了两所民办学校，总建筑面积达10余万平方米，以优质教育、精品服务引领商丘市乃至河南省民办教育的大发展，成为特色鲜明的教育现象和学校品牌。其个人事迹被河南电视台、商丘电视台与《河南日报》《教育时报》《文化时报》《商丘日报》等多家媒体报道，并入选大型辞书《中国当代教育名人大辞典》《教育名人录》《中国女教师》。

开设特色课程，储存多元能量

【高阿莉】依托建校70多年的历史，特别是近10多年来课程改革的推进，我们学校除了完成国家课程设置以外，还根据时代的要求，凸显地方特色，深挖课程，开设了几门特色课程，如英语、计算机、书法、形体、乒乓球、游泳等，并列出整个小学阶段的特色课程设置计划，纳入课程表，分年级实施。10多年的实践证明，在这一特色课程体系的引领下，学生的潜质得到了很好的挖掘、发挥和展示。

自2013年底习近平总书记对弘扬中国传统文化教育做出重要讲话以来，我们进行了更加积极的探索，最近几年我校把国学教育作为又一重要特色课程，把中国传统文化经典按照不同的难易程度分别用于对一至六年级的学生的教学，使学生在国学经典的引领下，培养意志品质，习得文明礼仪，养成学习习惯，形成传统美德，赢得了社会与家长的广泛赞誉。

【陶继新】你们所开设的几门特色课程，关注更多的不是如何提高学生的考试成绩，而是着眼于全面提升学生的素养。比如，开设乒乓球课程不但能够很好地提升学生敏锐的应变能力，而且有利于学生的眼睛健康。我曾经采访过这方面的专家，他们认为，孩子们在打乒乓球的时候，眼球不断转动，可以增强眼睛的弹性。所以，开设乒乓球课程的学校里学生的近视率都比较低。而在各个年级增加国学经典的教学内容，对孩子的成长特别有益。小学阶段是学生记忆的黄金时段，学生记得快、忘得慢，当国学经典铭刻在学生的脑海里后，就会在他们的生命中生根、开花、结果。中国历史上的很多国学大师多是在小时候就学习了大量的国学经典。从这个意义上来说，你们是在为孩子的一生发展奠定中华经典文化基础，到了一定的生命节点上，这种教育就会转化为巨大的生命能量。

探索课改模式，激活生命活力

【高阿莉】目前，本校的课改实行“自主探究、合作交流、反馈拓展”的课堂教学流程。如何让学生在课堂上高效地学习，调动他们的积极性？

如何让学生学习正确的思维方式，掌握有效的学习方法，以主动的姿态投入到学习的每个环节当中？如何发挥学生的内在潜质，使不同的学生都得到提升？我认为这些是每个教育工作者都必须认真思考的问题。为此，我校用了4年的时间来进行课改，从校长、副校长、教导主任、教研组长到全体教师，用“点线面”网络课堂教学模式覆盖学校的所有学科、所有年级，并且系统设置出各个学科、各个年级课堂教学的基本模式，由各位一线教师根据不同年级、不同学科、不同教学风格，引导学生进行课前自主探究，课上合作交流，再加上教师引领，学生在一起共同研讨，共同提升。这样一来，充分调动了学生的学习主动性，使学生在课前积极融入到新的教学内容里，在合作交流时又能充分展示自己的学习体会和已掌握的知识点，同时又把自己在自主学习当中遇到的疑问和难点提交给同学和老师，老师把这些疑问和难点汇集起来，就可以作为本节课的教学重点，从而有针对性地开展教学。这样一个过程，使学生的自主学习能力得到了提升，学生敢说、敢想、敢沟通、敢提异议的能力也提高了。这一实践成绩卓然，令人欣喜。这需要教师提高驾驭课堂的能力和课堂应变的能力。

【陶继新】“自主探究、合作交流、反馈拓展”的课堂教学流程，对于激发学生的学习热情，扩展他们的思维张力，可以起到很大的作用。对于让学生自主探究，有的教师也许认为是比较困难的。其实，每一个学生原本就拥有一定的自主探究能力，只不过由于一些教师一讲到底，实施“填鸭式”的教学，降低了学生自我探究的能力，久而久之，就将这种能力扼杀掉了。让学生自主探究，便激活了学生内在的生命动力，让探究成为课堂学习的常态，进而让学生形成自我探究的学习能力。学生仅仅有自主探究能力还不够，因为“独学而无友，则孤陋而寡闻”，所以，还要有合作交流。交流不但让每个人都有发言权，而且还会像萧伯纳说的那样：“你有一种思想，我有一种思想，交流之后，每个人都有两种思想。”反馈、拓展同样重要，反馈既是对学生所学及交流知识与问题的进一步强化，还可以让学生“温故而知新”；拓展则从更广阔的空间打开学生的视野，让学生不局限于课本，从而有了纵横驰骋的学习新时空。我十分同意您所说的教师在课堂改革不断深入的时候要提升自己的课堂驾驭能力的观点。那些认为学生在课堂上活跃起来后教师就无足轻重的看法是错误的。改革愈加深入，就愈加需要教师水平的提升。教师不但要不断扩充知识，而且要更新观念、生成智慧，不然，就无法适应新形势下课堂教学改革的需求。

养成良好习惯，夯实人生基石

【高阿莉】多年来，我们根据6～12岁儿童的生理、心理、健康等各个方面的特点，把关注学生的心理、生理、健康作为一项重要任务，进行学生在养成教育方面的专题研讨。近20年来，我们紧紧围绕学生的品行习惯、学习习惯、生活习惯三大习惯的形成，着手对学生进行为期6年的养成教育。学校制订了学生在校行为规范管理条例及实施细则和具体的实施办法，从他们踏进校门的那一刻起，无论坐、立、行，课上、课间、课下，小到红领巾的系法，大到在大型集会上的表现，都无不在严格的行为规范要求之下。在这种年复一年的严格要求下，学生形成了良好的习惯。这些行为习惯的培养，贯穿在多种活动之中，比如，我们通过“少年君子”“礼仪之星”“文明之星”“孝敬之星”“读书之星”“才艺之星”“运动小健将”“小小多面手”“书香家庭”等评比活动，使他们始终沐浴在养成良好习惯氛围之中，从而逐步成为一个个具有健全人格的孩子。放眼望去，校园内每个学生都阳光灿烂、活泼可爱，这样的健康状态，为其今后的长远发展打下了坚实的人生基础。

【陶继新】良好习惯是现代人走向成功的通行证。纵观当今世界上的成功人士，几乎都是从小就养成了良好的习惯。叶圣陶先生说：“教育是什么？往简单方面说，只要一句话，那就是养成良好的习惯。”而习惯的养成，小学是最佳时段。看来，您抓学生习惯的养成，可谓抓到了关键处。正所谓“千里之行，始于足下”，在小学这个基础阶段养成了良好的习惯，未来才能行走千里。如您所说的品行习惯的养成尤其重要，因为孩子的心灵犹如一张白纸，即使有人认为孩子有“破坏”行为，但大多不是思想问题，而是生理与心理问题。明白了这个道理，对学生加强品行习惯教育就有了时不我待的紧迫感，就有了舍我其谁的责任感。小学阶段让学生养成良好的学习习惯，不但可以有效地提高学生的学习成绩，由此带来的各种益处还会向学生的未来持续不断地延伸。到了初中、高中、大学乃至工作之后，学生也会因具备良好的学习习惯而学习高效。很多学习成绩优异的人，并不是智商特别高的人，而是学习习惯特别好的人。因此，从小抓好学习习惯的养成教育，就是为学生一生成长奠定良好的基础。有的人认为，生活习惯养成比起品行习惯与学习习惯养成，不那么重要，其实不然。日常的生活习惯可以折射出一个人的品位，孩子长大成人后，若没有很好的生活习惯，也就少了人之为人的品位，也就不可能得到他人的认可。需要说明的是，习惯的养成不是大而空，而是诚如您所说，要从小处、细处抓起。老子说："天下难事，必作于易；天下大事，必作于细。"习惯养成是关乎人的一生的大事情，要从小处与细处着手，而且要有耐心。因为习惯养成不是一蹴而就的事情，而是一个持续不断的过程，时间长了，良好的习惯定格在学生的心里与言行中，教育也就成功了。

【高阿莉】对学生的养成教育，是我校面对全体学生实施的具体教育内容。它既是学校德育工作的重要内容，也是学生全面发展的基础工程。大量实践证明，好习惯的养成，年龄越小越好，时间越早越有效，好习惯一旦养成，学生受用一生。因此，帮助学生从小养成良好的习惯是我们责无旁贷的事情。具体来说，我们抓了以下几个方面。

第一，抓行为习惯的养成。教育学生注重自我修养是所有良好行为习惯的基础。为此，我们密切关注学生日常的交往、谈吐、锻炼、节俭习惯、着装、卫生、作息、形体、姿态、时间安排、规则遵守、意志毅力等诸多方面，并且制订出具体的要求，让每个学生按照规则去做，进而慢慢地改正自身的一些不良的行为习惯。

第二，抓学习习惯的养成。学校紧紧围绕学生学习习惯的养成，关注学生是否制订学习计划、预习、提问、听讲、思考、做笔记、书写、独立完成作业、课后复习、纠正错误、观察思考、学用结合、勤于积累、自我评价等，让学生在学习过程当中养成良好的学习习惯，纠正自身的不良学习习惯，从而让每个学生能够很好地开发自身的潜能，最大限度地提高学习效率，为将来更好地、更多地学习知识奠定良好的基础。

第三，抓品行习惯的养成。学校在对学生品行习惯的养成上下了很大功夫。我们把对学生的品行习惯的养成融入各种有趣的活动当中，在活动中关注学生的实践和交往习惯，从有真爱、负责任、明礼诚信、乐观豁达、尊重他人、讲文明、懂宽容、爱劳动、乐于助人、与人分享、充满自信、独立自主、知错就改等方面进行引导。由于我们下大力气做这项工作，使每个学生的品行都得到了潜移默化的提升。让学生从小养成良好的品行，不仅为学生的终身幸福打下了坚实的基础，还带动了千千万万个家庭，在学生的影响下提高整体素质，为促进社会的和谐稳定做出了积极的探索。

【陶继新】学生的很多行为习惯，从表面上看，都是一些很小的事，可是，正是这些小之又小的事折射出一个人的生命质量。如从小养成锻炼身体的好习惯，就有可能健康工作、生活，反之，则有可能出现一系列问题，甚至终生痛苦。再如睡眠，《周易》有言：“与天地相似，故不违。”白天是明亮的，人们要工作、学习、生活；晚上是黑暗的，人们要休息，尤其是深夜，更要睡好觉。如果违背了这个规律，日积月累，就会让身体与精神垮下来。学习习惯包括很多方面，如善于提问的习惯，它是激发学生思维的有效学习方式。提出某个问题，打开思维是前提。经常提问，思维就会被激活。对于学生来说，学习知识固然重要，可是如果没有思维的开放，就很难将知识变活，也很难提高创造性能力。

品行是做人之本，“本立而道生”。优质品行的形成，儿童时期是关键期。如您上面所谈到的诚信品行，更要从小培养。《中庸》说得好：“诚者，天之道也；思诚者，人之道也。”还说：“不诚无物。”一个人能不能在社会上立足，当然需要很多条件，而失去诚信，则无法立身。再比如，您所说的与人分享的品行对于当今的独生子女来说显得尤其重要。有了好的东西，不是独自享用，而是学会与更多的人来分享，当从小养成分享的品行后，长大成人进入社会，也会与别人分享，这样别人也会与你分享。可见分享不但是利他的，也是利己的，而且是很有品位的为人之道。

【高阿莉】对于学生三种习惯的培养，我们一个成功的尝试是打破了以往将这个重担只压在班主任身上的做法。多年来，全校工作人员，包括校长、副校长、中层主任、大队辅导员、所有教师，人人头上有任务，个个肩上有担子。我们制订了独特的考评方案，把学校全体工作人员纳入监管者行列，根据小学阶段学生的成长规律及特点，形成齐抓共管的良好局面。良好行为习惯的养成和展示，成了我们学校一道靓丽的风景线。

【陶继新】习惯养成人人有责，这是一个好办法。如果只是班主任一个人的事，学生就有可能在班主任面前和班主任背后表现不一样。而养成良好的行为习惯，要有连续性、持续性。曾有人说，一个好习惯的养成，需要重复 21 次。其实，有的时候还需要更多次。如果习惯养成中间出现“断裂”，或者学生在班主任面前有好习惯，在其他教师面前无所谓的话，还有可能变成“两面人”的危险。所以，学校的每位领导与教师都有责任和义务培养学生的良好习惯。在这个过程中，学校领导与教师也会更加注意自己的言行举止，让自己更加文明，进而对学生产生积极的影响。

抓好队伍建设，提升综合素质

【高阿莉】从一定意义上讲，教育的意义与价值是通过教师来实现的。如何看待学校教师这一群体的价值，如何提高教师的待遇和幸福指数，是学校领导班子全体成员共同研究的一个重点问题。我们遵循发展学校必须优先发展教师的原则，着手制订出了学校教师队伍发展的实施规划。

【陶继新】教师这个群体有一个特点，那就是要让他们自己愿意干，而且干得幸福，才能有高的教学效率与好的教学成绩。而且，他们幸福的样态还会在有意无意间影响到学生，让学生也逐渐地幸福起来。你们高度重视教师队伍建设，尤其是在提升他们的业务水平与幸福指数上下了一番功夫，所以能收获丰硕的成果。

【高阿莉】为此，学校开展了优秀教学能手、优秀班主任、师德标兵和劳动模范的评选活动，用身边的榜样激励学校的教师见贤思齐，效果十分明显。

【陶继新】绝大多数教师都是想将工作做好的，而身边的榜样对教师群体可以起到一定的引领作用。同时，这些榜样在殊荣中会更加努力向上。当更多的教师有了工作的积极性后，学校发展也就水到渠成了。

【高阿莉】在教师队伍建设实施规划中，我们把针对每个教师的基本功训练放在了很重要的位置，并且根据其能力的不同把所有的教师划分出级别。学校从最简单的简笔画、粉笔字、毛笔字、普通话等基本项目去训练教师，每位教师每天、每周、每月都有以上几项基本功的训练指标和任务。学校每学期、每学年开展不同级别的申请考试，教师达到一个级别后可以申请再高一级的考核。通过这样日积月累，学校所有的一线教师都具备了良好的基本功，并在各级各类校外比赛活动中因基本功扎实而闻名，得到了上级教育主管部门的好评。比如，我们每年都会为各位教师提供一个展示自己基本功的比赛平台，邀请学生、家长、社会代表、校内的全体教师共同参加。2014年，马娜老师通过层层选拔后，代表河南省参加了全国中小学语文素养大赛，并荣获全国第二名。

【陶继新】建造高楼大厦需要坚实的根基，成为优秀教师同样需要扎实的基本功。要想真正掌握基本功，绝对不是一日之功，而是一个长期的过程。这就需要一种耐性，也需要一种情怀。《荀子·劝学》中说："锲而舍之，朽木不折；锲而不舍，金石可镂。"你们正是有了这种锲而不舍的精神，才磨砺出了教师如此扎实的基本功。马娜老师从你们学校脱颖而出，既给学校争得了荣誉，也为大家树立了一个学习的榜样。当然，她自己也会进一步增强自信心，以后还会做得更好。

【高阿莉】学校还成立了教育教学督导室，对每位教师在校的学习、生活、行为等各个方面进行全方位的检查督导。督导室的组成人员有认真负责的离退休老教师，有具备高度责任心的在职教师，同时还有部分学生。他们对教师的言谈举止、作息时间、上课情况、作业批改、护导到岗、车辆摆放、财产安全、节水节电等各种事项进行抽查，并将抽查情况记录在册，每周编发《工作简报》，在全校通报，并且作为每周、每月、每学期对所有年级组、教研组、任课教师考核和评先的依据。这些看似简单的做法，将所有员工都纳入了学校的检查、督查、抽查范围之内，起到了很好的督促作用。

【陶继新】督查工作不但可以清楚地了解各位教师的工作、学习等情况，也让优者更优，劣者变优。倦怠与消极在任何一个群体中都有可能出现，可是如果没有相应的督查及考核，这种不好的风气就会蔓延开来，从而让原本优秀的教师心灰意冷，让落后的员工不思进取。你们通过督查，可以激发优秀教师的工作积极性，消除某些教师的懈怠情绪。当越来越多的教师积极工作的时候，学生就是最大的受益者。

【高阿莉】国家教育主管部门对办学提出了高标准要求，我们作为办学者和学校管理者，就应该把学校工作做得尽善尽美。我们不仅成立了家长管理委员会，还邀请了社区、新闻媒体、知名学者和专家等，组成了70余人的社会监督委员会。我们让这些社会力量汇聚在一起，走进学校，参与到学校的各个工作环节中，让他们了解学校工作的艰辛和不易、付出和成就，同时也让他们对学校工作提出意见和建议，并且利用他们在社会上的影响，把学校的工作很好地对外宣传，促进全社会都来支持教育、重视教育。这种校内外的相互呼应，有力地推进了学校工作。近年来，学校教师受到了家长和社会的广泛认可，学校也连续3年荣获“河南省行风评议先进学校”的称号。

【陶继新】让更多的社会力量走进学校，参与教育评价，不但可以激发教师的工作积极性、学生的学习积极性，而且可以将学校更好地推向社会。不过，这也有风险，那就是学校如果有做得不好的地方，会一览无余地进入公众的视野。但令人欣慰的是，你们已经做得接近完美，所以他们所看到与了解到的都是学校发展的好信息，于是人们就会将这种信息传播出去，让社会上更多的人了解学校发展的情况。这样也就间接地宣传了学校，让学校在社会上拥有了更高的知名度、美誉度和可信度。

【高阿莉】为打造名师发展平台，我们选择学校里一批有影响、有经验的名师组成名师工作室，以期加速建设一支具有领先水平的骨干教师队伍。首先，我们设立工作总目标，那就是以名师工作室为重要基地，加速促进骨干教师的专业成长，在学科和更广阔的领域里完成重点研究课题并取得成果，将教师的专业发展与学生成长相结合，进而引导学生全面发展、自主发展，为学生的一生幸福奠定基础。其次，我们分别设置了阶段目标，从遴选名师工作室成员、建立名师工作室网络平台、承担市级以上实验课题、开展各类专题教研活动，到逐步形成了工作室成员相对成熟的教学主张和教学风格——大气开放、智慧灵动，最终达到发挥工作室成员的带头作用，带动其他教师共同进步的目标。另外，通过专家引领，开设公开课、示范课、专题讲座等形式，推动我校及商丘市的教学改革，让学校的每位教师在主攻领域有所成就，形成自己独特的教学风格。作为学校方面，我们高度重视名师工作室的工作，拨付专用经费，用于工作室的硬件设施配备，同时，办公经费、课题研究经费、专题研究经费以及名师授课费和聘请专家授课费等也有充分的保障。名师工作室的设立为学校优秀人才成长，为培养高素质名师队伍做出了有效探索。

【陶继新】一所学校能不能成为名校，需要众多指标来评判，其中是否有名师是必要条件之一。“名师出高徒”是一条亘古不变的规则，因为名师不但要有高超的教学水平，也要有高尚的人格，这些都会在教学及其平时生活中对学生产生直接或间接的影响，从而让更多的学生也变得优秀。在名师培养中很重要的一点是，你们不但不给他们压担子，还给他们提供了展示的舞台，展示的过程让教师变得更加努力、更有自信。我认为，你们学校为走在前进道路上的名师提供了良好的发展条件，凭这一点，你们学校还会有更多的名师涌现出来，在教育教学的道路上再创佳绩。

童在中央，师在心间

——山东省济南市北坦小学王式斌校长的“足迹教育”

校长介绍

王式斌，济南市北坦小学党支部书记、校长，曾获全国教育科学“十五”规划国家教育部门重点课题实验先进个人、山东省优秀教师、山东省教学能手、山东省小学德育先进个人、山东省小学科学学科教研教学先进个人、济南市首批优秀教育管理培养人选等多项荣誉称号。她倡导的“博客——博客圈——乐坛教师家园”式校本教研模式，为教师的专业发展插上腾飞的翅膀。在她的带领下，学校一大批中青年教师脱颖而出，显示了学校青年教师扎实的专业功底和雄厚的教学实力。多年来，学校先后荣获山东省艺术教育示范学校、山东省校本教研先进单位、济南市规范化学校、济南市义务教育课程改革先进学校等荣誉称号。

“足迹教育”引领学校驶向“高速路”

【王式斌】教育是一种自然的状态，表现在校园中的一举一动中；教育无处不在，又润物无声，它就是那清新的空气、那温暖的阳光、那春日里的丝丝细雨。“足迹教育”理念在语言表述上就是“足迹，体验成长的幸福”。“足迹”是载体，“体验”是感受，“成长”是目标，“幸福”是目的。“足迹”“体验”“成长”“幸福”是一个有机统一体。其中“幸福”不仅仅是目的，还是一种积极的情绪体验、乐观的人生态度，包括对当下的积极心态、对未来的积极展望；“成长”是目标，是全体学生成长的目标，是每一位学生全面和谐的发展、主动体验的发展、个性活泼的发展、科学持续的发展。

【陶继新】“足迹教育”让北坦小学具有了先进的、独特的、稳定的价值观念，并用这种价值观念引导学校不断地进行教育实践创新。其实，一个人的“足迹”记录下来的大都是值得品味的生命经历，因为足迹中有最原始的情感爆发，有最真实的话语诠释。“体验”是通过亲身实践，来认识周围的事物，每个人都需要在生活、学习中体验，只有体验，才能知道其中的“滋味”。“成长”不是单纯地指长大或变老，成长应该是一段历程，它如同山间小溪慢慢汇入大海。成长的过程留给我们太多的足迹，成长的真正意义就是让我们懂得人生的精髓——人要有一种尊严、一种精神。“幸福”是一种持续时间较长的对生活的满足感，是一种感到生活有巨大乐趣并持续很久的愉快心情。一个人时刻快乐幸福，笑口常开，心理状态就会积极向上，情绪就会乐观旷达，学习、做事的效率就会提高。只有让“体验”安营扎寨在校园，让“成长”在快乐中成为常态，让“幸福”装满学生心中，才能让学生活得精彩，充满生命力量。

【王式斌】“足迹教育”倡导，教育不是牺牲，而是享受；不是重复，而是创造；不是谋生手段，而是生活本身。“足迹教育”就是过程教育、幸福教育。幸福是一种过程，也是一种能力。教育既要为学生创造幸福，又要给教师带来幸福；既要关注当下的幸福，又要追求明天的幸福。在北坦小学，幸福要从当下开始，幸福感存在于细节之中，要使学生在自主、合作、探究中快乐学习、幸福成长，使教师在组织引领中快乐工作、幸福生活。

“足迹教育”作为我们学校的文化图腾，有着独特的“脚印文化”：一是“正”，脚印不能歪斜。只有走得正，才能立得直。二是“真”，真真切切，不弄虚作假。今日事，今日毕，雷厉风行，只有决战今天，才能胜于明天。三是“实”，实实在在，一步一个脚印。让教育实事求是，遵循师生成长规律，回归本源，学校以教师为本，教师以学生为本，学生以发展为本，真真实实做人，扎扎实实教书，踏踏实实求学。四是“深”，“踏石留印、抓铁有痕”。五是“行”，具体行动。千里之行，始于足下。再伟大的目标也不能实现于等待之中，再宏大的理想也要从当今“足下”迈出，只有将“足下”经营好，才能创造美好的未来。六是“合”，合作与配合，一个人的左右脚、左右手之间，人与人之间都需要合作与配合。

人生有了追求的目标，脚踏实地，执着前行，生活就会充实、丰富、异彩纷呈。学校亦如人生，只要以闪光的足迹，一步一个脚印，就能走出自己的开拓之路。

【陶继新】“足迹教育”是北坦小学形成校园文化并且持续发展的根本原因。“足迹教育”既启迪每一位师生坚实地走好每一步，留下成长的足迹，又引领每一位师生在自己的成长足迹中体验幸福。你们所打造的“脚印文化”很有意义。脚印正，做人直，从小事做起，每迈出一步都是脚踏实地、堂堂正正，这是做人的最根本的基石。真实地做好自己，真实地做好每一件事，一切在真实中呈现，这是教育学生做人的原则。脚步踏下去要深，这是一种“功夫”，更是一种坚定的走法。而行动是走法的表现，只说不做，什么事也做不成。只有敢想敢做，才能有收获。您所说的“合”，我很认同。不管做什么事，只有合作才能战胜困难，才能实现共赢。特别是当今时代，更加凸显合作的重大意义。

全天候课程如“春雨”润物无声

【王式斌】课程是我们给学生最好的礼物，我的课程观点是，学生进入学校就接受着学校给予他的课程。在“足迹教育”理念指导下，一切从学生实际出发，“童在中央”，从儿童中来，在儿童中做，到儿童中去。我们特别关注学生成长的整个过程，关注每一个学生每一天的生活，教育学生走好每一步。我们学校实施了全天候课程，从早上升旗到晨诵、阳光大课间、书法天天练、午餐、星星火炬电台活动，我们都以课程的理念去完成，取得了不一样的效果。

【陶继新】全天候课程是基于学生而构建的，因为不是先有课程而后有学生，而是先有学生后有课程。学生在学校里的整个时段都应当有课程相伴。几乎无时不在的课程，也就有了无时不在的教育意义。孩子只有一个童年，他们在学校里享受如此丰富多彩的课程，不但是当下之福，还是未来发展之福。

【王式斌】是的，学校的全天候课程丰富了学生的校园生活。升旗课程和星星火炬电台活动成为“红领巾”品牌课程，学生在这样的课程中展示了自我，锻炼了能力；晨诵课程全面落实在我校诵读经典的活动中，丰富了师生的文化底蕴，传承了传统文化；书法天天练是每天 20 分钟小课时，专时专用，用心训练，使学生毕业时都能写得一手好字。值得一提的是，我校的午餐不仅关注学生健康，更关注学生礼仪文化和勤俭节约等传统美德的培养，学生就餐秩序井然、不浪费一粒米的行为表现成为佳话。每次高年级学生在就餐前都会诵读感恩词，使教师内心备感欣慰。

【陶继新】“红领巾”品牌课程不只是让学生拥有了在一般课堂上学不到的能力，还让他们在展示中产生了自信心与自豪感。这些“诗外”功夫，对于课堂学习也可以起到很大的作用。在记忆的黄金时段，让学生诵读经典，就等于为其成长种下一颗优质的种子，到了一定的生命节点上，这颗种子就有可能长成参天大树。书法天天练的课程不只是让学生把字写好，还在无形中锻炼了他们的注意力。一个人学习水平的高低，往往不是由智商决定的，而多是由情商左右的，注意力则是情商的核心元素。午餐课程不但让学生养成了勤俭节约的良好习惯，同时也形成了一道恪守传统美德的文化风景，学生在用餐，同时也在浸润于美好品质的塑造中。

【王式斌】这样的课程理念记录了学生幸福童年的成长足迹。我想，教育无痕，但学生的成长应该留下幸福的足迹。从新生入校课程到低年级红色课程、中年级黄色课程再到十岁课程、与中学衔接的引桥课程，到毕业课程，贯穿学生整个小学六年的学习时光，一路走来，参与课程的教师、家长和学生的内心都无比温暖、幸福。

【陶继新】记录学生成长的足迹，时段的安排和课程的无缝隙对接恰到好处，可以让学生与家长享受当下幸福，这种幸福还会向未来延伸。若干年之后，学生及其家长再看这些童年足迹的时候，就会勾起美好的回忆。一个人的童年，从表面上看只是一段生命历程，其实它是伴随人的一生的。童年生活状态的优劣会影响到人的一生，童年生活会在其生命的血液里流淌。从这个意义上说，你们的“足迹教育”意义更加深远。

家校一体化凝聚教育合力

【王式斌】这样用心开展的课程不仅让孩子喜欢学校、喜欢来上学，也让家长深受教育、为之感动。我校家委会也积极参与到课程建设中，成为学校教育的重要力量。我认为，随着学校民主开放步伐的迈进，家委会应该成为学校主要的管理部门。我校家委会是平行于教导处、教科室、德育处的一个编外部门。学校有家长驻校办公室，每天都有家长轮流驻校办公。他们在学校里听课，与教师、学生交流，巡视学校安全，督察配餐公司等。美好的校园生活也让每一位驻校办公的家长充满了教育情怀，这样的工作经历让他们对教师有了理解，对教育有了认识，对学校有了感情。

【陶继新】家长不应当只负责孩子的养育，更应当关注其精神的成长，从这个意义上说，家庭教育与学校教育承担着同样的任务，所以，家长与教师是同盟军。你们学校的家委会成了一个部门，虽属编外，但受到的重视与关注绝不亚于编内部门。更重要的是，有了家校合力办教育的平台，他们与编内部门建立了深厚的感情，为了共同的目标，齐心协力，工作有了事半功倍的效果，学校发展肯定会跨上一个新台阶。家校良性密切的互动交流，既方便了家校的沟通，又有了家校的和谐，使英才共育、英才辈出成为可能。

【王式斌】说学校重视编外部门一点儿都不假，他们像每个部门一样要递交校务会周计划，学校的报告厅、会议室完全对家长办公开放。我们也充分感受到了家委会教育优势，例如，它有效地弥补了当前学校教育校外实践少的短板。家长们利用节假日挖掘自身资源，行动起来，春天一起去踏青、野炊、植树；夏天一起去参加夏令营；秋天一起去登高望远、看红叶、赏菊花；冬天一起去打雪仗、堆雪人。他们还利用节假日组织学生参观科技馆、博物馆、污水处理厂、牛奶生产基地、战役纪念馆等。更可贵的是，他们还常常组织公益活动，如通过卖报纸为患病儿童义捐，定时到老年福利院开展慰问活动，到贫困山区参与献爱心的体验活动。

【陶继新】学生要想更好地成长，不仅要学到更多的知识，还要走向大自然，进行社会实践活动。可是出于对安全等诸多因素的考虑，很多大城市的孩子与大自然已经渐行渐远了。少了大自然的沐浴，就少了生命的灵性。著名作家张炜在谈到阅读的时候，就特别强调阅读自然的重要性。在他看来，没有对大自然的阅读，一个人的生命是不完整的，也是不可能写出好的作品的。在某种程度上，大自然更属于孩子，孩子的天性与之会天然融合，其生命也会焕发出奇异的光彩。同时，家长组织孩子们参加一系列的公益活动，在无意间丰富了孩子的精神世界，同情、慈悲、爱心等一些优秀品质就在这些活动中悄然形成。在这些活动中，成长的何止是孩子，家长也在成长。当教师、家长与孩子共同成长的时候，教育也就有了巨大的生命合力。

【王式斌】最可贵的正是家长朋友的觉醒，在与我们一起工作的过程中，他们形成了这样的理念：教育孩子，关键要提升自身。所谓最好的陪伴，就是成为孩子钦佩的人。在提升自我的活动中，“漂流日记”和家长自创的“相约星期六”家长学校，是家委会一直坚持多年的活动。家长们在“漂流日记”里分享自己的育儿经验，也坦诚反思自己的育儿教训，在互相学习中唤起了家长提升自我的需求，一学期每班一本的“漂流日记”就是一本本家庭教育指导书。每位家长在这样的参与过程中都成了育儿专家。“相约星期六”家长学校是不同于普通意义上的家长学校，它不是由学校组织的，而是家委会组织家长自愿参与的“星期六夜校”，讲师是家委会邀请的各界热衷于公益的专家、学者、名师以及拥有一技之长的家长，讲的内容有国学分析讲解、传统美德传承、育子经验指导，还有儿童常见病防治、健康习惯养成等，内容丰富多彩，深受家长们的欢迎。每周六晚上，学校报告厅都是灯火辉煌，座无虚席。

【陶继新】“漂流日记”既记录了不同家长的育子经验，也让其他家长从中“学而时习之”，而某些教训会引起家长的注意，从而让他们不再重蹈覆辙，所以，“漂流日记”也就成了家长们的最爱。同时，家长自愿将自己家庭教育的经验与教训与大家分享，这也是一种境界。家长的精神品质提升了，孩子们自然就成了最大的受益者。“相约星期六”家长学校很有创意，它打开了教育孩子更为广阔的天地。有些教育内容虽然对孩子成长有益，但是教师可能很难去实施，而到了“神通广大”的家长那里，却是举手之劳。于是，孩子受到更加全面、更加优质的教育也就有了可能。

做有涵养的校长，给教师自信心和归属感

【王式斌】我总是想把我们的校园建设成温暖的校园，让每个学生幸福地成长。要使学生幸福，首先就要有幸福的教师。其实，与其说是“培养”幸福教师，不如说是“滋养”。“滋养”什么？“滋养”教师的教育情怀。教师的幸福也需要留下成长的足迹，我校从2007年开始让教师撰写教育教学博客，这一写就是8年的时光，在这个过程中，我们明白了自己为什么当教师，也在反思中明白了怎样当好一名教师。8年中，很多教师成为教学能手，学校也由一所基础薄弱的学校成为区域示范学校。每当教师们在参加优秀班主任等评比中，从博客上随意摘取自己的工作足迹，展示自己取得的优异成绩时，都幸福得像孩子一样。现在，大家又开始用微信开展自己的工作，展示自己工作的风采，收获了更多的自豪和幸福。点点滴滴汇聚起来的就是一种美好的心态、一种美丽的教育情怀。

【陶继新】一所学校是不是优质，自然要看学生的生命样态，教师幸福指数的高低，同样是一个重要指标。教师幸福了，就会将其幸福于有意无意间传递给学生。有了幸福感，教师上课会意气风发，学生会自由舒展，即使平时的活动、日常的生活都会因幸福而变得有声有色。其实，我觉得师生的幸福与您的幸福状态有着密切的关系。每次见到您的时候，您都是那么阳光自信，师生们也会因为您的阳光灿烂而让不良情绪云消雾散。校园里阳光的氛围，会随时随地滋养每一个人，而更多的人阳光起来后，又会让校园更加阳光。阳光普照，师生也就有了幸福感。

【王式斌】谢谢陶老师的鼓励，我希望自己成为一个有温度、有人情味的校长。与教师一起工作，我总认为是一种美丽的相遇，因此特别珍惜身边每一位同事。每个人都会有缺点，作为校长要接纳、包容他们的缺点，放大、运用他们的长处。因此我们学校出现了全区最好的PPT制作教师、舞蹈排练得最好的教师、教学管理最好的主任、师德模范标兵……每位教师在团队中都找到了自信心和归属感，每年教师节我们都会评选“感动校园最美教师”。每一位教师都因自己某一方面的出色工作赢得了同事的尊重、家长的认可、学生的欢迎。

【陶继新】您每次和我谈起你们的教师，总是眉飞色舞，我想，在您的心里，你们的教师都是最好的。可是为什么有的校长总觉得自己学校里的教师一无是处呢？从表面上看，可能是他们学校的教师与你们学校的教师的优劣大相径庭；可从深层次讲，则是校长的心理境界不同造成的。当校长把每个教师都看得非常美好的时候，校长在教师们的心里也是特别美好的。即使对有这样或那样的缺点的教师，您也是非常宽容，并相信他们一定会改变，努力帮助他们变得更好。事实上，他们也真的越来越好。在这样的校园环境中，教师们不但工作舒心，也会有巨大的创造力。因为只有在一个宽松、自由与被信任的环境里，教师才能将自身的潜能淋漓尽致地发挥出来。

【王式斌】俗话说：十个指头伸出来不一样齐。再优秀的团队，教师之间也有区别，如果没有包容，就不可能开展幸福教育。近两年随着学校的发展，迎来了一批批新教师，很多都是硕士研究生毕业。我总想，一个年轻人经过近20年的学习，自己付出了多少辛苦，家长寄予了多少期望，国家给予了多少培养，才使他们最终成才。现在他们来到我们团队，我就有责任让他们的事业不平庸。因此，我从不挑剔年轻人的缺点，无论他们是否有当教师的天赋和悟性，我都真诚地关心他们、鼓励他们、支持他们，让他们感受到温暖，也唤起他们的责任感，使每个年轻教师很快爱上学校，熟悉工作，并渐渐地爱上自己的职业。我知道，只有他们在工作中找到自我，才能成为一个幸福的人。

【陶继新】常言说："头三脚难踢。"人刚走向新的工作岗位，往往有些不适应。年轻教师初到一所学校，能在不适中得到校长的宽容与欣赏，当是一生之福！每位教师各不相同，可他们都有走向优秀的内在潜质。如果一味打击，其内在的潜质就会永无出头之日；如果欣赏激发，其潜质就会喷薄而出。同时，有的年轻人开始未必真的喜欢教师这个职业，有的也未必适合教学工作，但很多时候，热爱与能力也是可以培养的。当他们在学校里受到关爱、鼓励和支持，并感受到自身成长的时候，就会渐渐地爱上教师这个职业。一位教师对教育工作充满热爱，可以成就一批又一批学生，同时也成就了自己的幸福人生。您的心底宽厚、善解人意和成人之美，自然也成就了学校各项工作和教育的发展。

小学校，大教育，高品质

【王式斌】我想，随着经济的发展，像北坦小学这样小规模的学校将会越来越多。我喜欢在这样的小学校里工作，教育的公平与高楼大厦没有必然的关系。我认为孩子们在北坦小学这样的学校里可以得到公平的教育。他们可以每天看到校长在门口迎接他们，校长能叫出他们每一个人的名字；他们每个人都能受到校长和老师的关注，都有机会站到舞台上展示自己，即便是随班就读的智障儿童也在这里得到尊重与平等的教育。

【陶继新】学校的优劣不在规模大小，而在其品质的高低。当年陶行知创办晓庄学校（现改名为南京晓庄学院）的时候，虽然在校师生人数很少，但成就了一位大教育家与大批人才。为师者要有教育情怀和仁爱精神，学校才能成为真正意义上的好学校。随班就读的智障儿童在你们学校里受到校长、教师与同学的关爱与尊重的同时，也在平等、友爱中不断地成长，这对其是何等重要！其实，这对所有学生都很重要，因为他们在关爱随班就读的智障儿童的时候，也让自己拥有了仁爱之心和其他优秀的品质。

【王式斌】陶老师说得太对了！因为有需要去帮助的学生，使得这个班的学生更团结、更富有爱心。我们学校也是一所外来务工子弟学校，学校有近一半的学生是外地孩子，但这丝毫不降低、不影响学校对办学质量的要求，校长要清醒地认识到这是国家城市化进程发展的必然结果。在这些孩子当中，很多实际已经是移居到本地的新市民，学校有责任通过教育的力量让他们融入新的城市、新的生活。因此，在我们学校，外来务工子弟不会受到任何歧视，我们对待他们的态度是悦纳。针对他们，我们设置了丰富的课程，如“家乡美景”“舌尖上的家乡”“家乡手工艺”“我为父母感到骄傲”等，创设这样的展示机会和平台，是为了教育他们不忘家乡，珍惜新生活。

【陶继新】外来务工子弟更需要关爱与尊重，所谓的均衡教育与公平教育，尤其需要在他们身上体现出来。这折射出一位校长的境界，也反映出一所学校的品质。让这些孩子享受到优质的教育资源，说起来容易做起来难。真正爱他们的校长与教师，就会克服各种困难，并从中获得一种心灵的愉悦感。不可否认，这些孩子与城里的孩子相比有一些不足，可是他们也有他们的优势，如不娇气、能吃苦等，这些品质是一个人成长必须的条件。所以，当他们进入小学受到优质教育之后，就会逐渐地成长起来。为这些孩子创设一个幸福的成长环境，更能彰显教育的意义与价值。

精细管理，小事做实，细节做精

【王式斌】教育的目的是为了提升每一个生命的价值，因此我们一直追求教育的本真境界。学校所实践的“足迹教育”办学理念正是体现了我们这样的价值追求，这一理念指导全校师生正确走路、阳光做人、规范做事。在实践中，我们逐渐形成了一条管理轨迹——精细化，其路径是，小事做实，细节做精；其结果是，学校管理处处留足迹，管理效果扎实有效。在我们学校有很有意思的“脚印文化”，展示我们“脚印”的地方有学校网站、学校微信公众平台、每个人的博客，还有我们的各种朋友圈。“脚印文化”要求我们所留的脚印要正、要真、要实。“脚印文化”就是我们克服教育浮躁，追求教育本真境界的体现。

【陶继新】每一个人在生命行走中都会留下足迹，可是，学校究竟为师生留下什么样的足迹，却是需要仔细考量的。您说师生留下的脚印要正、要真、要实，何其好啊！孟子说：“吾善养吾浩然之气。”学校，就应当成为养浩然之气的圣地。陶行知说：“千教万教，教人求真；千学万学，学做真人。”可是，目前学校中的各种假象并不少见，由此给学生带来的精神污染令人堪忧。你们学校师生留下的脚印，不但是美的，还是真的。而有了真，生命才能真正成长。做实同样重要，只有做实了，才能将小事做好。而且，所谓的小事并不小，因为校园里的每件小事都有着丰富的教育价值。细节做精，更彰显出你们做事的态度和质量。做教育、当教师，就必须教育学生做事认真，切忌马虎。马虎是个人成长的最大障碍，也是最大的敌人，学校管理更应避免草率马虎。

【王式斌】刚才说到学校管理精细化，精细是我们北坦小学给同行留下的深刻印象。在“足迹教育”的实践中，“足迹教育”理念指导的精细化管理并不是条条框框的约束。相反，我认为管理应该解放人、鼓励人，让每一个人的聪明才干都能得到充分的展现。因此我认为，“足迹教育”下的精细化管理是符合管理科学的，它突出体现了规划制订“项目化”、规划实施“明晰化”、规划评价“物化”。

【陶继新】说得太好了！管理固然需要约束不好的行为，可是它并不是管理的本质要义。好的管理让制度成为师生的行为习惯，并能激发他们的生命潜能。所以，管理规划的起点一定要高，让管理科学化，让管理成为学校发展的动力源。其实，真正好的管理就是讲究制度化、精细化、清晰化。因为它是意识、观念、态度、文化的综合体现，是目标细化和责任落实的一个过程。“精、准、细、严”是现代学校管理成功的奥秘之一。只有实而细的管理，才能增强教职员工的细节意识，激发广大教职员工的工作积极性，从而使学校持续而更好地发展。

【王式斌】规划制订“项目化”给我们的启示是，规划目标重要的是设计，但更重要的是民主参与，只有人人参与设计，人人承担职责，规划才能成为指导行动的愿景，而不是束之高阁的文书。规划实施“明晰化”则告诉我们，最美好的愿景也需要一步步脚踏实地地实现。“明晰化”就是明晰每一步的标准、团队中每个人的任务和完成任务的路径。规划评价“物化”是富有北坦小学特色的评价方式，现在生活的快节奏常常让我们忘记了幸福的滋味，只有放慢脚步，细细品味，才能体会到教育工作的幸福。我喜欢同事常回头看看，欣赏一下自己在一路努力前行中的足迹和点滴收获。规划评价“物化”是物化成风景可以看、物化为故事可以说、物化成文本可以写、物化为榜样可以颂。

【陶继新】你们管理模式设计的品位之所以高，是因为它不是校长一个人说了算，而是有一个民主决策过程，人人参与，且又可以自由诉求。

这个过程也许会慢一些，但正是在这个过程中，项目内容自然而然地内化到了教师的心里。所谓的规划目标也就成了每个人的愿景，人人都要为此承担职责。于是做学校的工作时就不是校长一个人有积极性，而是人人有积极性，于是，学校也就有了优质持续发展的可能。物化留下的风景是师生自己的风景，不但美好，而且烙印了自己的感情。因此，这一道又一道的物化风景，让大家得到了更多的留恋与温馨，也让人们有了更多的幸福感。

开放办学，开门办公，海纳百川

【王式斌】学校办学是多方合力形成的过程，也是自身办学品质不断提升的过程。有的校长整日忙开会、忙应酬、忙协调，有的校长久坐办公室，不转校园，不进课堂，不到师生中去，时间一长，学校与师生发展都将受到影响。因此，学校提升管理品质，校长要成为一位参与者，静心在学校，并要走出办公室，真正了解师生的所思、所想、所愿，要和教师同甘共苦，深入到教学一线去，在课堂上与教师一起解决实际问题，使矛盾得到及时化解、问题得到及时解决、障碍得到及时排除。更重要的是，要让教师感受到校长就在他们身边，校长就是他们的坚强后盾，让教师感受到校长时刻在为大家积极创设有利于发展的环境，努力为大家争取学习深造的机会，使每位教师感受到温暖，从而促进教师成长以及学生和学校的发展。

【陶继新】校长都忙，关键是在忙什么，在哪里忙。如果忙的不是教师关注的问题，而是校外一些没有意义的事情，当然也就不可能与教师心息相通了。那样，教师也绝对不可能走进校长的心里，因为这样的校长没有走进教师的心里。同时，校长的静，除了静在学校内，还要有一种心灵之静。学校里的事千头万绪，有时甚至还会出现突发事件，这个时候，校长不能慌乱，而要静下心来，思考为何会出现这样的问题，如何解决这个问题。校长的静，能起到稳定军心的作用，让教师认为校长是“不管风吹浪打”，总可“闲庭信步”。于是，教师的心灵也就安顿下来了。长期的心灵安顿，也是一个人能够拥有幸福的重要元素。

【王式斌】校长的引领很重要，要以身作则。我喜欢“开门”办公，这里的“开门”有两层意思：一是我办公室的门总是敞开着的，我办公的行动是透明的、公开的，时时都可接受监督的。我认为将自己置身于各方面的严密监督之下，就能不断克服自身的缺点，促进自身的提高。我想，监督不只是形式，它应贯穿于学校日常管理工作的每一天、每一件事，让教师随时都可以观察到自己的工作情况，这需要胆识、魄力。我想这也是校务真正公开的一种策略。另一种“开门”是校长室的门向每一位教师和学生打开，我愿意倾听每一位师生的诉求。校长管理思想和行为的透明能让所有人感受到校长的坦荡胸怀。

【陶继新】“开门”办公向教师传递了一个信息：作为校长，我是坦荡透明的，因为我是为学校发展而来的，是为师生成长而来的。既然如此，何必遮遮掩掩？其实，学校中的很多问题，包括教师与校长、教师与教师之间的不少矛盾，往往都是因为不坦荡、不透明造成的。当校长敞开胸怀、真诚待人的时候，别人也会如此对你。一些学校的教师感到不幸福，很多不是因工作劳累造成的，而是因处理不好人际关系造成的。当人际关系简单时，大家的心情会舒畅，工作效率也会提高。

【王式斌】校长应该做一个心胸宽广、真实的人，因此我的个人微信向很多家长开放，我想通过微信内容展现一个教育者健康的生活和健全的人格。微信也开辟了我与教师和家长沟通的新渠道。我想，校长的科学决策首先需要的是倾听各方声音，以“校长聊吧”听师生的想法，是我一直坚持的。学校教师的政治学习、品德培训，我也喜欢以聊天的方式进行。这样的政治学习不枯燥乏味，充分发挥了管理者和教师双方的主动性与创造性，既解放了管理者，也解放了教师。大家置身于一种轻松的环境中进行双向和多向的交流与对话，激发了参与者的兴趣，展现了大家的智慧。

【陶继新】既然是聊天，彼此就没有了高下尊卑之分，相互之间的心灵是开放的、舒展的。您是真诚的、坦率的，所以，大家把你看成他们之中一分子，可亲、可信。这样，很多工作做起来就相对容易了很多。更重要的是，您成了他们的心灵朋友，和您聊天的过程，也是享受幸福的过程。

江苏凤凰教育出版社
《行知工程》系列丛书目录

系列	序号	书　　名	主编	定价
教育思想者系列	1	《名校之道——陶继新对话名校长（1）》	陶继新	30.00
	2	《高效教学的道与术——陶继新教育讲演录》	陶继新	30.00
	3	《教育，一切从孩子出发》	黄　俭	30.00
创新教学探索系列	4	《让学生把母语用精彩——“语用课堂”的探索与实践》	佘小红	30.00
	5	《“备”出课堂精彩——备学式教学的课堂实践与思考》	张旭兰	30.00
	6	《神奇的阅读教室——带学生踏上美妙的阅读之旅》	李祖文	30.00
	7	《打造有生命力的课堂——“两步八环节”教学模式探索与实践》	查联智	30.00
	8	《最能培养学生探究能力的课堂——小学科学与信息技术单元整体课程实施与评价》	李怀源	30.00
	9	《最能激发学生运动天赋的课堂——小学体育单元整体课程实施与评价》	李怀源	30.00
	10	《最能提升学生艺术素养的课堂——小学艺术单元整体课程实施与评价》	李怀源	30.00
	11	《“生命语文”探索——焕发语文生命力的思考与实践》	王自成	30.00
	12	《粘连作文教学：让习作成为有个性的自我建构》	黄瑞夷	30.00
	13	《备学式教学——在体验中建构数学思维》	单广红　范雪梅	30.00
	14	《向着自主进发——自主教育的创新实施智慧》	朱亚红	30.00
	15	《写中学——让学习更有效的学科写作教学》	钟传祎	30.00
	16	《小学科学实验总动员——大科学课堂有效提升学生创新力》	江美华	30.00
	17	《小学语文单元整体课程实施与评价》	李怀源	30.00
	18	《小学英语单元整体课程实施与评价》	李怀源	30.00
	19	《小学数学单元整体课程实施与评价》	李怀源	30.00
	20	《让教学更能激发智慧——“思维碰撞”课堂的建构与实施》	程和方	30.00
精彩课堂系列	21	《从语文素养走向生命成长——小学语文读写课堂教学密码》	曾海玲	30.00
	22	《真实的品德课》	朱淑秀	30.00
	23	《英语课堂学习共同体——新型的师生交互学习场》	杨延从	30.00
	24	《指导自主学习——初中数学学与教的研究与实践》	刘其武	30.00

系列	序号	书　　名	主编	定价
精彩课堂系列	25	《玩出精彩的课堂——小学低年级教与学方式转变研究》	陶红松	30.00
	26	《让生命之花自主绽放——语文个性化教学建构策略》	商德远	30.00
	27	《让学生亲历知识 ——主体参与下体验式学习的实施策略》	何世祥	30.00
	28	《给孩子更好的数学课堂》	易增加	30.00
教育管理力系列	29	《缔造唯美教育——延奎小学素质教育实施策略》	易增加	30.00
	30	《让普通学校崛起的 20 个细节 ——“生命为本”教育团队成长密码》	李其玉	30.00
	31	《“走”出教育的精彩：走动式学校管理文化构建》	罗　军	30.00
	32	《校长兵法：学校管理四十六计》	皮大鹏	30.00
教师修炼系列	33	《教育，爱与宽容——教师心灵礼仪修炼》	许力争	30.00
校本研修系列	34	《校本研修资源的开发与利用》	陈朝林	30.00
	35	《校本研修与教师专业成长》	吴积军	30.00
	36	《卓越教师经典研修成长策略》	刘天宝等	30.00
	37	《特色校本课程开发范例解读》	刘永平　李秀伟 张雪梅	30.00
	38	《高效校本研修模型构建艺术》	刘素雁	30.00
	39	《走向实践的教研——中小学教育科研引领与应用》	江　敏	30.00
班级文化系列	40	《活力班级的文化建设》	胡　珏	30.00
	41	《做幸福的班主任》	吕　丽	26.00
教育家核心思想系列	42	《叶圣陶谈阅读》	叶圣陶 著 李怀源 选编	30.00
	43	《多元智能理论的本土化应用》	刘治富	30.00
	44	《大教育家最具施教力的教学思想》	白刚勋	30.00
高效能教学系列	45	《高效能教师的 10 个好习惯（中学卷）》	张　瑾	30.00
	46	《让作文落地生根——提高写作实效的教学策略》	黄桂林	30.00
	47	《高效能作文教学 5 项修炼》	陈步华	30.00
	48	《高效能校长的 10 个好习惯》	张　勤	30.00
	49	《高效能教师的 10 个好习惯（小学卷）》	谢　英	30.00
	50	《高效能语文教学 5 项修炼》	王其华	30.00
新课程探索系列	51	《语文新课程的批判与重建》	葛桂斌	30.00

系列	序号	书名	主编	定价
美国名师教学译丛	52	《美国名师游戏教学本土化应用：幼儿园》	（美）玛西娅 L. 泰特 著 胡 珍 瞿 菁 编译	30.00
	53	《美国名师游戏教学本土化应用：小学英语》	（美）玛西娅 L. 泰特 著 杨永华 张心影 编译	30.00
美国名师教学译丛	54	《美国名师游戏教学本土化应用：小学数学》	（美）玛西娅 L. 泰特 著 谢艳红 编译	30.00
	55	《美国名师游戏教学本土化应用：小学科学》	（美）玛西娅 L. 泰特 著 刘丽萍 编译	30.00
	56	《美国名师游戏教学本土化应用：小学社会》	（美）玛西娅 L. 泰特 著 姜梅芳 编译	30.00
	57	《美国名师游戏教学本土化应用：小学音体美》	（美）玛西娅 L. 泰特 著 尹立志 编译	30.00
鲁派名师名校·教育探索者系列	58	《悦读立人——校园阅读文化体系构建策略》	杨世臣	30.00
	59	《教育智慧何处来——一位特级教师的思考手记》	付立金	30.00
	60	《和雅文化——校本课程的创新构建》	汤善香	30.00
	61	《让个性绽放精彩——学校课程体系整合与创生》	谢建伟 徐淑萍	30.00
	62	《让每个学生都幸福——最能润泽生命的学校文化建设》	谢建伟 张新喜	30.00
生态化校园系列	63	《点燃学习的激情——构建校园生态化学习型组织》	杨树岳	30.00
	64	《课改突围——构建学校生态化教学体系》	杨树岳	30.00
教育新思考系列	65	《语文教育向何处去》	王 丛	26.00
	66	《教育，就是做好普通的事》	孙志毅	27.00
	67	《走出语文的偏见——让学生体悟文本的原义》	丛智芳	30.00
	68	《让语文教学更高效——批注式阅读教学探索》	韩中凌	30.00
	69	《读写互促——探寻学以致用的语文教学》	曹 龙	30.00
	70	《跳出数学教数学——用文化融通数学教学》	马建秀	27.00
名师感悟系列	71	《让心灵伴着歌声成长——22 位音乐名师的教育智慧》	陈 璞	30.00
	72	《超越自我的教师——32 位名师的成长感悟》	李卫东 李秀伟	35.00
	73	《心灵的守护者——19 位名班主任的教育智慧》	王晓松 曲文弘	30.00
	74	《名师感悟班主任有效工作艺术 90 例》	符礼科	30.00
	75	《名师感悟有效教学 90 例》	林高明 徐玉烟	30.00
信息化教学系列	76	《巧用白板教语文——信息技术与语文教学操作指南》	蒋丽清	30.00
	77	《跨越式实现高效课堂 ——信息技术与课程整合高效教学方案评析》	陈 玲 刘 禹	30.00

系列	序号	书　　名	主编	定价
教师必读系列	78	《教师必学的16堂修养课》	武宏伟	30.00
	79	《教师不可不知的教学心理效应》	叶勇军	30.00
	80	《班主任不可不知的管理效应》	奚一琴	30.00
	81	《教师不可不知的教育心理效应》	孙　媛	30.00
教师必读系列	82	《校长不可不知的管理效应》	谢申刚　张金豹	30.00
	83	《成为好教师的7项修炼》	王福强　李维华	30.00
	84	《如何让学生会学习》	龙　冰	30.00
	85	《如何让学生爱学习》	周震宇　许小燕	30.00
核心教学主张系列	86	《新生代语文名师核心教学主张》	许友兰	30.00
学生心理解码系列	87	《孩子问题行为一点通——只有好老师才知道的学生心理谜底》	严育洪	30.00
教育求索系列	88	《思政教学的人文力量》	戴晓华	30.00
	89	《师道新说——给教育者的30条箴言》	徐　卫	30.00
行思讲坛系列	90	《灵动而朴素地教语文——潘文彬的微格教育生活》	潘文彬	30.00
	91	《师爱无疆——润泽学生心灵的教育故事》	侯忠彦	30.00
	92	《怎样反思更有效——促进教师专业发展的反思策略》	诸贝贝	30.00
	93	《成为高度自觉的教育者——写给后课标时代的数学教师》	许卫兵	30.00
	94	《哲思数学课》	刘全祥	30.00
	95	《智慧数学课——黄爱华教学思维的实践策略》	黄爱华	30.00
	96	《童趣数学课》	徐　芳	30.00
	97	《把学生教聪明》	严育洪	30.00
	98	《教师最应该规避的教育误区》	杨坤道	30.00
	99	《用语文的方式教语文——潘文彬教学主张与实践智慧》	潘文彬	30.00
	100	《怎样让阅读教学更有效——提升教学能力的十种读诵模式》	汪秀梅	28.00
	101	《让生命在润泽中起舞——当代小学生最需要的主题班会》	吴联星　罗　琳　冯卫东	30.00
	102	《让生命欢快拔节——当代中学生最需要的主题班会》	冯卫东　吴联星	30.00
	103	《课堂因生成而精彩——高效教学的生成智慧》	张文质	30.00
	104	《回到每一个人的生命化教育——张文质二甲中学教育行动录》	张文质	30.00

系列	序号	书名	主编	定价
中国教育变革之路丛书	105	《百年树人师何为——教师队伍建设困顿与出路》	将丽珠　李玉向	30.00
	106	《入园何时不再难——学前教育困惑与抉择》	曾晓东 范　昕　周　慧	30.00
	107	《三尺书桌何处寻——流动人口子女教育困难与破解》	范先佐	30.00
中国教育变革之路丛书	108	《苦旅何以得纾解——高考改革困境与突破》	郑若玲	30.00
	109	《择校纠结何时了——择校问题困局与治理》	曾晓东　周文海 曾娅琴	30.00
创新教学思想系列	110	《“大问题”教学的形与神》	黄爱华　张文质	30.00
校长领导力系列	111	《高品质学校生长要素》	王益民	30.00
	112	《校长高校教学领导力提升策略》	徐世贵　郭文胥	30.00
教育漫笔系列	113	《课堂，诗意地栖居》	吴书华	30.00
新思维系列	114	《教育中的“不一定”——打破教育的19种思维惯式》	严育洪	30.00
教学提升系列	115	《有思想地教阅读——让学生学会品读文字真意》	王学东	30.00
教育艺术提升系列	116	《藏在师生体态语言里的教学智慧》	张　宇　廖生波	30.00
教学全手册系列	117	《小学习作教学全手册》	郭家海	30.00
	118	《中学写作教学全手册》	郭家海	30.00
	119	《情境教学操作全手册》	冯卫东	35.00
	120	《合作教学操作全手册》	李春华	35.00
	121	《探究教学操作全手册》	周新桂	35.00
	122	《自主教学操作全手册》	诸葛彪	35.00
	123	《创新教学操作全手册》	王　玮	35.00
	124	《班主任工作全手册》	刘沛华	35.00
	125	《新教师工作全手册》	周震宇	35.00
	126	《学生心理健康教育全手册》	刘海莉　刘春杰	35.00
	127	《高效教学操作全手册》	马友平	35.00

系列	序号	书名	主编	定价
创新人才培养系列	128	《创新人才培养校园科普精品课程开发与指导——人大附中创新人才培养》	罗　滨	30.00
	129	《创新人才培养特色校本课程开发与创新人才培养——清华附中“国际安全下的科学技术”课程构建与实施》	王殿军　方　研　赵宏雁	30.00
	130	《创新人才培养：学校实验室建设与管理》	刘克文　杨发丽　杨　平	30.00
	131	《创新人才培养：数学探究活动开发与指导》	马云朋　韩继伟	30.00
	132	《创新人才培养：化学研究活动开发与指导》	王　磊	30.00
	133	《创新人才培养：物理探究活动开发与指导》	廖伯琴	30.00
	134	《创新人才培养：地理探究活动开发与指导》	张建珍　陈　澄	30.00
	135	《创新人才培养：生物探究活动开发与指导》	张迎春	30.00
	136	《创新人才培养：理念探索与思维突破》	王晶莹	30.00
新生代通派名师系列	137	《简约数学教学》	许卫兵	30.00
	138	《语文教学的本真——情意课堂展现母语之美》	吴建英	30.00
	139	《语文课堂的理想追求——欢快达成三维目标》	董一红	30.00
	140	《阅读教学的真髓——意象构建读出文学的真美》	祝　禧	30.00
	141	《美术教育的真谛——审美人生教育让生命绚丽成长》	陈铁梅	30.00
	142	《语文教学的理想境界——无痕教学润泽生命》	李　凤	30.00
	143	《儿童作文的本义——嬉乐作文让儿童乐并成长着》	王笑梅	30.00
	144	《名师是怎样炼成的》	王建明　王笑君	35.00
幼师成长系列	145	《幼儿行为背后——教师如何读懂幼儿的心思》	吴亚英	30.00
	146	《最具教育力的 22 种幼儿教育思想》	杨　达	30.00
	147	《幼儿教师必知的安全应急措施》	杨　达	30.00
	148	《幼儿教师必备的教育技能》	李　玲	30.00
	149	《卓越园长 21 条幼儿园管理策略》	周　丹　江东秋	30.00